Holger Wiechmann

Neue Betriebsführungsstrategien für unterbrechbare Verbrauchseinrichtungen

Ein Modell für eine markt- und erzeugerorientierte Regelung der Stromnachfrage über ein zentrales Lastmanagement

Neue Betriebsführungsstrategien für unterbrechbare Verbrauchseinrichtungen

Ein Modell für eine markt- und erzeugerorientierte Regelung der Stromnachfrage über ein zentrales Lastmanagement

von
Holger Wiechmann

universitätsverlag karlsruhe

Dissertation, Universität Karlsruhe (TH)
Fakultät für Wirtschaftswissenschaften, 2008
Referent: Prof. Dr. Otto Rentz
Korreferent: Prof. Dr. Wolf Fichtner (Uni Cottbus)
Tag der mündlichen Prüfung: 14. Juli 2008

Impressum

Universitätsverlag Karlsruhe
c/o Universitätsbibliothek
Straße am Forum 2
D-76131 Karlsruhe
www.uvka.de

Universitätsverlag Karlsruhe 2008
Print on Demand

ISBN: 978-3-86644-279-5

Vorwort

Die Idee zu der Arbeit ergab sich im Frühjahr 2003 aus der langjährigen Beschäftigung mit energiepolitischen und energietechnischen Fragestellungen. Es bestand der Wunsch, einen Lösungsansatz zu erarbeiten, mit dem sich die verstärkten Einspeisungen erneuerbarer Energien möglichst effizient in das Gesamtsystem Stromwirtschaft integrieren lassen. Gesichtspunkte der Versorgungssicherheit, der Energieeffizienz sowie des Klimaschutzes sind weitere hierbei treibende Faktoren gewesen.

Neu an dem Ansatz ist das starke Zusammenwirken von mehreren bislang vielfach getrennt betrachteten Themenfeldern, wie fahrplanmäßiger und tatsächlicher Stromerzeugung, Energieeinspeisungen von erneuerbaren Energien, prognostizierten Energieverbrauchsmengen durch Lieferanten und tatsächlichem Verbrauchsverhalten. Durch die Liberalisierung der Energiemärkte einerseits und der Möglichkeit, auch als Privatperson als Stromeinspeiser auftreten zu können, andererseits, hat die Anzahl der Marktteilnehmer stark zugenommen. Dies führt zunehmend zu einem Auseinanderdriften zwischen ungeplanter Einspeisung von Windkraftanlagen oder Industriekraftwerken, Verpflichtungen von Stromlieferanten zur Kundenbelieferung und verbleibender Stromerzeugung aus konventionellen thermischen Großkraftwerken. Um künftig noch effizient Strom bereitstellen zu können, muss der Stromverbrauch stärker an der Stromerzeugung insbesondere von erneuerbaren Energien ausgerichtet werden. An verschiedenen Stellen werden seit einiger Zeit hierzu Überlegungen angestellt, die oftmals unter dem Begriff des Smart Grids zusammengefasst werden. Diese Arbeit soll hierzu ebenfalls einen Beitrag leisten.

Herrn Prof. Dr. Otto Rentz gilt mein herzlicher Dank für das entgegengebrachte Vertrauen und die Betreuung der Arbeit.

Ich danke allen, die mich bei der Bearbeitung der Fragestellung unterstützt haben und insbesondere denjenigen, die sich regelmäßig an meinen Diskussionen beteiligt haben. Die Dissertation ist meinen Kindern Annika und Paul sowie meiner Frau Dagmar gewidmet.

Inhaltsverzeichnis

Abbildungsverzeichnis

Tabellenverzeichnis

Symbolverzeichnis

Im Folgenden werden die für die mathematische Beschreibung des Modells benötigten Indizes, Modellparameter und Variablen definiert.

Indizes

i	Kunde i
j	Tag j
$j+1$	Folgetag des Tages j
k	Anlage des Kunden k
$Lief$	Lieferant

Variablen

l	Anzahl der Kunden, die in der Gruppe G zusammengefasst sind
m	¼-Stunde in [¼ h]
Mf_{Abw}	= 0,5 :: Minderungsfaktor bei „Abwesenheits- oder Urlaubsstellung"
Mf_{Aus}	= 0,1 :: Minderungsfaktor bei „Aus-Schaltung" einer Anlage
n	Anzahl Kunden eines Lieferanten
$1...o$	Kunden 1 bis o
$o+1...p$	Kunden o+1 bis p
$p+1...n$	Kunden p+1 bis n
s	4-Stundenblock in [4 h]
t	Einzelstunde in [1 h]
$\alpha, \beta, \chi, \delta$	¼-stündliche Zeitvariablen von 1 bis 96 mit $(\beta-\alpha)+(\delta-\chi) = 96$ an einem Tag in [¼ h]

Modellparameter

$a_{-1,i}$ Spezifische elektrische Arbeit der unterbrechbaren Verbrauchseinrichtung des Kunden i im (vorjährigen) Ablesezeitraum in [kWh/K]

$A_{-1,i}$ Elektrische Arbeit der unterbrechbaren Verbrauchseinrichtung des Kunden i im Ablesezeitraum in [kWh]

$A_{EwBetr,F}$ Energiemenge, die ersatzbeschafft werden muss in [kWh]

$A_{Fahr,Abw}$ Energiemenge der aufgetretenen Fahrplanabweichung in [kWh]

$A_{i,j+1}$ Prognostizierte elektrische Arbeit der unterbrechbaren Verbrauchseinrichtung des Kunden i am Folgetag $j+1$ in [kWh]

$A_{Lief}(t)$ Prognostizierte elektrische Arbeit der unterbrechbaren Verbrauchseinrichtung eines Lieferanten, die für den erweiterten Betrieb zur Verfügung stehen, in der Stunde t in [kWh]

$A_{Lief,j+1}$ Summe Prognose des Tagesenergiebedarfs am Folgetag $j+1$ eines Lieferanten $Lief$ mit n Kunden in [kWh]

$A_{theoVerfüg,j+1}$ Zur Verfügung stehende Arbeit zur Vermarktung am Tag $j+1$ in [kWh]

$A_{+,theoVerfüg,1/4-Stunde,j+1}$
     Theoretisch zur Verfügung stehendes vermarktungsfähiges ¼-stündliches Arbeitsvolumen am Folgetag $j+1$ in [kWh]

$A_{+,theoVerfüg,1-Stunde,j+1}$
     Theoretisch zur Verfügung stehendes vermarktungsfähiges stundengemitteltes Arbeitsvolumen am Folgetag $j+1$ in [kWh]

$A_{+,theoVerfüg,j+1}$ Theoretisch zur Verfügung stehende Arbeit zur Vermarktung am Tag $j+1$ in [kWh]

$A_{-,theoVerfüg,1/4-Stunde,j+1}$
     Theoretisch zur Verfügung stehendes aufnahmefähiges ¼-stündliches Arbeitsvolumen zur Vermarktung am Folgetag $j+1$ in [kWh]

$A_{-,theoVerfüg,1-Stunde,j+1}$
     Theoretisch zur Verfügung stehendes aufnahmefähiges stundengemitteltes Arbeitsvolumen zur Vermarktung am Folgetag $j+1$ in [kWh]

$\left| A_{-,theoVerfüg,j+1} \right|$ Betrag der theoretisch zur Verfügung stehende Aufnahmekapazität zur Vermarktung am Tag $j+1$ in [kWh]

K Begrenzungskonstante für einzuspeisende elektrische Arbeit oberhalb der Bezugstemperatur für unterbrechbare Verbrauchseinrichtungen in [K]

$K_{An/Ab,opt}$ An- bzw. Abfahrkosten mit (kosten)optimierter Betriebsweise eines Kraftwerks in [€]

$K_{An/Ab,OptKW}$ An- bzw. Abfahrkosten eines Kraftwerks in [€]

$K_{An/Ab,opt,OptKW}$ An- bzw. Abfahrkosten mit (kosten)optimierter Betriebsweise eines Kraftwerks in [€]

$K_{An/Ab,übl}$ An- bzw. Abfahrkosten mit üblicher Betriebsweise eines Kraftwerks in [€]

$K_{An/Ab,übl,OptKW}$

   An- bzw. Abfahrkosten mit üblicher Betriebsweise eines Kraftwerks in [€]

$k_{Angebot,negAP,Min\,Res}(j+1)$

   Angebotener spezifischer Arbeitspreis für negative Minutenreserve am Tag $j+1$ in [€/MWh]

$k_{Angebot,negLP,Min\,Res}(j+1)$

   Angebotener spezifischer Leistungspreis für negative Minutenreserve am Tag $j+1$ in [€/kW]

$k_{Angebot,posAP,Min\,Res}(j+1)$

   Angebotener spezifischer Arbeitspreis für positive Minutenreserve am Tag $j+1$ in [€/MWh]

$k_{Angebot,posLP,Min\,Res}(j+1)$

   Angebotener spezifischer Leistungspreis für positive Minutenreserve am Tag $j+1$ in [€/kW]

$K_{AnteilInstand,OptKW}$

   (Pauschaler) Kostenanteil für den erhöhten Instandhaltungsbedarf für Kraftwerke mit vielen An- und Abfahrten in [€]

$K_{Ausgl}(A_{Fahr,Abw,j+1})$

   Kosten für Ausgleichsenergie zum Ausgleich der Fahrplanabweichung über die Energiemenge der aufgetretenen Fahrplanabweichung in [€]

$K_{Betrieb}(m)$ Kosten für die Betriebsführung zur ¼-Stunde m in [€]

$K_{BetrHilfmittel,OptKW}$

   Kosten für Betriebshilfsmittel wie z. B. Kalkstein für die Entschwefelung, Wasser, etc. in [€]

$K_{Börse}(A_{Fahr,Abw,j+1})$

   Kosten für eine direkte Ersatzbeschaffung über die Börse über die Energiemenge der aufgetretenen Fahrplanabweichung in [€]

$K_{Börse}(t)$ Spotmarkt- bzw. Intraday-Preis zum Zeitpunkt t in [€/MWh]

$K_{Brennstoff,OptKW}$ Kosten für Brennstoffe wie z. B. Kohle oder Gas inklusive CO_2-Zertifikatskosten in [€]

$K_{D\arg eboEE,j}(t_e)$ Differenz zwischen getätigten Käufen und Verkäufen (Intraday) zum Entscheidungszeitpunkt t_e am Tag j in [€]

$K_{EEX-IntraDay}(t)$ Intraday Börsenpreis zum Zeitpunkt t in [€/MWh]

$k_{Ersatzbesch}(m)$ Spezifische Kosten der ersatzbeschafften Energiemengen im Rahmen von Minutenreservegeschäften in [€/MWh]

$K_{EwBetrieb}$ Kosten für die Betriebsführung im erweiterten Betrieb in [€]

$K_{EwBetrieb,F}(A_{Fahr,Abw,j+1},t)$

Kosten (bzw. Erlöse) des erweiterten Betriebs „Ausgleich Fahrplanabweichungen über die Energiemenge der aufgetretenen Fahrplanabweichung in [€]

$K_{EwBetrieb,KWEinsatz}$

Kosten für die Betriebsführung des erweiterten Betriebs in [€]

$K_{Fahr,Abw}$ Wirtschaftlicher Wert der Energiemenge der aufgetretenen Fahrplanabweichung in [€]

$K_{Intraday,j}(t_e)$ Differenz zwischen getätigten Käufen und Verkäufen (Intraday) am Entscheidungszeitpunkt t_e und Tag j in [€]

$k_{Intraday}(t_e,t)$ Spezifischer Börsenpreis am Intradaymarkt für die Stunde t am Entscheidungszeitpunkt t_e in [€/MWh]

$K_{Kapitalkosten,OptKW}$

Kapitalkostenanteil, der sich aus An- und Abfahrten resultierende verringerte Lebensdauer ergibt in [€]

$K_{Kauf,D\arg ebotEE,j}(t_e)$

Kosten für getätigte Käufe zum Entscheidungszeitpunkt t_e am Tag j in [€]

$K_{Kauf,Intraday,j}(t_e)$

Summe der Käufe am Entscheidungszeitpunkt t_e und Tag j in [€]

$K_{Max,j}$ Maximal aus dem erweiterten Betrieb heraus erzielbarer Gewinn am Tag j in [€]

$K_{Minutenres,j+1}$ Aus dem erweiterten Betrieb „Teilnahme Minutenreservemarkt" heraus erzielbarer Gewinn für den Tag $j+1$ in [€]

$K_{neg,Min\operatorname{Re}s,j+1}$ Erlöse aus negativer Minutenreserve am Tag $j+1$ in [€]

K_{OptKW} Ergebnis für den erweiterten Betrieb der unterbrechbaren Verbrauchseinrichtungen bei der Betriebsoptimierung Kraftwerkseinsatz in [€]

$K_{pos,Min\operatorname{Re}s,j+1}$ Erlöse aus positiver Minutenreserve am Tag $j+1$ in [€]

$K_{\mathrm{Re}\,sKW}\left(A_{Fahr,Abw,j+1}\right)$

Kosten für den Start und Betrieb einer Reservekraftwerks über die Energiemenge der aufgetretenen Fahrplanabweichung in [€]

$K_{Spot,j+1}\left(t_e\right)$ Differenz zwischen getätigten Käufen und Verkäufen (Intraday) am Entscheidungszeitpunkt t_e und Tag $j+1$ in [€]

$k_{Tarifaufschlag}$ Spezifischer Tarifaufschlag je kWh [Ct/kWh]

$K_{Tarifausschlag}$ Summe der Einnahmen auf dem Tarifaufschlag am Tag j in [€]

$K_{Verkauf,D\arg ebotEE,j}\left(t_e\right)$

Kosten für getätigte Verkäufe zum Entscheidungszeitpunkt t_e am Tag j in [€]

$K_{Verkauf,Intraday}\left(t_e\right)$

Summe der Verkäufe am Entscheidungszeitpunkt t_e und Tag j in [€]

$p(m)$ Normiertes Lastprofil für unterbrechbare Verbrauchseinrichtungen des Netzbetreibers in [K/¼ h]

$P_{abgerufeneArb,neg,Min\mathrm{Re}s}(m)$

Tatsächlich in Anspruch genommene negative Minutenreserve zur ¼-Stunde m in [kW]

$P_{abgerufeneArb,pos,Min\mathrm{Re}s}(m)$

Tatsächlich in Anspruch genommene positive Minutenreserve zur ¼-Stunde m in [kW]

$P_{Angebot,neg,Min\mathrm{Re}s}(s)$

Angebotene Leistung für negative Minutenreserve in einem vierstündigen Zeitblock s in [kW]

$P_{Angebot,pos,Min\mathrm{Re}s}(s)$

Angebotene Leistung für positive Minutenreserve in einem vierstündigen Zeitblock s in [kW]

$P_{Einsp,EE}(m)$ Leistung je ¼-Stunde (Prognosewert) aller erneuerbaren dezentralen Einspeisungen (Vorrang) am Folgetag $j+1$ in [kW]

$P_{Einsp,konv}(m)$ Leistung je ¼-Stunde (Prognosewert) aller konventionellen dezentralen Einspeisungen am Folgetag $j+1$ in [kW]

$P_{Ersatzbesch}(m)$ Tatsächlich in Anspruch genommene (positive oder negative) Minutenreserve am Tag j zur ¼-Stunde m in [kW]

$\overline{P}_{EwBetr,F}(t)$ Aufgetretene Fahrplanabweichung in der Einzelstunde t in [kW]

$\overline{P}_{Fahr,Abw}(t)$ Aufgetretene Fahrplanabweichung in der Einzelstunde t in [kW]

$P_{frNetzkap}(s,m)$ Freie (vorhandene) Netzkapazität je ¼-Stunde m in einem Vierstundenblock s in [kW]

$P_{frNetzkap}(t,m)$ Freie (vorhandene) Netzkapazität je ¼-Stunde m in der Stunde t in [kW]

$P_{frNetzkap,j+1}(m)$ Verfügbare Netzkapazität in der ¼-Stunde m in [kW]

$P_{frNetzkap,j+1}(m)$ Freie (vorhandene) Netzkapazität je ¼-Stunde (Prognosewert) am Folgetag $j+1$ in [kW]

$P_{frNetzkap,j+1}(t)$ Freie (vorhandene) Netzkapazität in der Einzelstunde t (Prognosewert) am Folgetag $j+1$ in [kW]

P_G Leistungswert der Gruppe G von unterbrechbaren Verbrauchseinrichtungen der Kunden 1 bis l in [kW]

$P_{gew,Netzlast}$ Gewollte Netzhöchstlast in [kW]

$P_i(t)$ Temperaturunabhängige Last P_i in [MW]

$P_{Install}$ (Verfügbare) Summe der installierten Leistungen der unterbrechbaren Verbrauchseinrichtungen in [kW]

$P_{installKap,i}$ Installierte Kapazität der unterbrechbaren Verbrauchseinrichtung des Kunden i in [kW]

$\sum_{i=1}^{n} P_{installKap,i}$ Summe der installierten Kapazität der unterbrechbaren Verbrauchseinrichtung im Normalbetrieb der Kunden 1 bis n in [kW]

$P_j(T_m,t)$ Von der Temperatur T_m abhängige Last P_j zum Zeitpunkt t in [MW]

$P(k)$ Installierte Leistung der Kundenanlage k in [kW]

$P_{Kauf,DargebotEE,j}(t,t_e)$
Leistungswert der Käufe zum Entscheidungszeitpunkt t_e für die Stunde t in [kW]

$P_{Kauf,Intraday,j}(t)$
Leistungswert „Kauf" für die Stunde t in [kW]

$P_{KWEinspeisung}(t)$ Fahrplaneinspeisungen von thermischen Kraftwerken zum Zeitpunkt t in [MW]

$P_{Lief,installKap}$ Summe der installierten Kapazität der unterbrechbaren Verbrauchseinrichtungen eines Lieferanten mit n Kunden in [kW]

$P_{Lief,j+1}(m)$ Leistung je ¼-Stunde des Summen-Lastprofils aller Einzelkunden eines Lieferanten $Lief$ am Folgetag j+1 in [kW]

$P_{Lief,j+1}(4t+m)$
Leistung je ¼-Stunde des Summen-Lastprofils aller Einzelkunden eines Lieferanten $Lief$ am Folgetag $j+1$ in [kW]

$\overline{P}_{Lief,j+1}(t)$ Über vier ¼-Stundenwerte gemittelte Leistung als Summen-Lastprofils aller Einzelkunden eines Lieferanten *Lief* am Folgetag $j+1$ in [kW]

$P_{Lief}(s,m)$ ¼-Stunden-Leistungswert nach dem eingespeisten Standardlastprofil der Kunden eines Lieferanten im 4-Stundenblock s in der ¼-Stunde m in [kW]

$P_{Lief}(t,m)$ ¼-Stunden-Leistungswert nach dem eingespeisten Standardlastprofil eines Lieferanten zur Stunde t in der ¼-Stunde m in [kW]

$P_{Lief,verfüg,installKap}$
Summe der verfügbaren installierten Kapazität der unterbrechbaren Verbrauchseinrichtungen eines Lieferanten in [kW]

$\overline{P}_{max,AufnahmeKap,12h}(s)$
Gemittelte Leistung der verfügbaren installierten Kapazität der in Betrieb befindlichen unterbrechbaren Verbrauchseinrichtungen in den 12 Folgestunden in [kW]

$P_{max,Lief}(s)$ ¼-Stunden-Leistungsmaximum der unterbrechbaren Verbrauchseinrichtungen eines Lieferanten im 4-Stundenzeitblock s in [kW]

$P_{max,Lief}(t)$ ¼-Stunden-Leistungsmaximum der unterbrechbaren Verbrauchseinrichtungen eines Lieferanten zur Stunde t in [kW]

$P_{min,frKap}(s)$ Minimum aus der verfügbaren installierten Kapazität der in Betrieb befindlichen unterbrechbaren Verbrauchseinrichtungen abzüglich des Leistungsmaximums (¼-Stundenwert) der Ist-Beladung innerhalb eines 4-Stunden Zeitintervalls s in [kW]

$P_{min,frKap}(t)$ Minimum der verfügbaren freien Kapazität der unterbrechbaren Verbrauchseinrichtungen in der Stunde t in [kW]

$P_{min,frNetzkap}(t)$ Minimum der freien Netzkapazität innerhalb einer Stunde t in [kW]

$P_{min,frNetzkap}(s)$ Minimum der freien Netzkapazität innerhalb eines 4-stündigen Minutenreserve-Zeitblocks s in [kW]

$P_{neg,MinRes}(t)$ Volumen der ausgeschriebenen Leistung der negativen Minutenreserve in [kW]

$P_{Netz,gesamt}(T_m,t)$
Temperaturabhängige Gesamtnachfrage zum Zeitpunkt t in [MW]

$P_{Netzlast,j+1}(m)$ Leistung je ¼-Stunde der Summenlast aller Netzkunden (Prognosewert) am Folgetag $j+1$ in [kW]

$P_{pos,MinRes}(t)$ Volumen der ausgeschriebenen Leistung der positiven Minutenreserve in [kW]

$P_{Regelenergieeinsatz}(m)$
Abruf von Regelenergie zum Zeitpunkt m in [MW]

$P_{Stör}(m)$ Höhe der Leistungsreduzierung im Netz in einer ¼-Stunde m aufgrund einer Störung in [kW]

$P_{tatPot,kauf,Intraday}(t)$

Theoretisches tatsächliches technisches Potential zur Teilnahme an Intraday-Geschäften zur Stunde t in [kW]

$P_{tatPot,neg,MinRes}(s)$

Das tatsächlich zur Verfügung stehende Potential zur Teilnahme an der Ausschreibung zur negativen Minutenreserve in [kW]

$P_{tatPot,pos,MinRes}(s)$

Das tatsächlich zur Verfügung stehende Potential zur Teilnahme an der Ausschreibung zur positiven Minutenreserve in [kW]

$P_{tatPot,verkauf,Intraday}(t)$

Theoretisches technische Verkaufspotential im Rahmen des Intraday-Geschäfts zur Stunde t in [kW]

$P_{theoPot,neg,MinRes}(s)$

Theoretisches technisches Potential zur Teilnahme an der Ausschreibung zur negativen Minutenreserve in [kW]

$P_{theo,tech,Netzkap}(m)$

Installierte technische Netzkapazität in einer ¼-Stunde m in [kW]

$P_{theo,techverfügNetzkap}(m)$

Theoretisch in einer ¼-Stunde m technisch verfügbare Netzkapazität in [kW]

$P_{theo,verfügNetzkap}(m)$

Theoretisch in einer ¼-Stunde m tatsächlich verfügbare Netzkapazität in [kW]

$P_{theo,verfügNetzkap,j+1}(m)$

Theoretisch verfügbare freie Netzkapazität in einer ¼-Stunde (Prognosewert) am Folgetag $j+1$ in [kW]

$P_{Verkauf,DargebotEE,j}(t,t_e)$

Leistungswert der Verkäufe zum Entscheidungszeitpunkt t_e für die Stunde t in [kW]

$P_{Verkauf,Intraday,j}(t)$

Leistungswert „Verkauf" für die Stunde t in [kW]

$P_{Windenergieeinspeisung}(t)$ bzw. $P_{Windenergieeinspeisung}(m)$

Elektrische Leistung der Windenergieeinspeisung zum Zeitpunkt t bzw. m in [MW]

$P_{+,max,j+1}(m)$ Maximale theoretisch zur Vermarktung anstehende Kapazität (¼-Stundenwert) am Folgetag $j+1$ in [kW]

$\overline{P}_{+,max,j+1}(t)$ Maximale theoretisch zur Vermarktung anstehende stündliche Kapazität am Folgetag $j+1$ in [kW]

$P_{+,Verfüg,j+1}(m)$ Zur Verfügung stehende Kapazität zur Vermarktung je ¼-Stunde am Folgetag $j+1$ in [kW]

$\overline{P}_{+,Verfüg,j+1}(t)$ Zur Verfügung stehende Kapazität zur Vermarktung (Stundenmittelwert) am Folgetag $j+1$ in der Einzelstunde t in [kW]

$P_{+,Verfüg,j+1}(t,m)$

Zur Verfügung stehender Leistungswert (Kapazität) zur Vermarktung im Rahmen des Intraday-Geschäfts in der ¼-Stunde m der Stunde t in [kW]

$P_{-,Verfüg,j+1}(m)$ Zur Verfügung stehende Kapazität zur Vermarktung (Energieaufnahme) je ¼-Stunde m in [kW]

$\overline{P}_{-,Verfüg,j+1}(t)$ Zur Verfügung stehende Kapazität zur Vermarktung (Energieaufnahme) in der Einzelstunde t in [kW]

$T_{1...24}$ Lufttemperaturmessungen zu den Stunden 1 bis 24 in [°C]

$T_{7:00,14:00,21:00}$ Lufttemperaturmessungen zu den Stunden 7:00, 14:00 bzw. 21:00 Uhr in [°C]

T_{Bezug} Bezugstemperatur in [°C], meist 17 °C

T_m (prognostiziertes) Tagesmittel der Außentemperatur in [°C]

$T_{m,maßgeblicheMessstelle}$

Tagesmittel der Außentemperatur der für die unterbrechbare Verbrauchseinrichtung maßgeblichen Messstelle in [°C]

TMZ   Temperaturmaßzahl in [K]

$TMZ_{i,j+1}$ Prognose der Temperaturmaßzahl des Kunden i am Folgetag $j+1$ in [K]

$\sum TMZ_{-1}$ Summe der Temperaturmaßzahlen im (vorjährigen) Ablesezeitraum in [K]

$V_{+,Verfüg}(t)$ Verfügbarkeitsfaktor für zur Vermarktung anstehende Kapazität in der Einzelstunde t in [kW]

$V_{-,Verfüg}(t)$ Verfügbarkeitsfaktor für zur Vermarktung anstehende Kapazität in der Einzelstunde t in [kW]

Abkürzungsverzeichnis

ARE	Arbeitsgemeinschaft regionaler Energieversorgungsunternehmen
bne	Bundesverband neuer Energieanbieter e. V.
BNetzA	Bundesnetzagentur für Elektrizität, Gas, Telekommunikation, Post und Eisenbahnen (kurz: Bundesnetzagentur)
BMU	Bundesministerium für Umwelt, Naturschutz und Reaktorsicherheit
EDL	Energie-Dienstleistungsrichtlinie
EE	Erneuerbare Energien
EEG	Erneuerbare Energien Gesetz
EEX	European Energy Exchange (Energiebörse in Leipzig)
ETSO	European Transmission System Operators
EnBW	EnBW Energie Baden-Württemberg AG
EnWG	Energiewirtschaftsgesetz
EVU	Energieversorgungsunternehmen
EU	Europäische Union
GPKE	Geschäftsprozesse zur Kundenbelieferung mit Elektrizität
GTZ	Gradtagszahl
GuD	Gas- und Dampfturbinen(-Kraftwerk)
HT	Hoch-Tarif
IPP	Independent Power Producer
JAZ	Jahresarbeitszahl einer Wärmepumpe
K	Temperatureinheit in Kelvin
KKW	Kernkraftwerk
kV	Kilo-Volt (= 1.000 V)
kW	Kilowatt
kWh	Kilowattstunde
KWK	Kraft-Wärme-Kopplung
KWKG	Kraft-Wärme-Kopplungs-Gesetz
MW	Megawatt (= 1.000 kW)
MWh	Megawattstunde (=1.000 kWh)
NAP	Nationaler Allokationsplan

NT	Nieder-Tarif
PLP	Peak-Load-Pricing
StromNZV	Netzzugangsverordnung Strom
UCTE	Union for the Coordination of Transmission of Electricity
ÜNB	Übertragungsnetzbetreiber
UVE	Unterbrechbare Verbrauchseinrichtungen
SLP	Standardlastprofil
TMZ	Temperaturmaßzahl in [K]
TWh	Tera-Wattstunden (= 1.000.000 MWh)
VDEW	Verband der Elektrizitätswirtschaft e. V.
VDN	Verband der Netzbetreiber e. V.
VKU	Verband kommunaler Unternehmen e. V.

1. Einleitung

Eine ausgewogene und sichere Energieversorgung stellt die Grundlage unserer wirtschaftlichen Aktivitäten und somit unseres Wohlstandes dar. Nationale, europäische und globale Rahmenbedingungen ändern sich infolge des weltweit steigenden Energiebedarfs, Verfügbarkeitsproblemen bei Rohstoffen, Klimaschutzanforderungen und politischen Vorgaben. Seit einigen Jahren ist deshalb die Energiebranche weit reichenden Umwälzungen ausgesetzt.

Als Reaktion auf die geänderten Rahmenbedingungen werden eine Vielzahl an Möglichkeiten diskutiert, um den Herausforderungen begegnen zu können. In den Diskussionen auf nationaler Ebene wird der Netzstabilität oberste Priorität beigemessen. Ferner sind gleichzeitig die Anforderungen des Unbundling zu erfüllen bei steter Erhöhung des Anteils Erneuerbarer Energien sowie der deutlichen Steigerung der Energieeffizienz. Dies führt zwangsläufig zu einer dramatischen Steigerung der Komplexität im Bereich der Energieversorgung.

Mit einer verbesserten Verknüpfung von Erzeugung und Verbrauch kann diese Komplexität wieder reduzieren werden. Die Verbesserung der Verknüpfung von Erzeugung und Verbrauch kann beispielsweise mit der hier vorgeschlagenen neuartigen Betriebsführungsstrategie für Verbrauchseinrichtungen erreicht werden.

1.1 Ausgangslage und Problemstellung

Als ein wesentlicher Schritt zur Vollendung des europäischen Binnenmarktens wurden vor gut 10 Jahren in der Europäischen Union die Energiemärkte für Strom und Gas liberalisiert (u. a. [EU 1997], [EU 1998], [EU 2003a-c]). Damit einhergehend sind für die etablierten Energieversorger die Gebietsmonopole entfallen. Alle Kunden können seit dem ihren Stromlieferanten frei wählen und Strom wird – wie beispielsweise Metalle oder Öl – als Börsen- und Terminmarktprodukt gehandelt. Im Jahre 2005 ist mit dem Aufbau von Regulierungsbehörden zur Netzregulierung in Deutschland eine weitere Stufe der Liberalisierung umgesetzt worden ([EnWG 2005]), infolge dessen es zu deutlichen Senkungen bei den Netznutzungsentgelten gekommen ist.

Mit der zweiten Stufe der Liberalisierung haben sich zudem die Regeln zur Unternehmensstruktur verschärft. Das so genannte Unbundling verlangt von Energieversorgungsunternehmen neben informatorischen sowie organisatorischen Trennungen von Netz- und Wettbewerbsbereichen auch – für die größeren Unternehmen – eine gesellschaftsrechtliche Teilung. Die in der Vergangenheit voll integrierten Energieversorger positionieren sich nunmehr entlang ihrer Wertschöpfungskette neu und teilen sich vielfach in die Bereiche Erzeugung, Handel, Vertrieb und den Monopolbereich Netz auf. Hierbei muss jede Stufe der Wertschöpfungskette betriebswirtschaftlich eigenständig (und erfolgreich) agieren.

Die Zuverlässigkeit der Stromversorgung in Westeuropa ist bislang vergleichsweise hoch und in Deutschland sind Stromunterbrechungen seit Jahrzehnten höchst selten. Im Zuge steigender Einspeisemengen von erneuerbaren Energien ([StrEinspG 1990], [EU 2001], [EEG 2000], [EEG 2004], [EEG 2006]), dem anstehenden (politisch forcierten) Umbau des Erzeugungsmixes und einem allgemein volatileren Umfeld mit größeren Abweichungen bei Einspeise- und Entnahmefahrplänen kommt dem sicheren Netzbetrieb eine zunehmend größere Bedeutung zu. Die Gewährleistung des sicheren Netzbetriebs wird eine der zentralen Schlüsselaufgaben in der Stromversorgung in den nächsten Jahrzehnten darstellen.

Eine weitere künftige Herausforderung stellt die von der EU verabschiedete und in nationales Recht überführte Energiedienstleistungsrichtlinie ([EU 2006a]) dar, die das Ziel einer

Energieeffizienzsteigerung verfolgt ([EnEV 2007]). Die Bundesregierung möchte – basierend auf der aktuellen Stromverbrauchsstruktur – die Energieeffizienz bis 2020 um 20 % steigern und den Anteil der erneuerbaren Energien auf 25 % - 30 % bis 2020 ausbauen. Hierbei wird den Energieversorgern[1] eine zentrale Rolle bei der Zielerreichung zugeschrieben. In diesem Zusammenhang ist auch Kundenwünschen – beispielsweise nach energienahen Dienstleistungen oder zu Angeboten von ökologisch orientierten Energieprodukten – Rechnung zu tragen. Ferner gewinnen die Themen Versorgungssicherheit und Klimaschutz auf nationaler und europäischer Ebene an Bedeutung ([Bundesreg 2007], [EU 2006b], [Grünbuch 2006]).

Die Integration von erneuerbaren Energien ist eine der großen künftigen Herausforderungen. Neben der bereits angesprochenen Beeinflussung der Netzstabilität haben die zunehmenden Energiemengen erneuerbarer Energien einen stärkeren Einfluss auf den kurzfristigen Börsenpreis sowie auf die Einsatzcharakteristik im bestehenden thermischen Kraftwerkpark. Effizient lassen sich diese Energiemengen nur mit einer besseren Verknüpfung von Erzeugung und Stromverbrauch in das Gesamtsystem integrieren.

Das Problem der ansteigenden Volatilität aus Einspeisungen von erneuerbaren Energien sowie der insgesamt zunehmenden Anzahl von Marktteilnehmern lässt den Aufwand für die verantwortlichen Übertragungsnetzbetreiber zum Ausgleich zwischen Strombereitstellung und Stromnachfrage stark ansteigen. Zur Ausregelung von diesen Ungleichgewichten zwischen tatsächlicher Erzeugung und tatsächlichem Verbrauch genutzten Kapazitäten, d. h. die von den Übertragungsnetzbetreibern zur Netzstabilisierung eingesetzten schaltbaren Kraftwerke/Lasten werden unter dem Begriff der Regelenergie zusammengefasst. Zusätzliche Regelenergiekapazitäten (MW) und ansteigende Arbeitsvolumina (kWh) verteuern die Netzführung und belasten auf diese Weise die Stromabnehmer zusätzlich. Regelenergie bereitstellen können grundsätzlich nicht nur dafür ausgerüstete Kraftwerke, sondern auch ausgewählte – entsprechend technisch aufgerüstete – geregelte Verbraucher.

Neben der Netzregelung mittels Regelenergie durch die Übertragungsnetzbetreiber stellt die Verlässlichkeit von Ein- und Ausspeisefahrplänen – sozusagen als vorgelagerte Stufe zur Regelenergie – einen weiteren Bereich für Optimierungen dar. Die zentrale Frage hierbei ist, wie man möglichst marktnah und effizient die Qualität der Energiebereitstellung sowie der Kundenbelieferung über Fahrpläne verbessern kann. Kurzfristige Anpassungen von Fahrplänen wären hierfür ein gangbarer Weg, der den ansonsten benötigten Bedarf von teurer Regelenergie zu reduzieren hilft.

Die alte Regel aus der zweiten Hälfte des letzten Jahrhunderts, dass die Erzeugung dem Verbrauch folgt bzw. folgen kann, gilt künftig also nicht mehr. Bislang stehen – zumindest in Europa – ausreichend regelbare Erzeugungskapazitäten zur Verfügung, um die Stromnachfrage, die in ihrem zeitlichen Verbrauchsverhalten mit wenigen Ausnahmen völlig frei ist, abdecken zu können. Der Kunde kann also aktuell faktisch autonom die Menge und den Zeitpunkt seiner Nachfrage (unter Beachtung seiner Anschlussleistung) festlegen. Der künftige Aufwand nur aus dem verbleibenden klassischen Kraftwerkspark sowohl die schwankenden und stark ansteigenden Einspeisemengen der erneuerbaren Energien als auch einen wenig reglementierten Stromverbrauch sicher und zuverlässig ausgleichen zu wollen, stößt an die Grenze des technisch Machbaren und des volkswirtschaftlich Sinnvollen. In den nächsten Jahrzehnten wird dementsprechend die sichere und zuverlässige Versorgung von Kunden mit Strom mit größeren Herausforderungen verbunden sein, als dies in vorangegangenen Jahrzehnten in Deutschland und Europa der Fall gewesen ist. Die Gewichte zwischen den

---

[1] Laut Legaldefinition sind dies Unternehmen der Strom-, Gas- und Heizöl-Branche.

drei Säulen von Ökonomie, Ökologie und Versorgungssicherheit, auf denen die Energieversorgung basiert, werden sich – wie dargestellt – verschieben und sind in Folge dessen neu
zu bestimmen. Einen Beitrag zur Lösung der genannten Herausforderungen soll diese Arbeit
leisten.

1.2 Zielsetzung und Lösungsweg

Konkrete Zielsetzung dieser Arbeit ist die Entwicklung und Vorstellung eines neuartigen Betriebsmodells für unterbrechbare Verbrauchseinrichtungen (UVE) bzw. – etwas allgemeiner
– für unterbrechfähige Stromverbraucher, das unter Erzielung von Erlösen einen Beitrag zur
Systemstabilisierung leisten soll. Hierbei werden über handelsaffine Produkte für UVE neue
Märkte erschlossen, auf denen sich durch kurzfristiges Handeln Arbitragen erzielen lassen.

Das neue Betriebsmodell stützt sich auf zeitliche Preisdifferenzierungen von Dienstleistungen (hier Strom), wenn Nachfrage oder Angebot zu verschiedenen Zeitpunkten unterschiedlich hoch sind und dadurch Arbitragen ermöglicht werden. Es wird dabei ein neuartiger Weg
beschritten, der, obwohl Elektrizität eigentlich nicht wirklich speicherfähig ist, eine zeitliche
Verlagerung der Stromnachfrage nutzt. Allgemeine Beispiele für eine derartige zeitliche
Preisdifferenzierung sind in der Praxis vielfach vorhanden. So sind Zimmerpreise in Hotels
oder Preise für Urlaubsreisen in der Hauptsaison höher als in der Nebensaison und Ein-
trittspreise in Kinos oder zu Kulturveranstaltungen am Wochenende teurer als an anderen
Tagen. Die Schwierigkeit in der Elektrizitätswirtschaft liegt nun darin, Stromverbraucher zu
identifizieren, bei denen aufgrund besonderer Verbrauchscharakteristiken eine zeitliche Verlagerung der Nachfrage möglich ist bzw. deren Nachfrage gezielt gesteuert werden kann
(definierte Erstellung von Lastgängen). Wie gezeigt werden, gibt es solche Verbraucher,
wozu auch beispielsweise die im weiteren betrachteten UVE gehören. Darüber hinaus werden weitere potentielle Anwendungen vorgestellt, die sich ebenfalls grundsätzlich für die
neuartige Betriebsführungsstrategie eignen.

Das Modell basiert dabei auf dem Ansatz der zeitlichen Verlagerung von Stromlasten, ohne
dass es zu Einschränkungen der eigentlichen Zielanwendung kommt. Bei einer Reihe von
Stromanwendungen, wie beispielsweise der elektrischen Warmwasserbereitung (mit Speicher), der Klimatisierung oder der Stromheizung, ist nicht der genaue Zeitpunkt des Betriebs
entscheidend, sondern nur, dass die Zielanwendung „Warmwasser", „Kühlung" oder „Heizen" für den Kunden in einer definierten Zeitperiode (z. B. Tag) einschränkungsfrei zur Verfügung gestellt wird. Diese Zielanwendung kann – da speicherbar – vielfach mit einer zeitlich
geänderten Betriebsweise gewährleistet werden.

Ein weiterer Vorteil liegt in der allgemeinen Verlustfreiheit des Verfahrens, d. h. die „Speicherung" bzw. zeitliche Verlagerung der Energiemengen erfolgt ohne Energieverluste. Andere übliche Verfahren zur Stromspeicherung, wie beispielsweise in Pumpspeicherkraftwerken
oder – wie neuerdings vorgeschlagen – in Druckluftspeichern, sind mit hohen Verlusten von
15 % bis 40 % verbunden. Eine Steigerung der Energieeffizienz von entsprechend bis zu 40 %
kann somit zusätzlich erreicht werden.

Im nachfolgenden Kapitel 2 findet zunächst eine Eingrenzung des Themas hinsichtlich des
rechtlichen Rahmens der Strommarktliberalisierung statt. Wechselwirkungen zu angrenzenden energiewirtschaftlichen Themenfeldern werden vorgestellt und die künftigen Herausforderungen in der Stromwirtschaft diskutiert.

Im darauf folgenden Kapitel 3 ist dann beschrieben, was einen Stromverbraucher zu einer
schaltbaren bzw. unterbrechbaren Last im Sinne des Modellansatzes macht und welche
praktischen Stromanwendungen hierfür grundsätzlich in Frage kommen. Am Beispiel der
existierenden UVE – meist als Stromheizungen oder Nachtspeicherheizungen bekannt – wird

der allgemeine technische Rahmen dargestellt, aus dem sich der vorgeschlagene neuartige Lösungsansatz erschließt. Dabei wird untersucht, welche Voraussetzungen hierfür notwendig sind und welche künftigen allgemeinen technischen Entwicklungen eine Einführung forcieren könnten. Anschließend wird der Verfahrensansatz mit den fünf verschiedene Möglichkeiten für den erweiterten Betrieb vorgestellt und herausgearbeitet, welche technische Ertüchtigungen bzw. Neuerungen hierfür notwendig sind.

Es folgt die konkrete Beschreibung des Modells in seinen einzelnen Schritten (Kapitel 4). Zur Strukturierung ist das Modell in acht Module unterteilt. Darüber hinaus werden hier die technischen Potentiale für das neue Betriebsmodelle beschrieben.

Kapitel 5 stellt die Annahmen für die Modellrechnungen vor und gibt die Ergebnisse der Modellberechnungen wieder. Es kann gezeigt werden, dass eine optimierte Betriebsweise von UVE zu einem besseren Betriebsergebnis führen kann. Im Rahmen von Sensivitätsbetrachtungen wird aufgezeigt, dass einerseits die getroffenen Annahmen als robust und konservativ angesehen werden können und andererseits, dass bei optimistischeren Ansätzen sowie der gleichzeitigen Kombination von verschiedenen erweiterten Betrieben erhebliche Chancen für weitere Steigerungen der Rentabilität bestehen.

Es folgt eine kritische Betrachtung der Ergebnisse und es wird ein Ausblick für mögliche Erweiterungen des Modells wird gegeben (Kapitel 6). Die Arbeit schließt mit einer Zusammenfassung in Kapitel 7.

2. Fundamentale Prinzipien der Stromversorgung und allgemeiner Marktrahmen

Wenn, wie oben beschrieben, künftig die alte Regel, dass die Erzeugung dem Verbrauch folgt, so nicht mehr stimmt, dann besteht ein Handlungsbedarf. Neben denkbaren Ansätzen auf der Erzeugungsseite bieten sich grundsätzlich auch Ansätze auf Seiten der Verbraucher von Strom für Optimierungsmaßnahmen an. Aufbauend auf dieser Überlegung werden Ansätze entwickelt, die mit neuartigen Betriebsführungsstrategien für ausgewählte Stromverbraucher einem Beitrag zum Erhalt der Systemstabilität (Gleichgewicht zwischen Erzeugung und Verbrauch) leisten können.

In Wirtschaftsprozessen gibt es allgemein verschiedene Ansätze zur Erreichung eines Marktgleichgewichts. Entweder wird (mindestens) so viel produziert wie nachgefragt wird (marktwirtschaftlicher Ansatz) oder es wird vorgegeben, wie viel produziert werden soll und die Nachfrage muss sich daran orientieren (planwirtschaftlicher Ansatz). Diese beiden Grundprinzipien der Marktwirtschaft lassen sich auch auf die Strom- bzw. Energiewirtschaft übertragen. Es gibt zwei vergleichbare Ansätze von Versorgungsprinzipen:

- Die Erzeugung orientiert sich an der Nachfrage (Fall 1): Hierbei wird davon ausgegangen, dass unabhängig von der Struktur (Lastgang) oder nachgefragten Menge (TWh) diese stets von der Erzeugung abgedeckt werden kann. Auf eine Steuerung der Verbrauchsseite wird weitgehend verzichtet. Die notwendigen Erzeugungsstrukturen liegen meist in einer klaren Eigentumsstruktur und erlauben eine Deckung dieser flexiblen Nachfrage. Die Kosten für die Bereitstellung der Energie können verlässlich an die Nachfrager weitergereicht werden. Diese Marktstruktur hat sich über Jahrzehnte hinweg bei den westeuropäischen im Monopol stehenden Stromversorgern durchgesetzt.

- Die Nachfrage orientiert sich an der Erzeugung (Fall 2): Hierbei wird davon ausgegangen, dass die Nachfrage größer als die Erzeugung ist. Immer dann, wenn Erzeugung zur Verfügung steht, kann auch nachgefragt werden. Es kommt zu regelmäßigen Versorgungsunterbrechungen bzw. zu Zuteilungen von bestimmten Stromkontingenten. Dieses „Prinzip" kann in Entwicklungsländern beobachtet werden, wo es zu regelmäßigen Stromabschaltungen kommt.

Um im Fall 1 vergleichsweise betriebswirtschaftlich effizient eine ausreichende Erzeugung zu gewährleisten bzw. eine bessere Auslastung der Kraftwerke zu erreichen, wurde bereits früh an eine gezielte Unterbrechung von Verbrauchern gedacht. Ein zentrales Element hiervon stellen neben Sperrzeiten von Größtverbrauchern die UVE (Stromheizungen) zur Verbesserung der Laststruktur dar. Der Umfang dieser gezielten Unterbrechungen bzw. Betriebseinschränkungen hat aber seit Beginn der Liberalisierung der Energiemärkte stark an Bedeutung verloren und wird vielfach nur noch aus Netzgesichtspunkten (Engpässe) angewendet. Da sich die Kunden ihren Lieferanten frei wählen können und sich die Strompreise an der Börse bilden, spielen die Ansätze zur besseren Auslastung der Kraftwerke keine Rolle mehr.

Im Zuge der weiterhin stark wachsenden Windenergieeinspeisungen bzw. der erneuerbaren Energien im Allgemeinen gewinnt jedoch in Deutschland der Fall 2 – zwar nicht im Sinne eines planwirtschaftlichen Ansatzes – aber dennoch beständig an Bedeutung. Immer mehr Erzeugung aus erneuerbaren Energien, die sobald die Anlagen installiert sind, zu Grenzkosten von Null[2] ihre Energie in das Stromnetz einspeisen, müssen „verbraucht" werden. In der Schlussfolgerung muss sich also entweder der Stromverbrauch stärker an der Erzeugung orientieren oder der Aufwand für die Netzregelung steigt dramatisch an.

Zunächst werden aber in diesem Kapitel die Grundsätze des Marktrahmens für die deutsche Elektrizitätswirtschaft vorgestellt, die für die Entwicklung von neuartigen Betriebsführungsstrategien von Verbrauchern von Bedeutung sind. Ferner wird ein Ausblick auf allgemeine künftige Fragestellungen sowie absehbare Entwicklungen bei der Netzinfrastruktur und der Wertschöpfungskette gegeben.

2.1 Marktrahmen für die Stromwirtschaft in Deutschland

2.1.1 Der rechtlicher Rahmen und die Marktstruktur

Mit Beginn der Liberalisierung auf dem europäischen Energiesektor Mitte 1998 ([EU 1997], [EnWG 1998] und [EnWG 2003]) – als einer der letzten Schritte in einer Reihe von Reformen zum EU-Binnenmarkt – ist es zu vielfältigen Veränderungen auf dem deutschen Elektrizitäts- und Erdgassektor gekommen. Bei der Umsetzung in nationales Recht wurden die die Strom- und Gasmärkte in Deutschland vollständig liberalisiert, d. h. alle Kunden konnten theoretisch sofort ihren Lieferanten wechseln.

Bei der Festlegung der Marktregeln hatte Deutschland zu Beginn mit dem „Verhandelten Netzzugang" über Verbändevereinbarungen ([VV I], [VV II], [VV II+][3]) einen Sonderweg innerhalb der europäischen Union beschritten. Diese freiwilligen Festlegungen der Marktregeln durch ausgewählte – vorwiegend etablierte – Marktteilnehmer führten dazu, dass der Gasmarkt nur punktuell und der Strommarkt für neue Marktteilnehmer mit einem stark diskriminierenden Marktzugang geöffnet worden sind. Teilmärkte im Stromsektor wurden aufgrund fehlender Festlegung ebenfalls faktisch von der Liberalisierung ausgeschlossen[4].

Mit der Verabschiedung der 2. EU-Richtlinie Mitte 2003 ([EU 2003a]) und deren Umsetzung in nationales Recht Mitte 2005 ([EnWG 2005]) wurde auch in Deutschland ein regulierter Netzzugang eingeführt. Der Gesetzgeber bzw. die Bundesnetzagentur und Landesregulierungsbehörden bestimmen seit dem die Marktzugangsregeln und genehmigen die Netznutzungsentgelte.

Wesentliche weitere Punkte der Energiepolitik in den letzten Jahren stellen die Vereinbarung zur Kernenergie zwischen Bundesregierung und Energieversorgern ([Vereinb. KE]), die neuen Erneuerbare-Energien-Gesetze ([EEG 2000], [EEG 2004], [EEG 2006]), das KWK-Ausbaugesetz zur Förderung der Kraft-Wärme-Kopplung ([KWKG 2002]) sowie Regelungen zum Emissionshandel ([NAP I, NAP II]) dar. Neu geregelt wurden ebenfalls die Umsetzung der europäischen Energiedienstleistungsrichtlinie zur Verbesserung der Energieeffizienz ([EnEV 2007]), die Kraftwerkanschlussverordnung ([KraftNAV 2007]) und das [Infrastrukturplanungsbeschleunigungsgesetz] für den Netzanschluss von Offshore-Windkraftanlagen.

---

[2] Im Rahmen des EEG sind diese Energiemengen vorrangig einzuspeisen und es erfolgt eine fixe Vergütung durch die Netzbetreiber. D. h. dieser Strom ist im Netz und muss verbraucht werden, da eine Abschaltung von EEG-Anlagen aufgrund mangelnder Nachfrage nicht im Gesetz vorgesehen ist.

[3] Für den hier nicht weiter betrachteten Zugang zu den Gasnetzen gab es zwei Verbändevereinbarungen.

[4] Z. B. Bereitstellung von Regelenergieleistung oder Segment der unterbrechbaren Verbrauchseinrichtungen.

Darüber hinaus wird – vorwiegend auf europäischer Ebene – die Versorgungssicherheit Europas mit Energieträgern und Klimaschutzprobleme diskutiert ([Grünbuch 2006]).

Charakterisiert werden kann der deutsche Strommarkt durch

- vier große Verbundunternehmen, die neben den Übertragungsnetzen auch erhebliche Erzeugungskapazitäten besitzen und ca. 49 % der Endkunden mit Strom (Letztverbrauch) beliefern ([VDEW]),

- etwa 30 Regionalversorgern – meist in Hand der vier Verbundunternehmen –,

- rund 900 historischen Stadt- und Gemeindewerken und

- gut 130 neuen netzunabhängigen Lieferanten und Börsenhändlern.

Die Komplexität des Strommarkts hat seit der Liberalisierung insgesamt deutlich zugenommen, da neben der Einführung einer Börse mit Spot- und Terminmärkten beispielsweise auch Lieferantenwechselprozesse zu neuen Vertragsbeziehungen, Schnittstellen und Abläufen geführt haben. Mit der momentan anstehenden Liberalisierung des Zähl- und Messwesens entstehen weitere „neue" Dienstleistungen bzw. Marktteilnehmer ([Liberalisierung Messung 2007], [Mess VO 2007]).

Seit dem der Netzzugang in Deutschland reguliert ist, wird vielfach davon ausgegangen, dass die Anzahl klassischer Energieversorger zurückgeht und die Anzahl spezialisierter Marktteilnehmer zunimmt. Eine Tendenz zu Kooperationen bei kleineren Netzbetreibern kann beobachtet werden. Insgesamt haben sich die Rahmenbedingungen für den Wettbewerb seit Einsetzung der Regulierungsbehörden bereits deutlich verbessert und mit weiteren Verbesserungen ist zu rechnen.

Auf zentrale Elemente des in Deutschland umgesetzten Energiemarktmodells, die für das Verständnis der neuartigen Betriebsführungsstrategie von Relevanz sind, wird in den folgenden Kapiteln näher eingegangen. Zentrale Elemente sind der Stand der Liberalisierung bei UVE, die deutsche Energiebörse, das Bilanzkreissystem mit den Grundsätzen der Fahrplanabwicklung und der Regelenergiemarkt.

2.1.2 Das Bilanzkreissystem und die Grundsätze der Fahrplanabwicklung

Von grundsätzlicher Bedeutung für das umgesetzte Energiemarktmodell in Deutschland ist das Bilanzkreissystem mit seinen Grundsätzen für die Fahrplanabwicklung. In der Stromnetzzugangsverordnung ([StromNZV]) ist das System der Bilanzkreise festgelegt. Das Bilanzkreissystem ist eine der Rahmen gebenden Grundlagen für den gewählten Ansatz zur Erzielung zusätzlicher Erlöse und wird daher hier kurz vorgestellt. Die §§ 4 und 5 Stromnetzzugangsverordnung geben das Prinzip der Bilanzkreisführung gut wieder, so dass sie hier zitiert werden sollen.

§ 4 dieser Verordnung geht näher auf die Bilanzkreise ein:

- „(1) Innerhalb einer Regelzone sind von einem oder mehreren Netznutzern Bilanzkreise zu bilden. Bilanzkreise müssen aus mindestens einer Einspeise- oder einer Entnahmestelle bestehen. Abweichend davon können Bilanzkreise auch für Geschäfte, die nicht die Belieferung von Letztverbrauchern zum Gegenstand haben, gebildet werden. Die Zuordnung eines Bilanzkreises als Unterbilanzkreis zu einem anderen Bilanzkreis ist zulässig. Die Salden eines Bilanzkreises können mit Zustimmung der betroffenen Bilanzkreisverantwortlichen bei der Abrechnung einem anderen Bilanzkreis zugeordnet werden, wobei auch dieser Bilanzkreis die Funktion eines Unterbilanzkreises haben kann.

- (2) Für jeden Bilanzkreis ist von den bilanzkreisbildenden Netznutzern gegenüber dem Betreiber des jeweiligen Übertragungsnetzes ein Bilanzkreisverantwortlicher zu benennen. Der Bilanzkreisverantwortliche ist verantwortlich für eine ausgeglichene Bilanz zwischen Einspeisungen und Entnahmen in einem Bilanzkreis in jeder ¼-Stunde und übernimmt als Schnittstelle zwischen Netznutzern und Betreibern von Übertragungsnetzen die wirtschaftliche Verantwortung für Abweichungen zwischen Einspeisungen und Entnahmen eines Bilanzkreises.

- (3) Jede Einspeise- oder Entnahmestelle ist einem Bilanzkreis zuzuordnen. Ein Netznutzer darf nur einem Bilanzkreis, dessen Bilanzkreisverantwortlicher die Verantwortung nach Absatz 2 Satz 2 trägt, zugeordnet werden.

- (4) Die Betreiber von Elektrizitätsversorgungsnetzen sind verpflichtet, dem Bilanzkreisverantwortlichen und anderen Betreibern von Elektrizitätsversorgungsnetzen die zur Abrechnung und Verminderung der Bilanzkreisabweichungen erforderlichen Daten in elektronischer Form unverzüglich zu übermitteln."

Die Grundsätze der Fahrplanabwicklung und des untertäglichen Handels sind in § 5 der Verordnung näher beschrieben:

- „(1) Die Abwicklung von Lieferungen elektrischer Energie zwischen Bilanzkreisen erfolgt auf Grundlage von Fahrplänen. Betreiber von Übertragungsnetzen sind berechtigt, Bilanzkreisverantwortliche dazu zu verpflichten, ihnen Fahrpläne gemäß den nach § 27 Abs. 1 Nr. 16 von der Regulierungsbehörde festgelegten Regelungen mitzuteilen. Fahrpläne für den Zeitraum des folgenden Tages bis zum nächsten Werktag sind den Betreibern von Übertragungsnetzen bis spätestens 14.30 Uhr mitzuteilen, sofern die Betreiber von Übertragungsnetzen nicht die Mitteilung zu einem späteren Zeitpunkt zugelassen haben oder die Regulierungsbehörde nach § 27 Abs. 1 Nr. 16 eine abweichende Regelung getroffen hat. Rechtzeitig im Sinne der Absätze 2 bis 4 dem Betreiber von Übertragungsnetzen mitgeteilte Fahrpläne und Fahrplanänderungen sind von diesem der Bilanzierung des jeweiligen Bilanzkreises und der Regelzone zu Grunde zu legen, es sei denn, Netzengpässe wurden nach § 15 Abs. 4 veröffentlicht und begründet. Die Fahrpläne müssen vollständig sein, eine ausgeglichene Bilanz des Bilanzkreises und damit eine ausgeglichene Bilanz der jeweiligen Regelzone ermöglichen.

- (2) Fahrpläne innerhalb einer Regelzone und regelzonenübergreifende Fahrpläne können mit einem zeitlichen Vorlauf von mindestens drei ¼-Stunden zu jeder ¼-Stunde eines Tages geändert werden. Der Betreiber von Übertragungsnetzen hat das Recht, Änderungen von regelzonenübergreifenden Fahrplänen abzulehnen, wenn durch die Anwendung der geänderten Fahrpläne ein Engpass entstehen würde. Die Ablehnung ist zu begründen. Fahrplanänderungen müssen nach Maßgabe der von der Regulierungsbehörde nach § 27 Abs. 1 Nr. 16 erlassenen Regelungen dem Betreiber von Übertragungsnetzen mitgeteilt werden.

- (3) Nachträgliche Fahrplanänderungen regelzoneninterner Fahrpläne können bis 16 Uhr des auf den Erfüllungstag folgenden Werktags erfolgen. Der Betreiber von Übertragungsnetzen veröffentlicht hierfür auf seiner Internetseite einen Kalender, dem die Werktage zu entnehmen sind.

- (4) Das durch ungeplante Kraftwerksausfälle entstehende Ungleichgewicht zwischen Einspeisungen und Entnahmen ist vom Betreiber von Übertragungsnetzen für vier ¼-Stunden einschließlich der ¼-Stunde, in der der Ausfall aufgetreten ist, auszugleichen. Für die Zeit nach Ablauf dieser vier ¼-Stunden ist der Bilanzkreisverantwortliche zum Ausgleich der ausgefallenen Leistung verpflichtet. Hierzu kann er abweichend von Absatz 2 Satz 1 seine Fahrpläne mit einer Vorlaufzeit von 15 Minuten zum Beginn einer je

- den ¼-Stunde ändern. Der Betreiber von Übertragungsnetzen kann nach der Fahrplanänderung vom Bilanzkreisverantwortlichen einen Nachweis darüber verlangen, dass ein
  ungeplanter Kraftwerksausfall vorliegt."

Mit anderen Worten: Jede Abnahmestelle bzw. jeder Letztverbraucher ist einem Bilanzkreis
zugeordnet und wird entsprechend mit dem erwarteten Absatz prognostiziert. Hierzu werden so genannte Fahrpläne erstellt. Um die Bilanz ausgleichen zu können, sind entsprechende Mengen (im gleichen zeitlichen Verlauf) auf der Beschaffungsseite einzustellen. Diese Bilanzkreise sind denen von Geschäftsabschlüssen mit einer Aktiv-/Passiv-Seite oder
Gehaltskonten mit einer Haben-/Soll-Position vergleichbar.

Für jeden Bilanzkreis gibt es einen Verantwortlichen, der bei Abweichungen – wie geänder-
tem Letztverbrauch oder Kraftwerksausfällen – innerhalb festgelegter Fristen wieder für
eine ausgeglichene Bilanz zu sorgen hat. Dieses Bilanzkreisprinzip hat sich in allen liberali-
sierten Strommärkten etabliert.

2.1.3 Die Grundprinzipien des Regelenergiemarktes

Das Gleichgewicht zwischen Stromerzeugung und -abnahme ist eine notwendige Voraussetzung für einen stabilen und zuverlässigen Netzbetrieb. Regelenergie ist ein von Kraftwerken
oder Verbrauchern abrufbarer Einsatz von positiver oder negativer elektrischer Leistung zur
Einhaltung des Gleichgewichts von Erzeugung und Nachfrage. Die Regelenergie bzw. der
Regelenergiemarkt sind wesentliche technische Bausteine des deutschen Energiemarktmodells.

In Abbildung 2-1 ist schematisch das Grundprinzip der Netzregelung dargestellt. Abweichungen werden auf der Verbraucherseite durch Schwankungen im Abnahmeverhalten oder
auf der Erzeugungsseite durch Störungen (z. B. Kraftwerksausfälle) hervorgerufen. Regelleistung wird dann benötigt, wenn die Summe der aktuellen Entnahmen von der Summe der
aktuellen Einspeisungen abweicht.

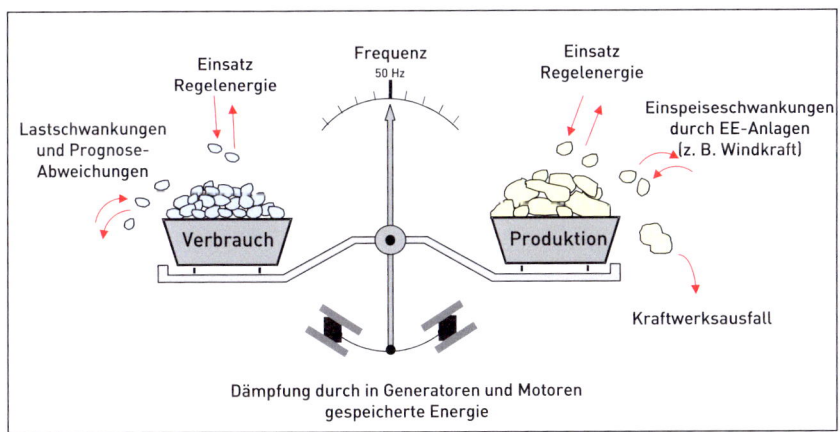

Abbildung 2-1:   Das Grundsprinzip der Netzregelung

Leistungsüberschüsse beim Verbrauch oder Mangel an Erzeugungsleistungen äußern sich
als Frequenzabfall. Ein Lastabfall (Mangel an Verbrauchsleistung) oder ein Überschuss an
Erzeugungsleistung (z. B. Windböe) führen jeweils zu einem Frequenzanstieg im gesamten

elektrischen Stromnetz. Zu große Frequenzabweichungen haben Funktionsstörungen bei Kraftwerken sowie bei Verbrauchern (insbesondere bei elektronisch gesteuerten Anwendungen) zur Folge und führen letztendlich zum Zusammenbruch des Stromnetzes („Blackout").

Ziel des Regelleistungseinsatzes ist daher, vorrangig die Frequenz innerhalb bestimmter Toleranzbereiche zu halten. Dazu werden mehrere in ihrem dynamischen und zeitlichen Zusammenwirken aufeinander abgestimmte Regelleistungsarten miteinander kombiniert. Grundlage hierfür sind die von der UCTE im [UCTE Operation Handbook 2004] festgelegten Regeln für den europäischen Verbundnetzbetrieb. Die Systemverantwortung liegt in Deutschland bei den Übertragungsnetzbetreibern (ÜNB). Auf Basis der UCTE-Regeln beschaffen die ÜNB folgende drei Regelleistungsarten:

Primärregelung:

- Bereitstellung nach dem Solidaritätsprinzip durch alle im UCTE-Gebiet synchron verbundenen ÜNB

- Automatische vollständige Aktivierung innerhalb von 30 sec

- Abzudeckender Zeitraum pro Störung: $0 < t < 15$ min

- 3.000 MW Primärregelleistung im gesamten (synchronen) UCTE-Netz, so dass ein zeitgleicher Ausfall von zwei der größten Kraftwerksblöcke kompensiert werden kann

Sekundärregelung:

- Automatischer Abruf durch den betroffenen ÜNB

- Vollständige Aktivierung innerhalb von 5 min

- Technischer Erbringungszeitraum: $30 s < t < 60$ min

Minutenreserve (Tertiärregelung):

- Telefonischer und fahrplangestützter Abruf durch den ÜNB

- Vollständige Aktivierung binnen 15 Minuten ab telefonischem Abruf

- Abzudeckender Zeitraum pro Störung $t > 15$ min bis vier ¼-Stunden[5] bzw. bis zu mehreren Stunden bei mehreren Störungen

- manuelle Aktivierung gemäß dem 1/4-h-Fahrplanraster bzw. innerhalb 15 Minuten

Seit dem Jahr 2001 ist der Markt für Regelenergie in Deutschland dereguliert, und der Gesamtbedarf wird entsprechend den Vorgaben des Bundeskartellamtes ausgeschrieben. Etwa 80 % der Kosten für Regelenergie fallen für Regelleistung an, die verbleibenden ca. 20 % für Regelarbeit. Das Ausschreibungsvolumen belief sich in 2003 auf rund 1 Mrd. €. Die Kosten der Regelleistung sind Bestandteil der Netzentgelte der Höchstspannungsebene (380/220 kV). Der Aufwand für die Regelarbeit wird im Rahmen der Ausgleichsenergierechnungen verursachungsgerecht den Bilanzkreisen in Rechnung gestellt.

Mit Inkrafttreten des [EnWG 2005] und den zugehörigen Verordnungen über den Zugang zu Elektrizitätsversorgungsnetzen ([StromNZV]) sowie über die Netzentgelte ([StromNEV]) haben sich die bis dahin geltenden Rahmenbedingungen für die Beschaffung und den Einsatz von Regelenergie geändert. So müssen sich beispielsweise die ÜNB die Regeln zur Aus-

---

[5] Da die Fahrpläne auf ¼-Stundenbasis erstellt werden, ist der gebräuchliche Begriff für 1 Stunde vier ¼-Stunden.

schreibung der Reserveenergiearten von der Bundesnetzagentur genehmigen lassen, was zu Vereinfachungen und Standardisierungen geführt hat.

Der Bedarf der vier ÜNB an Minutenreserve wird seit dem 1. Dezember 2006 im Zuge einer gemeinsamen Ausschreibung beschafft. Die Bedarfdeckung von Primär- und Sekundärregelleistung erfolgt z. Z. in einem halbjährlichen Zyklus (Stand November 2007), der aber – wie bei der Minutenreserve bereits Praxis – auf eine täglichen Ausschreibung umgestellt werden soll. Für die Abwicklung der (täglichen) Ausschreibung haben die deutschen ÜNB IT-Plattformen eingerichtet.

Zur Gewährleistung der Versorgungssicherheit in ihrer jeweiligen Regelzone, insbesondere zur Aufrechterhaltung der Versorgung nach Störungen im Netzbetrieb, sind die ÜNB gemäß § 6 (2) [StromNZV] berechtigt, einen technisch notwendigen Anteil an Regelenergie aus technischen Einheiten in ihrer Regelzone (sog. Kernanteil) auszuschreiben.

Die Beschaffung erfolgt als Ausschreibungswettbewerb am deutschen Regelleistungsmarkt unter Beteiligung zahlreicher Anbieter (sowohl Kraftwerksbetreiber als auch Stromkunden). Durch die Möglichkeit technische Einheiten zwecks Erreichung der für die einzelnen Regelleistungsarten jeweils geltenden Mindestlosgrößen poolen zu können, ist es auch Kleinanbietern möglich, sich an den Ausschreibungen zu beteiligen.

Da ein Teil der neuen Betriebsführungsstrategie für UVE auf Basis der Teilnahme am Minutenreservemarkt erfolgt, soll das Ausschreibungsverfahren für die Minutenreserve kurz vorgestellt werden. Ein analoges Vorgehen gilt auch für die Teilnahme am Primär- und Sekundärregelenergiemarkt.

Am Minutenreservemarkt werden jeweils täglich Vierstunden-Zeitblöcke (0:00-3:59 Uhr; 4:00 – 7:59 Uhr; 8:00 – 11:59 Uhr, ...) ausgeschrieben. Die Festlegung der Regeln erfolgt bei der Bundesnetzagentur ([Regelenergie]). Unterschieden wird zwischen positiver (Leistungsbereitstellung in das Netz) und negativer (Leistungsaufnahme aus dem Netz) Regelenergieleistung. Die Mindestangebotsgröße für die Teilnahme am Minutenreservemarkt beträgt jeweils 15 MW.

Ausgeschrieben bzw. vergeben wurden beispielsweise am 18. Januar 2005 bundesweit 3.370 MW an positiver und -2.020 MW an negativer Minutenreserve (Tabelle 2-1). Die exemplarisch aus dem Januar 2005 dargestellten Werte sind faktisch identisch mit aktuellen Leistungswerten. Die Werte unterscheiden sich u. a. aufgrund der Größenunterschiede von Regelzone zu Regelzone. Über eine gemeinsame Internetplattform [Regelleistung] schreiben die vier deutschen Übertragungsnetzbetreiber ([EnBW Netz], [E.ON Netz], [RWE Netz] und [VE Netz]) die Regelenergie aus und veröffentlichen eine Reihe von weiteren Daten.

Tabelle 2-1:   Ausschreibungsvolumen von Regelenergie am 18.01.2005

Regelzone	Primärregelleistung		Sekundärregelleistung		Minutenreserve	
	positive	negative	positive	negative	positive	negative
	MW	MW	MW	MW	MW	MW
RWE	305	-305	1.230	-1.230	1.030	-760
EnBW	72	-72	720	-390	510	-330
E.ON	164	-164	800	-400	1.100	-400
Vattenfall	140	-140	580	-580	730	-530
Summe	681	-681	3.330	-2.600	3.370	-2.020

Veröffentlich werden die Ergebnisse der Ausschreibungen auf den jeweiligen Internetseiten der Regelnetzbetreiber. Beispielhaft gibt Abbildung 2-2 das Ergebnis der Ausschreibung eines der vier Regelnetzbetreiber in Deutschland für den 18. Januar 2005 wieder ([EnBW Netz]).

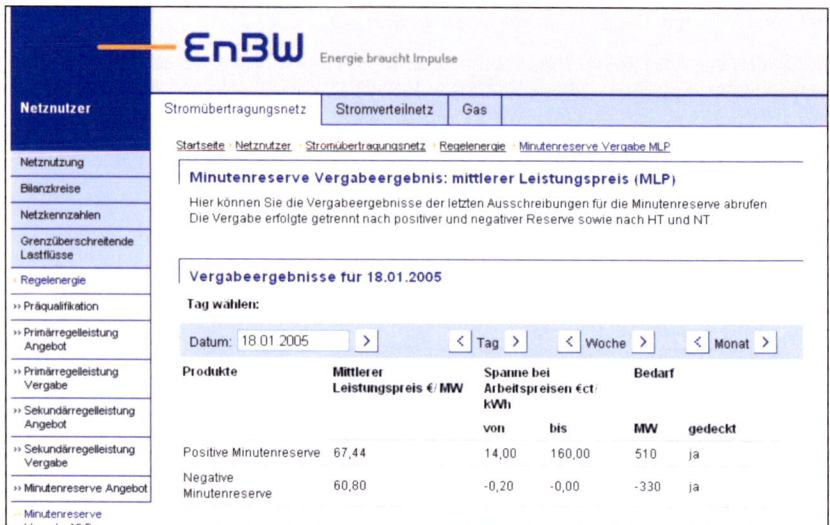

Abbildung 2-2:   Beispiel des Vergabeergebnisses der Minutenreserve in einer Regelzone am 18.01.2005

Darüber hinaus lassen sich über den Regelenergiemarkt noch folgende Entwicklungen iden-tifizieren: Zusammen mit der allgemein abnehmenden Verlässlichkeit von Fahrplanprogno-sen (wettbewerbsbedingt durch Zunahme der Lieferanten) wird der Bedarf an Regelleistung wegen der schwankenden Einspeisecharakteristik der Windenergie bzw. der erneuerbaren Energien in den nächsten Jahren ansteigen. Speziell für den Ausgleich von windbedingten Einspeiseschwankungen wird überlegt, eine neue Regelenergieart, die der Stundenreserve, einzuführen.

Bereits heute kommt es teilweise zu Engpässen bei der Regelenergieleistungsvorhaltung, bzw. die Netze kommen an ihre physikalisch technischen Grenzen. Dies führt einerseits zu (gesetzlich bislang ungeregelten) Betriebseinschränkungen von Windenergieanlagen und andererseits zu einer betriebswirtschaftlich, umweltpolitisch und anlagentechnisch (Le-bensdauer) wenig optimalen Einsatzweise von konventionellen Kraftwerken. Die Folge sind zudem hohe (vielfach kritisierte) Kosten für die Beschaffung der Regelenergie.

Auf der anderen Seite nimmt der Druck seitens der Politik hinsichtlich der Zusammenlegung von Regelzonen in Deutschland bzw. länderübergreifend mit Frankreich und den Benelux-staaten zu, was potentiell zumindest den Bedarf an Sekundärregelleistung und Minutenre-serve verringern dürfte.

2.1.4 Die Energiebörse in Deutschland

Als viertes und damit letztes wesentliches Element des Energiemarktmodells wird auf die deutsche Energiebörse näher eingegangen. Die „European Energy Exchange AG" ([EEX]) in Leipzig stellt die einzige deutsche Strom- bzw. Energiebörse dar und ist mit aktuell über 170 Handelsteilnehmern aus 19 Ländern neben dem skandinavischen „Nord Pool" heute die wichtigste kontinentaleuropäische Energiebörse. Sie bietet – abgesehen von Spot- und Ter-minhandel für Strom – Spot- und Terminhandelsprodukte für CO_2-Zertifikate, für Kohle und seit Mitte 2007 für Erdgas an. Die Abwicklung der Transaktionen wird durch ein eigenes Clearing-Haus garantiert. Entstanden ist die EEX im Jahr 2002 aus einer Fusion der LPX Leipzig Power Exchange mit der Frankfurter European Energy Exchange.

Das Liefergebiet, d. h. der Ort der physikalischen Bereitstellung der Elektrizität, umfasst die vier Regelzonen in Deutschland. Für die Teilnahme am Intraday-Markt müssen die Teilnehmer einen Bilanzkreisvertrag in mindestens einer der Regelzonen nachweisen.

Produkte

Am Spotmarkt der EEX können börsentäglich Stromgeschäfte mit Lieferung am nächsten Tag in Deutschland (sowie der Schweiz und Österreich) abgeschlossen werden. In Abbildung 2-3 ist beispielhaft für den Juni 2006 die tägliche bzw. monatliche Schwankungsbreite der Spotmarktpreise dargestellt. Der gemittelte tägliche Schwankungswert liegt zwischen 20 €/MWh und 61 €/MWh.

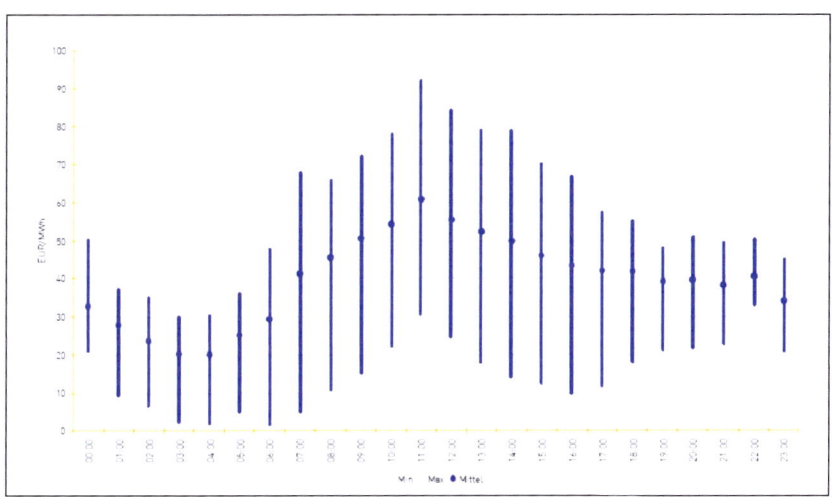

Abbildung 2-3:   Preisverteilung EEX-Spotmarkt im Juni 2006

Im September 2006 führte die EEX zudem den Intraday-Handel ein, der an jedem Tag des Jahres rund um die Uhr stattfindet. Im Intraday-Handel sowie am Spotmarkt der EEX werden Stromkontrakte mit Lieferung am selben oder folgenden Tag gehandelt. Börsenteilnehmer können dabei Stundenlieferungen von Strom bis 75 Minuten vor Beginn der betreffenden Stunde handeln. Ab 15.00 Uhr ist der Handel der Stunden des folgenden Tages möglich (Spotmarkt).

Handelsteilnehmer kaufen beispielsweise aufgrund eines erhöhten Bedarfs zusätzliche Strommengen ein oder veräußern überschüssige Mengen. Auf diese Weise ist es möglich, kurzfristige Einflüsse auf prognostizierte Lastgänge zu berücksichtigen und Fahrplanabweichungen zu vermeiden. Dies trägt zur Minimierung der Regelenergiekosten bei.

Am Terminmarkt werden Kontrakte auf Strom, Emissionen, Kohle und Gas gehandelt, deren Erfüllung bis zu 6 Jahre in der Zukunft erfolgt. Das Volumen der kontrahierten Terminmarktgeschäfte an der EEX belief sich zum Beispiel im Dezember 2006 auf 300 TWh Strom (Open-Interest) mit einem Wert von 17 Mrd. €.

Preisfindungsprinzip

Die Preisfestsetzung findet auf Basis der Merit Order der angebotenen Preise von Einspeise-kapazitäten nach dem Prinzip des Peak-Load-Pricings (PLP) statt. Die Theorie des Peak-Load Pricings hat sich in der Literatur (z. B. [Boiteux 1949], [Steiner 1957]) als Antwort auf Probleme der öffentlichen Versorgungseinrichtungen wie der Elektrizitätswirtschaft und Telekommunikation entwickelt.

Als Merit Order wird an der Strombörse die Einsatzreihenfolge der Kraftwerke bezeichnet. Diese setzt sich aus den abgegebenen stündlichen Preis-Mengen-Geboten der Stromanbie-ter zusammen. Kraftwerke erhalten beginnend mit dem niedrigsten Preis von der Börse ei-nen Zuschlag bis die prognostizierte Nachfrage gedeckt ist. Das letzte Gebot, das noch einen Zuschlag erhält, bestimmt den Strompreis, der dann für alle zustande gekommenen Liefer-verträge bezahlt wird. Der Preis für Strom wird also durch das jeweils teuerste Kraftwerk bestimmt, das noch benötigt wird, um die Stromnachfrage zu decken.

Beeinflusst wird die Merit Order der anbietenden (thermischen) Kraftwerke mittlerweile durch die vorrangig einzuspeisenden EEG-Strommengen. Die von den EEG-Anlagen einge-speisten Energiemengen sind von den Übertragungsnetzbetreibern als verantwortliche Stel-le abzunehmen (und zu vergüten). Im Rahmen des festgelegten Verfahrens der Weiterver-rechnung werden diese aufgenommenen Strommengen größtenteils an der Börse im Prinzip zu Grenzkosten von Null angeboten. An windstarken Tagen führen die EEG-Angebotsmengen zu einer deutlichen (stundenweisen) Senkung des Spot- und Intraday-Preises (auf bis zu 0 €/MWh). Insgesamt haben nach [Sensfuß, Ragwitz 2007] die EEG-Stromeinspeisungen ei-nen preisreduzierenden Effekt auf den Börsenpreis von 7,83 €/MWh in 2006 bewirkt.

Preisentwicklung

In den ersten Jahren der Liberalisierung (ab 1998) sind die Strombeschaffungspreise[6] einige Jahre lang deutlich gesunken. Es wurde ein Preisniveau erreicht, das nahe an den Grenzkos-ten der Kraftwerke lag[7]. Möglich wurde diese Entwicklung durch eine in diesen Jahren vor-handene Überkapazität an installierter Kraftwerkskapazität und vielen vollständig abge-schriebenen Kraftwerken.

Im Rahmen der Umstrukturierungen bei den Energieversorgern wurden diese Überkapazitä-ten an alten Kraftwerkskapazitäten abgebaut, so dass sich seit Mitte 2000 dieser Preistrend umgekehrt hat. Darüber hinaus sind aufgrund der weltweiten Nachfrage nach Roh- und Brennstoffen die Weltmarktpreise für alle Energieträger stark angestiegen, was auch Preis steigernd wirkt.

Mittlerweile hat das Preisniveau an der Börse den Korridor der Vollkosten von Neubaukraft-werken erreicht, was sich auch an den angekündigten Investitionen in Kraftwerke ablesen lässt. Darüber hinaus besteht aufgrund der Alterstruktur des deutschen Kraftwerkparks sowie der Vereinbarung über den Ausstieg aus der Kernenergie ([Vereinb. KE]) ein erhebli-cher Bedarf an neuer Kraftwerkskapazität.

In Abbildung 2-4 ist die Preisentwicklung des EEX Tagesindex (Base und Peak) für die Jahre 2000 bis 2006 dargestellt. Neben dem allgemeinen Anstieg ist auch eine deutliche Zunahme

---

[6] Ohne Steuern und staatlich induzierte Abgaben wie z. B. EEG und KWK.

[7] Genau genommen erfolgt die Preisfindung an der Börse anhand der Merit Order der Kraftwerke und dem teuersten gerade noch zum Zuge kommenden Kraftwerk, d. h. die günstigsten Kraftwerke kön-nen mehr als die reinen Grenzkosten erzielen. Das allgemeine Preisniveau war aber so gering, dass keine Vollkosten von Neubaukraftwerken – egal welcher Technik oder mit welchem Brennstoff – er-wirtschaftet werden konnten.

der Volatilität der Preise zu erkennen. Daran lässt sich ablesen, dass die freien Kraftwerkskapazitäten in Deutschland und Europa stark abgenommen haben müssen. Bei Erzeugungs-
knappheiten sind große Preisausschläge nach oben zu verzeichnen.

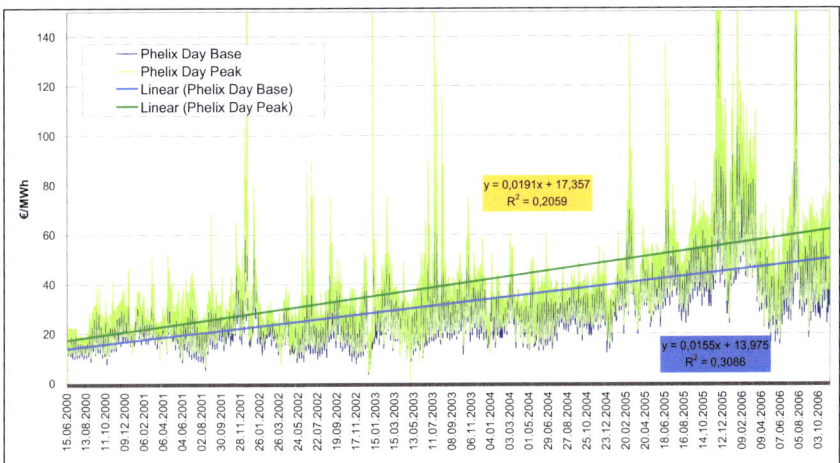

Abbildung 2-4:   Entwicklung des EEX Tagesindex vom 15.06.2000 bis 07.11.2006

Eine Auswertung der tatsächlichen EEX-Einzelstunden der Jahre 2000 bis 2006 zeigt folgendes Bild:

- der Mittelwert des täglichen Mittels der EEX-Einzelstunden liegt bei 31,2 €/MWh,

- der Mittelwert des täglichen Minimums der EEX-Einzelstunden liegt bei 15,3 €/MWh,

- der Mittelwert des täglichen Maximums der EEX-Einzelstunden liegt bei 52,9 €/MWh,

- mithin liegt das Delta zwischen Maximum und Minimum bei 37,5 €/MWh,

- mithin liegt das Delta zwischen Mittelwert und Minimum bei 15,9 €/MWh.

Im Rahmen der Festlegungen der Eingangsparameter für die Wirtschaftlichkeitsberechnungen ist im Modell das Delta zwischen Mittelwert und Minimum von 15,9 €/MWh als Maßstab
für mögliche mittlere Margen bei Arbitragegeschäften zugrunde gelegt worden. Darüber
hinaus wurde das Delta zwischen Maximum und Minimum (37,5 €/MWh) im Zuge von Sensitivitätsbetrachtungen als ambitionierter Wert für mittlere Margen von Arbitragegeschäften
verwendet.

2.2 Künftige Herausforderungen für die Stromwirtschaften aufgrund sich ändernder Rahmenbedingungen

Nach der Vorstellung der allgemeinen Marktstruktur wird im Folgenden mit einem Blick in die Zukunft auf Herausforderungen in der Stromwirtschaft eingegangen. Bei diesen rahmengebenden Bedingungen sind die Themen der Sicherstellung der Beschaffung von Energieträgern, Anforderungen aus dem Klimaschutz, der allgemeine Zustand der Stromnetze sowie mögliche Veränderungen in der Wertschöpfungskette von erheblicher Bedeutung.

Alle Punkte untersteichen noch einmal, dass das Ziel einer zuverlässigen und sicheren Stromversorgung zunehmend in Gefahr gerät und dass neuartige Ansätze mit einer stärkeren Steuerung des Stromverbrauchs und einer Orientierung an der Erzeugung einen möglichen Lösungsansatz darstellen können.

2.2.1 Treiber der Veränderungen: Versorgungssicherheit, Klimaschutz und Rohstoffverfügbarkeit

Bis Ende 2005 wurde dem Thema Versorgungssicherheit hinsichtlich der Beschaffung und Verfügbarkeit von Primärenergieträgern in den nationalen und europäischen Politikzirkeln keine maßgebliche Bedeutung beigemessen. Seitdem aber vor allem Russland in wiederkehrenden Abständen Gas- und Öllieferungen an die Nachbarländer drosselt bzw. temporär einstellt und andere globale Entwicklungen die allgemeine Unsicherheit verstärken, hat das Thema Versorgungssicherheit in Europa stark an Bedeutung gewonnen. Durch Lieferengpässe – beispielsweise auch durch wetterbedingte Fördereinschränkungen oder Knappheiten bei freien Schiffskapazitäten – kommt es zu erheblichen Preisausschlägen an den Terminmärkten, die gepaart mit der zunehmenden weltweiten Nachfrage nach Öl und Gas – insbesondere aus China und Indien [Global Insight 2006] – das Vertrauen der Verbraucher in die Zuverlässigkeit der Energie- und Stromversorgung sinken lässt.

Des Weiteren häufen sich Berichte, dass mehr und mehr Förderländer ihre Öl- und Gasproduktionen nicht mehr oder nur mit sehr großem Aufwand ausweiten können. Dies lässt sich u. a. anhand der Statistiken der „Energy Information Administration" der US-Regierung [eia] ablesen, in denen die Ölfördermengen ab dem Jahr 1970 statistisch erfasst werden. Seit 1985 sinkt beispielsweise in den USA kontinuierlich die Ölförderung, für die Nordseeanrainerstaaten war der so genannte Peak-Oil-Zeitpunkt 1999 und China fördert nicht einmal mehr 50 % des Eigenbedarfs. Ähnliche Aussagen kommen von großen Öl- und Gasproduzenten (z. B. [ExxonMobil 2004]), die einen ganz erheblichen Investitionsbedarf in Förderkapazitäten sehen, um die Nachfrage künftig noch decken zu können. Die Herausforderungen für die Energiewirtschaften liegen somit vor allem in der weithin sicherzustellenden Versorgung von Kunden mit ausreichend Energie. Dies gilt für Strom- und Gasversorger sowie die Mineralölindustrie gleichermaßen. Der Sachverhalt der zunehmenden Anforderungen für eine ausreichende und zuverlässige Versorgung Europas mit Energie wird auch im Grünbuch der EU zur Versorgungssicherheit [Grünbuch 2006] mit entsprechenden Forderungen hinsichtlich einer Verbesserung der Versorgungssicherheit an die Energiepolitik aufgezeigt.

Zusätzlich gewinnt das Thema Klimaschutz zunehmend an Bedeutung, wie die allgemeinen Reaktionen auf die Klimaberichte der UN [IPCC 2007a-c] zeigen. Erneuerbare Energien mit ihrer meist schwankenden Einspeisecharakteristik sollen stark ausgebaut werden. Der Einsatz der vergleichsweise ausreichend und zuverlässig vorhandenen aber CO_2-lastigen Stein- und Braunkohlen soll hingegen erschwert werden. Aus Stein- und Braunkohlen wird bislang in Deutschland etwa die Hälfte des Stromes gewonnen. Wie jedoch die Zukunft der Stromerzeugung aus Kohlen aussieht, ist fraglich. Erste deutsche Politiker – auch aus dem konservativen Lager [Mappus 2007] – wollen die Stromerzeugung aus Kohle in Neubaukraftwerken gesetzlich verbieten lassen. Im Ergebnis wird es zu einer Veränderung in der Struktur der gesamthaften Strombereitstellung mit größeren Anteilen weniger gut planbarer Einspeisungen kommen. Der technische Aufwand in den Netzen zur Belieferung der Kunden steigt damit deutlich an und ist ohne gezielte Laständerungen auf der Verbraucherseite effizient kaum mehr leistbar.

Ein weiteres entscheidendes Element für die Zukunft der Energie- bzw. Stromwirtschaft werden auch die Ergebnisse aus den Verhandlungen über den Nachfolgevertrag zum Kyoto Protokoll darstellen, die in einer „Post-Kyoto"-Vereinbarung enden sollen. Die Verhandlungen dazu begannen im Dezember 2007 in Bali und werden in den kommenden Jahren weitergeführt. Auswirkungen sowohl auf der Erzeugungsseite (z. B. Vorgaben für Energieträger) als auch auf die Verbrauchsseite (z. B. Zielvorgaben für Verbrauchssenkungen) sind zu erwarten.

2.2.2 Die Netzinfrastruktur – in absehbarer Zeit eine Schwachstelle?

Neben den globalen Themen gibt der altersbedingte Zustand der europäischen Stromnetze Raum für weitere Diskussionen. Stromausfälle werden häufiger und der Ausbau der Übertragungsnetze kommt nur schleppend voran und kann mit dem schnellen Ausbau der Windenergie nicht Schritt halten.

Das deutsche Stromnetz ist Bestandteil des weltweit größten Netzverbundes – dem europäischen Verbundnetz [UCTE]. Ein leistungsstarkes und im Vergleich zu Nordamerika oder asiatischen Ländern vergleichsweise eng vermaschtes Höchstspannungsnetz verbindet die Großkraftwerke mit den regionalen Hochspannungs- und Verteilnetzen. Durch den erfolgten europaweiten Netzausbau sind in einzelnen Länder im UCTE-Verbund großflächige Netzausfälle sehr selten geworden, da ein länderübergreifender Stromaustausch in Engasssituationen ausgleichend wirken kann.

Das Höchstspannungsnetz in Deutschland ist im Besitz von vier Übertragungsnetzbetreibern (ÜNB). Aufgegliedert ist es in vier Regelzonen, in denen der jeweilige ÜNB für die Netzstabilität und Netzregelung verantwortlich ist.

Neben der Höchstspannungsebene gibt es eine Reihe von weiteren Netzebenen mit geringerer Spannung. Unterteilen lassen sich die Spannungsebenen in

- die Höchstspannungsebene mit 220 / 380 kV
- die Hochspannungsebene mit 110 kV
- die Mittelspannungsebene mit 20 kV und
- die Niederspannungsebene mit 0,4 kV[8].

Charakterisiert werden kann das deutsche Stromnetz aktuell durch eine regional ausgewogene verbrauchsnahe Stromerzeugung mit vielen Großkraftwerken. Geographisch liegen die großen Lastzentren in Baden-Württemberg, Bayern, Süd-Hessen und im Ruhrgebiet. In der „Nähe" dieser Lastzentren stehen die meisten Kern- und viele große Kohlekraftwerke. Ein Transport von Strom über weite Entfernungen ist bislang nicht notwendig.

---

[8] Historisch bedingt gibt es noch verschiedene andere Spannungsebenen (z. B. 6,3 kV oder 1 kV). Diese werden den anderen jeweils sachgerecht zugeordnet und bei größeren Instandhaltungsmaßnahmen sukzessive auf die üblichen Spannungsebenen umgerüstet.

Bedingt durch den starken Ausbau der Windkraftanlagen (über +20.000 MW), dem vereinbarten Ausstieg aus der Kernenergie (ca. -20.000 MW, davon viel Kapazität im Süden), den Planungen von Offshore-Windenergiekapazitäten (über +25.000 MW) im Norden sowie an thermischen Kraftwerken i. d. R. nördlich des Ruhrgebiets (über +20.000 MW) verändert sich diese bisherige Ausgewogenheit hin zu einem Richtbetrieb von Nord nach Süd. Hierauf ist das deutsche Übertragungsnetz bisher nicht ausgelegt, weshalb es bereits heute zu Netzengpässen beim Stromtransport von Nord nach Süd an windstarken Tagen kommt.

Neben Engpässen in den Übertragungsnetzen werden auch vielfach Erweiterungen in den Verteilnetzen erforderlich, da auch ein weiterer Zubau von Erzeugungskapazitäten aus erneuerbaren Energien mit kleineren Leistungen (Biomasse, Photovoltaik, Kleinwasserkraft und Onshore-Windenergie[9]) erfolgen wird, die auf den unteren Spannungsebenen einspeisen.

Da Genehmigungen und der Bau neuer Stromleitungen sehr lange dauert, ist nicht mit einer schnellen Beseitigung von (künftigen) Engpässen zu rechnen. So hat der Präsident der Bundesnetzagentur, H. Kurth, mehrfach auf drohende Engpässe hingewiesen, die sich aufgrund von Verzögerungen vor allem wegen der langen Genehmigungsverfahren und gerichtlicher Widersprüche ergeben könnten ([Handelsblatt 2008]). Die Politik hat zwar mit dem [Infrastrukturplanungsbeschleunigungsgesetz] auf die absehbaren Netzausbauschwierigkeiten reagiert. Gleichwohl muss sich erst zeigen, ob das neue Gesetz tatsächlich zum schnelleren Netzausbau beiträgt oder nicht.

Darüber hinaus haben die großen Netzbetreiber in Deutschland, Frankreich, Belgien, Luxemburg und den Niederlanden eine Plattform zur Erleichterung des grenzüberschreitenden Stromaustauschs gegründet. An diesem Gemeinschaftsunternehmen sind acht ÜNB beteiligt, darunter die deutschen ÜNB E.ON, RWE, Vattenfall und EnBW. Die Plattform soll Anfang 2008 ihre Arbeit aufnehmen und dazu beitragen, die grenzüberschreitenden Leitungen effizienter zu nutzen, den Handel mit Strom über Ländergrenzen hinweg zu erleichtern und insgesamt zu mehr Liquidität an den Märkten führen ([Handelsblatt 2007]).

Trotz [Infrastrukturplanungsbeschleunigungsgesetz] und Kooperationsinitiative der ÜNB kann nicht ausgeschlossen werden, dass die Probleme im deutschen bzw. europäischen Stromnetz zunehmen und beispielsweise die einheitliche Preiszone Deutschland wegen Netzengpässen in mehrere Teilmärkte zerfällt. Das Stromnetz kann somit zu einer Schwachstelle in der deutschen Stromversorgung werden.

2.2.3 Struktureller Anpassungsbedarf in der Wertschöpfungskette

In Hinblick auf die drohenden Engpässe und Schwachstellen in den Stromnetzen wurde damit begonnen, Maßnahmen zum Netzausbau zu ergreifen. Da der weitere Ausbau der Netze jedoch nur langsam voran kommt und zudem kostenintensiv ist, sollten weitere Lösungsansätze betrachtet werden, die beispielsweise neben einer verbesserten Netzregelung auch in den Bereichen von Erzeugung und Verbrauch bzw. im Wechselspiel beider liegen könnten.

Eine von mehreren möglichen Antworten kann im Aufbau von dezentraleren Versorgungsstrukturen und einer besseren Koordinierung zwischen (lokaler) Erzeugung und (lokalem) Verbrauch liegen, was häufig unter dem Schlagwort „Smart Grid" subsumiert wird. „Smart Grid" bzw. die „Smart Grid-Technologie" steht für eine intelligente Netz-, Erzeugungs- und Verbrauchssteuerung (z. B. [ZVEI 2007]).

---

[9] Ohne Offshore-Windenergiekapazitäten.

Der im Weiteren noch näher vorgestellte Ansatz einer neuen Betriebsführungsstrategie für UVE folgt ohne weiteres dem „Smart Grid-Konzept", weil es dadurch möglich wird, schwankende Erzeugungs- bzw. Verbrauchsmengen gezielt anhand von verschiedenen Vorgaben (z. B. Fahrplanänderungen) oder Kenngrößen (z. B. Börsenpreis) auszugleichen.

Erst durch die technischen Fortschritte bei den Kommunikationstechnologien (z. B. Internet, schnelle Datenübertragungen, digitale Technologien, mobile Funknetze) in den letzten Jahren ist es auch praktisch möglich geworden, viele kleine dezentrale Erzeugungseinheiten oder Verbraucher miteinander zu vernetzen. Obwohl die Technologien mittlerweile zur Verfügung stehen, mangelt es meist noch an einer Umsetzung, da die Kosten zu hoch bzw. die Erlöse zu gering sind (und noch „intelligente" einnahmegenerierende Produkte fehlen).

Es kann jedoch davon ausgegangen werden, dass in wenigen Jahren die „Smart Grid-Technolgie" umgesetzt wird, da die Gesamtkosten hierfür geringer sein dürften als für den Ausbau der Transportnetze mit einer Erzeugungsbasis auf Großkraftwerken und einer Netzregelung nur auf Kraftwerksbasis.

Im Ergebnis führt dies zu strukturellen Veränderungen der Wertschöpfungskette dergestalt, dass ein Teil der bisher auf Großkraftwerksebene erfolgten Wertschöpfung von Stromerzeugung und Netzregelung zu regionalen Erzeugungseinheiten und Verbrauchern verlagert werden kann. Unterstützt wird dieser Trend durch die bereits angesprochene Aufgabe der stärkeren Ausrichtung der Energiewirtschaften an Gesichtspunkten des Klimaschutzes (Ausbau der erneuerbaren Energien) und der allgemeinen Veränderungen im Kraftwerkspark (Ausstieg aus der Kernenergie, Zubau von Offshore-Windenergie), die ebenfalls eine Veränderung der Wertschöpfungskettenstruktur mit sich bringen.

Als Fazit aus Kapitel 2 kann gezogen werden, dass es realisierbare Ansätze gibt, um den Herausforderungen zu begegnen, die sich aus dem Wegfall der alten Regel ergeben, dass die Erzeugung dem Verbrauch folgt. Änderungen bei der Struktur der Stromerzeugung zwingen die Energieversorger dazu, neue Ansätze bei der Versorgung ihrer Kunden mit Energie zu entwickeln. Es wurde auch aufgezeigt, dass der gegebene Marktrahmen bzw. die Prinzipien des Marktes einer Umsetzung von neuartigen Versorgungsansätzen nicht im Wege stehen. Ein Ansatz liegt beispielsweise in einer stärkeren Flexibilisierung im Bereich Verbrauch. Im folgenden Kapitel wird gezeigt, welche Stromverbraucher grundsätzlich hierfür zur Verfügung stehen und welche nicht.

3. Neuartige Betriebsführungsstrategien für unterbrechbare Verbrauchseinrichtungen als marktnaher Lösungsansatz für Schwachstellen in der Netzinfrastruktur

Wenn es gelingt, kleine oder große elektrische Verbraucher zu identifizieren, deren Verbrauchscharakteristik zeitlich flexibel ist und so miteinander zu kombinieren (zu poolen), dass nennenswerte und verlässliche Potentiale für eine definierte Betriebsführung zur Verfügung stehen, so lassen sich diese Potentiale vermarkten und gezielt zum Ausgleich einer vorgegebenen bzw. zunehmend unplanbareren Erzeugung einsetzen. Die alte Regel, dass die Erzeugung dem Verbrauch folgt, könnte somit teilweise umgekehrt werden. Der Verbrauch würde der Erzeugung folgen.

In diesem Kapitel werden zunächst elektrische Verbraucher vorgestellt, deren Verbrauchscharakteristik genau diesen Vorgaben entsprechen und es folgt eine detaillierte Beschreibung der exemplarisch im Modell zugrunde gelegten ausgewählten Verbrauchstechnologie der UVE. Neben einer Bestandsaufnahme der aktuell in Deutschland eingesetzten UVE, einer Vorstellung des Verfahrens zur Belieferung und einer Beschreibung der technischen Voraussatzungen für eine Umsetzung des Betriebsmodells werden Wechselwirkungen mit angrenzenden energiewirtschaftlichen Themenfeldern diskutiert. Des weiteren erfolgt eine Beschreibung der Grundidee der neuartigen Betriebsführungsstrategie für UVE und es werden im einzelnen die im Modell angedachten Betriebsführungsstrategien vorgestellt.

3.1 Technischer Rahmen von unterbrechbaren Verbrauchseinrichtungen

3.1.1 Definition „Schaltbare Lasten" und Beschreibung von realisierten sowie möglichen Anwendungen

Was sind „schaltbare Lasten" bzw. was macht eine Anwendung zu einer schaltbaren Last im Sinne des hier verwendeten Ansatzes? Grundsätzlich können Stromverbrauchereinrichtungen in drei verschiedene Gruppen oder Arten von Lasten eingeteilt werden:

1. Verbraucher oder Lasten, die immer am Netz sind bzw. die einen steten Verbrauch aufweisen. Hierunter zählen beispielsweise netzgekoppelte Radiowecker, Anrufbeantworter, Trafo- und Stand-by-Verbräuche[10], Netzwerkrechner, 24-Stundenbetrieb bei Industrieanlagen etc.

2. Verbraucher oder Lasten, die durch aktives Handeln des Nutzers geschaltet werden (können). Hierunter zählen beispielsweise Lichtanwendungen, Fernsehen, Kochen, Waschen, veränderte Geschäftsöffnungszeiten, Wechsel 1- Schicht- zu 2-Schichtbetrieb etc[11]. Durch Beeinflussung der Nutzer bzw. Änderungen beim Verbraucherverhalten können diese Anwendungen zu einer anderen Lastcharakteristik führen (z. B. späteres Aufstehen, Mittags wird nicht mehr gekocht, längeres Fernsehen, Änderung Schichtzeiten). Denkbar wäre auch, durch gezieltes Informieren des Nutzers (Tarifgestaltung, HT-NT-Zähler, Preisinformationen für den Verbraucher, „Preissignal

---

[10] Bzgl. der Trafo- und Stand-by-Verluste ließe sich allerdings ein Großteil des Verbrauchs durch – teilweise geringfügige – konstruktive Änderungen vermeiden (z. B. „echter" Ein-/Aus-Schalter, Schalter vor Trafo).

[11] Teilweise weisen diese Anwendungen auch einen Trafo- und Stand-by-Verbrauch auf.

aus der Steckdose"[12], intelligente Zähler] ein verändertes Verbraucherverhalten zu bewirken. Wesentlich bleibt aber, dass der Schaltprozess in der Entscheidungshoheit des Nutzers liegt bzw. lokal am Ort des Verbrauchs vorgenommen wird. Eine Verlässlichkeit bei den Schaltzeitpunkten kann dabei generell nicht erreicht werden.

3. Verbraucher oder Lasten, die durch zentrales Handeln oder eine übergeordnete Instanz zentral geschaltet werden (können) und vom Nutzer nicht direkt oder nur mittelbar beeinflusst sind. Hierzu zählen beispielsweise elektrischen Heiz- und Warmwasserbereitstellungen (Stromheizungen), schaltbare Großabnehmer mit Sperrzeiten in der Industrie oder am Regelenergiemarkt partizipierende Großabnehmer.

Interessante Verbraucher im Sinne der Umkehrung der zitierten alten Regel, dass die Erzeugung dem Verbrauch folgt, sind lediglich die aus der dritten Gruppe. Nur diese lassen sich poolen und über zentral gesteuerte Signale verlässlich Ein- oder Ausschalten. Die im Rahmen der hier vorgestellten neuartigen Betriebsführungsstrategien zum Einsatz kommenden Verbraucher sind grundsätzlich der Gruppe 3 zuzuordnen. Beispiele aktuell realisierter sowie künftig denkbarer Anwendungen von schaltbaren Verbrauchern aus der Gruppe 3 sind in Tabelle 3-1 dargestellt.

Tabelle 3-1:   Übersicht über Anwendungen von zentral schaltbaren Verbrauchseinrichtungen

Aktuelle Anwendungen	Künftig denkbare Anwendungen

• Elektro-Speicherheizungen
   • Speichergeräteheizungen
   • Fußbodenspeicherheizungen
   • Zentralspeicherheizungen
	• Klimageräte und Klimaanlagen

• Elektro-Wärmepumpen	• Am Netz zur Aufladung angeschlossene Elektrofahrzeuge
• Gesteuerte Elektro-Direktheizungen	• Druckluftspeicheranlagen
• Andere gesteuerte Elektro-Wärmegeräte • Z. B. Warmwasserspeicher	• Kühl- und Gefrieraggregate • Prozesskälte
• Industrielle Großverbraucher (z. B. elektrische Schmelzöfen) mit Leistungsbeschränkungen zu bestimmten Uhrzeiten	• Viele elektrisch angetriebene Hilfs- und Nebendienstleistungen, die auf Vorrat arbeiten können (z. B. Mühlen, Pumpen)

Bei den bereits in der Praxis zum Einsatz kommenden Anwendungen aus der Gruppe 3 handelt es sich bislang entweder um sehr einfache Steuerungssysteme (z. B. analoge Rundsteuersignale bei Stromheizungen) oder nur um wenige Abnahmestellen (Teilnahme der Großindustrie am Regelenergiemarkt). Hierbei sind die zum Einsatz kommenden Technologien zur Steuerung der Anlagen nur bedingt verlässlich[13] oder ein regelmäßiges extern vorgegebenes Einsatzverhalten würde zu nicht akzeptierbaren Einschränkungen im Betriebsablauf (der

---

[12] Beim „Preissignal aus der Steckdose" erhalten die Kunden Informationen zum aktuellen Strompreis, der über den Tag schwankt. So soll der Verbrauch vom Kunden in preisgünstige Zeiten verlagert werden.

[13] Es liegt keine Rückmeldung über den Betriebsstatus der Anlagen vor bzw. es ist auch keine Verifizierung des tatsächlichen Einsatzes im Nachhinein bedingt durch reine Arbeitszähler ohne Lastgangmessung möglich.

Industrie) führen. Dennoch sollte es unter Nutzung des bestehenden großen technischen Innovationspotentials möglich sein, Anlagen technisch so zu ertüchtigen, dass sich diese poolen und über zentral geregelte Signale verlässlich Ein- oder Ausschalten lassen. Insbesondere eine Vielzahl von kleineren Verbrauchern mit einer entsprechenden Verbrauchscharakteristik sollten grundsätzlich für eine solche technische Aufrüstung geeignet sein.

Wie Tabelle 3-1 ebenfalls zeigt, gibt es eine Reihe von weiteren potentiellen Anwendungen, die ebenfalls der Gruppe 3 zugeordnet werden können. So ließen sich beispielsweise vielfach Kühl- und Gefrieranwendungen gezielt steuern, ohne dass es zu Beeinträchtigungen bei den zu kühlenden Produkten kommen würde. Auch eine Aufladung von Elektrofahrzeugen könnte sich so flexibel gestalten lassen.

Neben Betrachtungen zur reinen Schaltbarkeit von Verbrauchern lassen sich diese außerdem nach der Art der Beeinflussung auf den Lastgang klassifizieren. Wird der Lastgang gezielt beeinflusst, so wird allgemein auch von Nachfragemanagement-Maßnahmen (Demand-Side Management) gesprochen ([wik 2006]). Hierbei werden Energieverbraucher an der Gestaltung ihres Energieverbrauchs beteiligt. Eine Einflussnahme auf die Nachfrage kann entweder direkt durch den Lieferanten bzw. Netzbetreiber oder indirekt durch entsprechende Preissignale bzw. Tarifgestaltung genommen werden.

Die in Abbildung 3-1 dargestellten Handlungsalternativen lassen eine Reihe von Ansätzen zur Beeinflussung von Lastkurven erkennen:

- Lastspitzenreduzierung („Peak Clipping") meint die Kappung der Spitzenlast, da die Bereitstellung von Kapazität zu diesem Zeitpunkt normalerweise mit höheren Kosten verbunden ist.

- Lasttalauffüllung („Valley Filling") bedeutet eine Zunahme der Last zu solchen Zeitpunkten, an denen die Bereitstellung von Elektrizität zu (Grenz)Kosten verwirklicht werden kann, die unter den durchschnittlichen Stromgestehungskosten liegen. Dies ist der klassische Ansatz im Bereich der Stromheizungen.

- Lastverschiebung ("Load Shifting") beinhaltet die Verschiebung von Spitzenlastzeiten zu Schwachlastperioden bzw. generell zeitliches Verschieben von Lasten.

- Allgemeine Lastreduzierung ("Strategic Conservation") zielt auf die Reduzierung des Endverbrauchs ab, wobei diese zu allen Zeitperioden erfolgen kann. Relevant wird ein solcher zeitlich begrenzter Ansatz beispielsweise in sehr trockenen Sommern, wenn die Erzeugungskapazität von Wasserkraftwerken stark eingeschränkt ist.

- Allgemeine Lasterhöhung ("Strategic Load Growth") resultiert aus einer generellen Steigerung des Stromabsatzes. Diese Art des zeitlich befristeten Lastmanagements kann beispielsweise ausgelöst werden, wenn ein Überangebot an Wasser zu einem Überlaufen der Speicher führen würde (nicht beeinflussbares Überangebot an Energie). In Norwegen oder Island können solche Fälle eintreten.

- Kurzfristige Lastveränderungen ("Flexible Load Shape") bieten beispielsweise die Option zur Bereitstellung von Regelenergie, indem ein Lastabwurf vorgenommen wird (s. a. unten stehendes Beispiel).

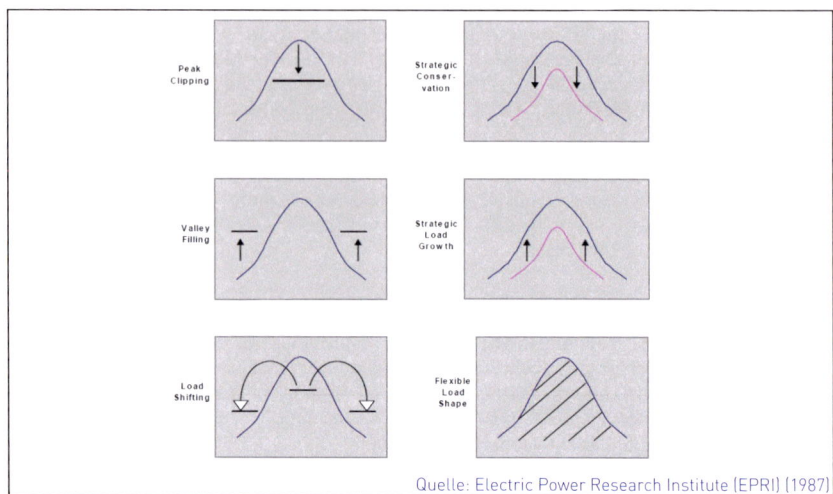

Quelle: Electric Power Research Institute (EPRI) (1987)

Abbildung 3-1:   Typisierung von Lastkurvenveränderungen im Rahmen von
Nachfragemanagementmaßnahmen

Ziel all dieser Ansätze ist, Lastspitzen zu glätten oder Lasten zeitlich zu verschieben und so den Einsatz teurer Spitzenlastkraftwerke zu vermeiden. Ein Beispiel von Lastspitzenreduzierung ist die Teilnahme von industriellen Großabnehmern mit unterbrechbaren Verbrauchern am Markt für Regelenergie.

Im Rahmen der neuartigen Betriebsführungsstrategien wird im wesentlichen das Prinzip der Lastverschiebung ("Load Shifting") eingesetzt.

3.1.2 Bestandsaufnahme von unterbrechbaren Verbrauchseinrichtungen

Aufbauend auf dem im vorherigen Kapitel getroffenen Definitionen zu schaltbaren Lasten werden nunmehr die im Rahmen der Beschreibungen zu den neuen Betriebsführungsstrategien exemplarisch zugrunde gelegten unterbrechbaren Verbrauchseinrichtungen näher vorgestellt.

Unter dem Begriff der so genannten „unterbrechbaren Verbrauchseinrichtungen" werden im Folgenden die zur Beheizung und Warmwasserbereitung zu verstehenden Strom- oder Nachtspeicherheizungen verstanden. In der Stromwirtschaft ist die aktuelle Definition bzw. der offizielle Begriff für Strom- oder Nachtspeicherheizungen, die zu festgelegten Zeiten am Tag unterbrochen werden, „unterbrechbare Verbrauchseinrichtungen" (kurz: UVE).

Zeitliche Einführung von UVE

Historisch betrachtet, wurden unterbrechbare Verbraucher entwickelt, um eine gleichmäßigere Auslastung von thermischen Kraftwerken und damit eine höhere Versorgungssicherheit zu erreichen. Seit Anbeginn der Nutzung von elektrischer Energie wurde diese Vergleichmäßigung des Lastgangs von Verbrauchern angestrebt. In den letzten Jahren ist dieser Ansatz in Europa aufgrund der hohen Zuverlässigkeit der Versorgung ein wenig in die Vergessenheit geraten. Die bekanntesten Vertreter dieser Gruppe sind eben die „unterbrechbaren Verbrauchseinrichtungen" bzw. Strom- oder Nachtspeicherheizungen.

Eine Reihe von Rahmenbedingungen haben die stärkere Verbreitung von UVE seit Mitte des letzten Jahrhunderts gefördert bzw. begünstigt:

- Erhöhung von Umweltstandards (u. a. Problem des Winter-Smogs in den Städten) und Abkehr von Festbrennstoffen zur Wohnungsheizung (Kohle, Briketts) seit den 60er Jahren des letzten Jahrhunderts.

- Wille zur Reduzierung der Öl-Abhängigkeit im Zuge der Energiekrisen in den 70er Jahre:

  - Aufbau von Alternativenergien (Erdgasnetzen) nur in verdichteten Siedlungsräumen – nicht jedoch auf dem Land.

  - Kunden sollten aber auch in anderen Siedlungsräumen eine Alternative zu Ölheizungen bekommen, also Heizungen auf Basis von Elektrizität.

- Ausbau der Kernenergie seit Mitte/Ende der 70er Jahre (Inbetriebnahme der KKW) und dem Bedarf an einer Vergleichmäßigung des Verbrauchs aufgrund der Grundlastcharakteristik dieser Kraftwerke.

- Möglichkeit zur politischen Preisgestaltung (Energie war billig) durch Monopolstruktur der Elektrizitätswirtschaft ohne verursachungsgerechte Vollkostenbetrachtung.

Der damalige kräftige Ausbau von UVE führte teilweise sogar dazu, dass sich bei sehr geringen Temperaturen die Lastspitzen vom Tag in die Nacht verlagert haben (beispielsweise im Netzgebiet der ehemaligen Badenwerk AG).

Die aktuelle Altersstruktur ist mehrheitlich von einem Anlagenbestand gekennzeichnet, der älter als 20 teilweise auch älter als 30 Jahre ist. Er entspricht damit nicht mehr dem neuesten Stand der Technik (u. a. Asbestbelastung bzw. geringe Wirkungsgrade, alte Schalttechnologie). Bei Sanierungen von Häusern werden daher aufgrund des erfolgten Ausbaus der Erdgasnetze meist Gasheizungen oder neuerdings elektrische Wärmepumpen eingebaut.

Mit den in den letzten drei Jahren stark gestiegenen Öl- und Gaspreisen ist allerdings das Interesse an modernen UVE wieder gestiegen. Insbesondere Wärmepumpen profitieren von dem Trend und haben mittlerweile bei Gebäudeneubauten die Heizölanlagen zahlenmäßig deutlich überrundet (s. a. Abbildung 6-3). Zudem zeigen Rechnungen, dass moderne elektrische Wärmepumpen kombiniert mit einer kontrollierten Lüftungsanlage mit Wärmerückgewinnung primärenergieverbrauchsbetrachtet besser als konventionelle auf Verbrennung fossiler Energien ausgerichtete Hausfeuerstätten (mit einer Fensterlüftung) sind. Dies dürfte das Interesse an elektrisch basierten Heizungen weiter steigern.

Installierte Leistung

Angaben über die installierten Leistungen von UVE, die Anzahl von elektrisch beheizten Wohnungen und dem jährlichen Energieverbrauch variieren relativ stark. So geht die Bandbreite der Angaben zur Anschlussleistung aller in Deutschland installierter Nachtspeicherheizungen von 37.235 MW ([WI 2005]), über 38.990 MW ([VDEW], 1997) bis hin zu rund 42.000 MW ([izes 2007]).

Um ein Gefühl für die Größenordnung der installierten Leistungen der UVE zu erhalten, hilft ein Blick auf die installierten Kapazitäten (Grundlast) in der deutschen Stromerzeugung weiter. Die installierten Leistungen aller deutschen Kern- und Braunkohle-Kraftwerke liegen mit jeweils etwa 20.000 MW in Summe in einer vergleichbaren Größenordnung. Dies veranschaulicht das Potential der UVE für neuartige Betriebsführungsstrategien.

Anzahl der elektrisch beheizten Wohnungen

Die Anzahl der elektrisch beheizten Wohnungen werden von der Bundesregierung im „Eckpunktepapier für ein Integriertes Energie- und Klimaprogramm" ([Bundesreg 2007]) 1,4 Millionen als auch von [izes 2007] mit 1,44 Millionen Wohneinheiten angegeben. Danach soll jede 25. Wohnung elektrisch beheizt werden. Beide Daten stammen (vermutlich) aus der selben Mikrozensuserhebung von 2002.

Das Wuppertal Institut für Klima, Umwelt, Energie ([WI 2005]) hat für das Jahr 2000 eine Gesamtzahl von elektrischen Raumheizungen von 2,430 Mio. Anlagen ermittelt.

Da bei ([Bundesreg 2007] und [izes 2007] auf Basis von stichprobenartigen Umfragen aus einer Mikrozensuserhebung von 2002 auf den gesamten Wohnungsbestand hochgerechnet wurde, werden diese Werte angezweifelt, da sie sich die Abweichungen zum [WI 2005] sowie mit eigenen Hochrechnungen aus den Angaben eines großen Energieversorgers und seinem spezifischen bundesweiten Marktanteil nicht verifizieren lassen. Darüber hinaus sind die Angaben zum gesamthaften Wohnungsbestand in Deutschland bei [izes 2007] mit nur 35,127 Mio. Wohneinheiten (Jahr 2002) vergleichsweise gering. So gibt beispielsweise das statistischen Bundesamt ([Stat. Bundesamt]) für das Jahr 2000 die Anzahl der Privathaushalte mit 38,384 Mio. Wohneinheiten und für 2006 mit 39,178 Mio. an.

Jährlicher Stromverbrauch

Die Angaben zu den jährlichen Verbrauchswerten weichen ebenfalls stark voneinander ab. Die vom [VDEW] veröffentlichen Stromverbrauchszahlen besagen, dass mit 22,8 TWh 4,4 % der in Deutschland insgesamt erzeugten elektrischen Energie (2005) in Nachtspeicher-Heizungen von Haushalten verbraucht wurden. Werden alle elektrischen Heizungen, d. h. auch die in den Sektoren Industrie, GHD (9,8 TWh) und Verkehr betrachtet, so erhöhen sich diese Werte auf 34,2 TWh bzw. 6,56 %. Werden neben des reinen Raumwärmebedarf noch die elektrische Verbräuche für die Warmwasserbereitung hinzuaddiert (Speicher und Durchlauferhitzer), so ergeben sich für die Haushalte 46,4 TWh (8,91 %) bzw. insgesamt 74,1 TWh (14,22 %) in 2005.

Das [WI 2005] geht von einem Stromverbrauch für die Raumwärme in 2000 in den Sektoren Haushalte und GHD von 22,14 TWh bzw. 4,3 % am Gesamt-Nettoverbrauch aus. Im Vergleich zu den Angaben des [VDEW] liegt das Delta bei etwa 10 TWh, was sich nicht erklären lässt. Auch hier lassen sich die Angaben des [WI 2005] mit eigenen Hochrechnungen nicht verifizieren.

In der Studie des [izes 2007] wird ausgesagt, dass in den Sektoren Haushalte und GHD für Raumwärme und Warmwasserbereitung 76 TWh Strom verbraucht wird (2004), was grob mit den Zahlen des [VDEW, 74,1 TWh] übereinstimmt.

Die hier vorgestellten Werte – unabhängig von der Schwankungsbreite bzw. ihrer individuellen Richtigkeit – geben ein beeindruckendes Potential für die zeitlich befristete Verlagerungsfähigkeit von Strommengen wieder, so dass sich hieraus für das im Folgenden vorgestellte Modell ein entsprechendes Potential ableiten lässt.

3.1.3 Stand der Liberalisierung bei unterbrechbaren Verbrauchseinrichtungen

Mit Beginn der Liberalisierung 1998 in Deutschland bzw. dem tatsächlichen Start des Wettbewerbs bei den Haushaltskunden 1999 wurde das Kundensegment der UVE zwar theoretisch mit liberalisiert, aber es gab keine Alternativangebote Dritter. Es mangelte an grundsätzlichen Regeln für die Belieferung bzw. der verhandelte Netzzugang kannte kein temperaturabhängiges Lastprofilverfahren als notwendige Voraussetzung für die Belieferung durch Dritte. So stellte auch der Bedarf nach gesonderten Netznutzungsentgelten eine unüberwindbare wirtschaftliche Hürde dar.

Für das Segment der UVE sind – soweit von den Netzbetreibern beantragt – separate Netznutzungsentgelte vorgesehen, da die Strombelieferung zu bestimmten Uhrzeiten unterbrochen wird und somit eine grundlegend unterschiedliche Belieferungscharakteristik im Vergleich zu anderen Kundensegmenten aufweist. Die Unterbrechungen finden insbesondere zu den Zeiten statt, an denen das Stromnetz am meisten ausgelastet ist (beispielsweise Lastspitze zur Mittagszeit). Da die UVE somit nicht zur Lastspitze beitragen, sind geringere Netznutzungsentgelte möglich, als bei „normalen" Kunden, die grundsätzlich zu jedem Zeitpunkt Strom aus dem Netz ziehen können. Jede zusätzlich über UVE abgesetzte Kilowattstunde trägt nicht zur Erhöhung der Lastspitze und somit zur Erhöhung der allgemeinen Netzkostenbasis bei, so dass der Arbeitspreis für die Netznutzung deutlich unter dem für andere Standardlastprofilkunden liegt. Der Endkundenpreis für UVE ist damit günstiger als der übliche Haushalts- oder Gewerbekundenpreis.

Um das Kundensegment der UVE zu öffnen, wurden eine Reihe von Gerichtsverfahren geführt[14]. Ergebnis waren vornehmlich Beistellungslösungen ohne Durchleitung zwischen den Vertragspartnern (neuer und alter Lieferant). Mittlerweile liegt die Zuständigkeit bei der Bundesnetzagentur und im Rahmen der allgemeinen Festlegungen zum Lieferantenwechsel ([GPKE]) wurde auch das Segment der UVE vollständig liberalisiert. Erste Marktteilnehmer bekunden verstärktes Interesse an dem Segment und unterbreiten in Fremdnetzen entsprechende Angebote. Darüber hinaus wurden von den Regulierungsbehörden vielfach die gesonderten Netzentgelte für UVE genehmigt.

Es ließen sich somit bei einer Umsetzung der neuartigen Betriebsführungsstrategien für Lieferanten und Stromhändler auch netzbetreiberübergreifend Kunden mit UVE akquirieren, um weitere Kapazitäten (Leistungen) für Strommengenverlagerungen aufbauen zu können.

3.1.4 Temperaturabhängige Standardlastprofile

Von zentraler Bedeutung für das Potential der neuartigen Betriebsführungsstrategien sind die Einspeiseprofile, mit denen die UVE versorgt werden.

Kunden mit einem geringeren Verbrauch werden in Deutschland i. d. R. über Standardlastprofile (SLP) versorgt. Die Netzbetreiber sind verpflichtet, den Lieferanten für verschiedene Kundengruppen entsprechende Standardlastprofile bereitzustellen[15].

Zu der Gruppe der SLP-Kunden zählen laut Stromnetzzugangsverordnung ([StromNZV, §12]) alle nicht leistungsgemessenen Verbraucher mit einem jährlichen Stromverbrauch von unter 100.000 kWh. Hierunter fallen beispielsweise alle Haushalte, viele Gewerbekunden, fast alle landwirtschaftlichen Betriebe, Straßenbeleuchtungen und die UVE zur Beheizung von Gebäuden oder zur Warmwasserbereitung.

Da der Heizenergiebedarf im Gegensatz zu den anderen SLP-Kundengruppen stark von der Außentemperatur abhängig ist, hat sich in Deutschland das temperaturabhängige Standardlastprofilverfahren für UVE durchgesetzt. In Abbildung 3-2 sind am Beispiel eines großen

---

[14] U. a. BMR-Service GmbH gegen EnBW und RWE.

[15] Einige wenige Stadtwerke wenden nach wie vor das analytische Verfahren an, bei dem ex post ein Lastprofil aus der Restlastkurve der SLP-Kunden errechnet wird. Da es sich nach Aussage der BNetzA um ein „Auslaufmodell" handelt und nur vereinzelt Anwendung findet, wird es hier vernachlässigt.

Netzbetreibers die vorgegebenen Standardlastprofile für Heizstrom dargestellt. Charakteristisch für diese Art der Lastprofile sind die Sperrzeiten, an denen die Versorgung unterbrochen wird (im Beispiel von 8:15 Uhr – 9:00 Uhr und 11:15 Uhr – 12:00 Uhr). Von den zeitlich begrenzten Unterbrechungen (Sperrzeiten) haben diese Verbrauchseinrichtungen auch ihren Namen erhalten. Hinter dem dargestellten Lastprofil verbirgt sich eine Vielzahl verschiedener Anlagentypen bzw. an unterschiedlichen Schaltzeiten orientierte Tarife.

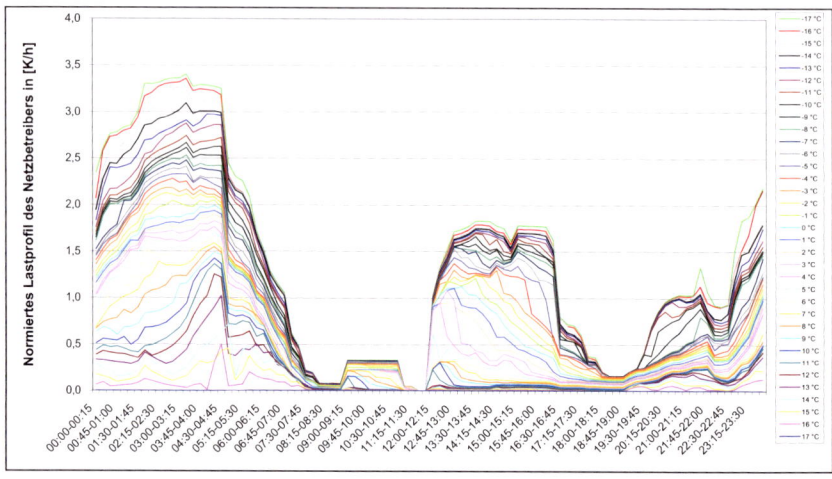

Abbildung 3-2: Beispiel von temperaturabhängigen Lastprofilen für Heizstrom eines Lieferanten

So können beispielsweise Speicherheizungen über eine so genannte Vorwärtssteuerung beladen werden, bei der nach dem abendlichen Freischalten (meist um 20:00 Uhr) der Anlagenspeicher befüllt wird oder über eine Rückwärtssteuerung, bei der der errechnete Beladezeitraum rückwärts vom morgendlichen Abschaltzeitpunkt zurückgerechnet wird. Eine begrenzte Nachladung am Tag ist meist auch vorgesehen. Darüber hinaus können Wärmepumpensysteme gänzlich andere Schaltzeiten haben. Die Summe aller verschieden betriebener Heizsysteme im beispielhaft betrachteten Netzgebiet zeigt die in Abbildung 3-2 skizzierte Lastprofilschar, die den temperaturabhängigen charakteristischen Verbrauch über alle diese Anlagen wiedergibt. Basis für die Bestimmung der Lastprofile ist das 2003 vom [VDN 2003a] vorgelegte Lastprofilverfahren für UVE.

3.1.5 Lastverlagerungspotential von schaltbaren Verbrauchern

Neben der zeitlichen Einspeischarakteristik über SLP im Normalbetrieb (vorheriges Kapitel) ist das Leistungspotential der Verlagerung von UVE bzw. allgemeiner von allen Verbrauchern, die im Rahmen der neuartigen Betriebsführungsstrategien zum Einsatz kommen sollen, von zentraler Bedeutung.

Wie in Kapitel 3.1.2 dargestellt, beträgt die aktuell installierte Leistung aller UVE (Stromheizungen) rund 40.000 MW. Unter der Annahme, dass davon beispielsweise 20 % technisch ertüchtigt werden, läge das theoretisch maximale Lastverlagerungspotential bei 8.000 MW.

Darüber hinaus gibt es in der Wissenschaft einige Untersuchungen zum (theoretischen) Lastverlagerungspotential von bestehenden Stromanwendungen. So sind z. B. in [Auer et al. 2006] Untersuchungen zu verlagerbaren Potentialen in Deutschland (und Österreich) angestellt worden. Auer et al teilen das Lastverlagerungspotential in die Gruppen „Speicher", „Verschiebbar" und „Abschaltbar" auf. Unklar bleibt aber der Unterschied zwischen „Speicher" (z. B. Warmwasserbereitung) und „Verschiebbar" (z. B. Waschen oder Trocknen). Bei beiden Gruppen muss schließlich der Energiebedarf später nachgeholt werden. Das ermittelte technische Potential für eine mögliche Lastverschiebung sehen die Autoren zwischen ca. 10.000 MW und ca. 41.500 MW an einem Wintertag (Abbildung 3-3). Im Sommer sollen noch Potentiale zwischen rund 10.000 MW und 24.000 MW erreichbar sein.

[Quaschning et al.] schätzen in einer 1999 angestellten Untersuchung das Verlagerungspotential im Haushaltsbereich auf 40 % der gesamt installierten Leistung. Sie weisen dabei darauf hin, dass große Potentialunterschiede zwischen Sommer und Winter bestehen. Etwa die Hälfte der Verlagerungsmöglichkeiten entfallen laut Quasching et al. auf Speicherheizungen und Wärmepumpen.

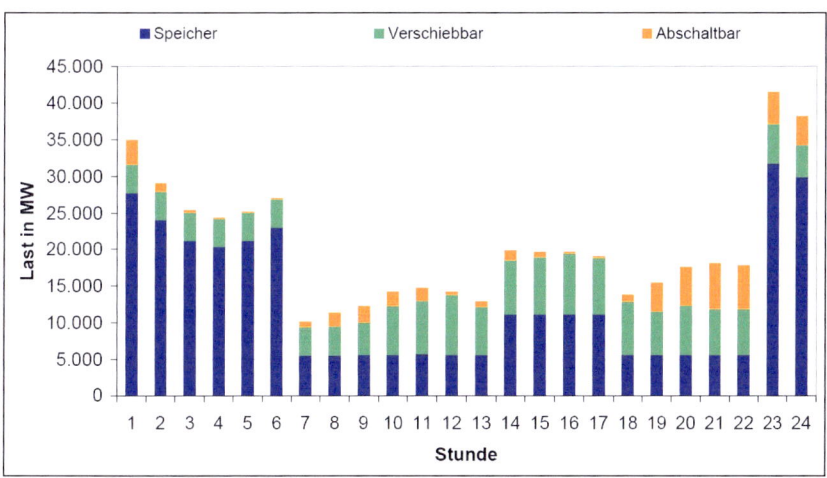

Abbildung 3-3:   Theoretisches Lastverlagerungspotenzial von ausgewählten Anwendungen nach Verlagerungskategorien für einen Wintertag 2005

[Klobasa et al. 2007] schätzen das schaltbare Potential bei Anwendungen in der Industrie auf einige 1.000 MW, was obige Aussagen zu Lastverlagerungspotenzialen grundsätzlich bestätigt.

In Summe stünden somit theoretisch einige 10.000 MW an bestehenden Leistungen für Lastverlagerungen zur Verfügung, was – wie bereits in Kapitel 3.1.2 angedeutet – ein beträchtlichen Potential für neuartige Betriebsführungsstrategien darstellen würde.

3.1.6 Technische Voraussetzungen für neuartige Betriebsführungsstrategien

Für eine denkbare Realisierung der im weiteren beschriebenen neuartigen Betriebsführungsstrategien von UVE oder allgemein von schaltbaren Verbrauchern sind technische Ertüchtigungen an den bisherigen Steuerungseinrichtungen der Anlagen notwendig.

Zentrales Element der technischen Ertüchtigung sind im Falle der UVE der Austausch der alten über das Stromnetz betriebenen Rundsteuerungsempfänger für die Steuerung der UVE durch funkgesteuerte Sende-Empfänger-Systeme[16] oder DSL-Anschlüsse. Dies ist notwendig, um den erforderlichen hohen betriebssicherheitstechnischen Standard halten zu können und einzelne Anlagen bzw. Gruppen von Anlagen direkt ansteuern zu können. Weitere technische Ertüchtigungen sind im Vergleich mit der bisherigen Betriebsführung von UVE in Tabelle 3-2 zusammengefasst.

Tabelle 3-2:   Überblick über technische Neuerungen

Überblick über technische Neuerungen	
Bisheriges System	Neues System
Steuersignale	Regelsystem
Rundsteuersignal über Stromanschluss (Kabel)	Signale über Funkstrecke oder DSL-Anschluss
Keine Individualansteuerung von Einzelanlagen möglich. Sehr grobe Einteilung in verschiedene Gruppen wie z. B. vorwärts- oder rückwärtsgesteuerte Anlagen	Möglichkeit der individuellen Ansteuerung jedes einzelnen Verbrauchers bzw. flexible Zusammenfassung von (regional verteilten) Verbrauchergruppen
Keine Rückmeldemöglichkeit	Unterbrechbare Verbrauchseinrichtungen können Verbrauchsdaten erfassen und übermitteln
Ablesung der Verbrauchswerte einmal jährlich	Registrierende Erfassung der Verbrauchswerte mit Fernauslesung („intelligente Zähler")
Verwendung von Standardlastprofilen	Modellierung von (individuellen) Lastkurven möglich

Wesentliches Element der technischen Ertüchtigung liegt in Möglichkeit der individuellen Ansteuerung jeder einzelnen Verbrauchseinrichtung (z. B. Heizung). Mit dieser Einzelansteuerungsmöglichkeit durch Zuweisung codierter Adressen lassen sich – je nach Bedarf – flexible Verbrauchergruppen zusammenschalten. Ein weiterer Vorteil besteht darin, dass sich diese zusammengefassten Verbrauchergruppen leicht umgruppieren lassen. Durch diese „individuelle Ansteuerbarkeit" der Anlagen lassen sich Fahrpläne modellieren oder gezielt Anlagen ein- und ausschalten. Mit der fernauslesbaren registrierenden ¼-stündlichen Erfassung der Verbrauchswerte lässt sich der tatsächliche Betrieb der Anlagen nachvollziehbar und belegbar gestalten.

Aktuelle betriebene UVE verfügen zwar auch über verschiedene zugeordnete Beladungsfahrpläne (z. B. vorwärts- oder rückwärtsgesteuerte Anlagen), diese sind aber den Anlagen fest zugeordnet. Darüber hinaus ist die Anzahl der verschiedenen Beladungsfahrpläne sehr begrenzt. Aber erst mit einer individuellen Ansteuerbarkeit und damit Modellierfähigkeit von Lastgängen (Fahrplänen) werden Einsätze im Rahmen der neuartigen Betriebsführungsstrategien durchführbar. In Abbildung 3-4 ist der hierfür erforderliche Datenfluss schematisch dargestellt.

---

[16] Welche genaue Technik hierbei in Frage kommt (z. B. GSM-Modems) ist nicht Gegenstand der Betrachtungen dieser Arbeit und spielt für die theoretische Funktionsfähigkeit des Modells keine Rolle.

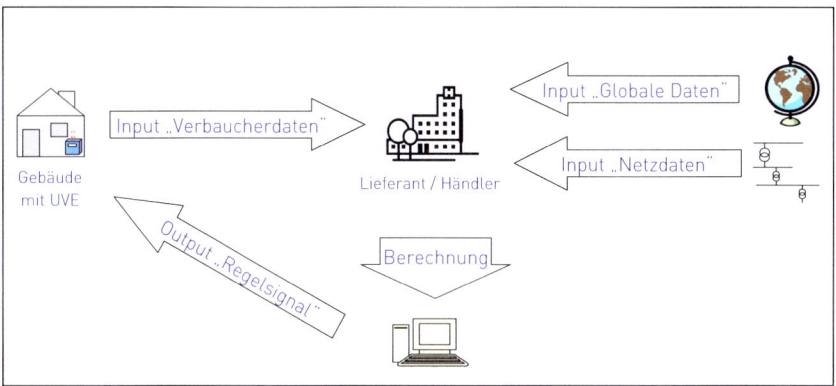

Abbildung 3-4:   Schematische Darstellung des Datenflusses zur Regelung

UVE werden über die berechneten „Regelsignale" gesteuert und können Rückmeldung über den eigenen Zustand (Input „Verbrauchsdaten") an eine zentrale Erfassungsstelle geben. Diese Rückmeldungen beinhalten beispielsweise Angaben über den Betriebszustand mit Informationen über den Vortagsverbrauch oder Ein-Aus-Stellung der Heizung.

Bei dieser zentralen Stelle des Lieferanten oder Händlers (Dispatching[17]) laufen weitere erforderliche Daten (Input „Globale Daten") sowie Informationen zum Netzzustand (Input „Netzdaten") zusammen, die als Grundlagen für die Berechnungen Verwendung finden. Zu den globalen Daten zählen beispielsweise Temperaturwerte oder Preise von der Strombörse. Informationen über den Netzzustand, d. h. über die freien Kapazitäten im Netz, dienen für die Potentialermittlung für mögliche Einsätze im Rahmen der neuartigen Betriebsführungsstrategien. Hierzu sind auch Informationen zu Wetterlage (v. a. Temperatur) und Marktgeschehen (Börsenpreise, Kraftwerksausfälle, etc.) erforderlich und werden entsprechend dem Dispatching zur Verfügung gestellt.

In Abbildung 3-5 sind noch einmal der Datenfluss für die Betriebsführung der UVE sowie die Einbindung in das Gesamtsystem dargestellt. Aus den Informationen zum Netzzustand, zum Marktgeschehen, der Wetterlage und den Betriebszuständen der UVE berechnet das Dispatching den Fahrplan für die UVE und sendet die Betriebsbefehle beispielsweise über ein funkgesteuerte Sende-Empfänger-System an diese.

---

[17] Das Dispatching eines Energieversorgers macht üblicherweise die Kraftwerkseinsatzplanung, erstellt die Fahrpläne und ist i. d. R. Bestandteil der Handelsabteilung Handelsgesellschaft. Für die Funktionsfähigkeit des Modell ist es jedoch von untergeordneter Bedeutung, an welcher Stelle die Mengenberechnung bzw. Fahrplanerstellung stattfindet.

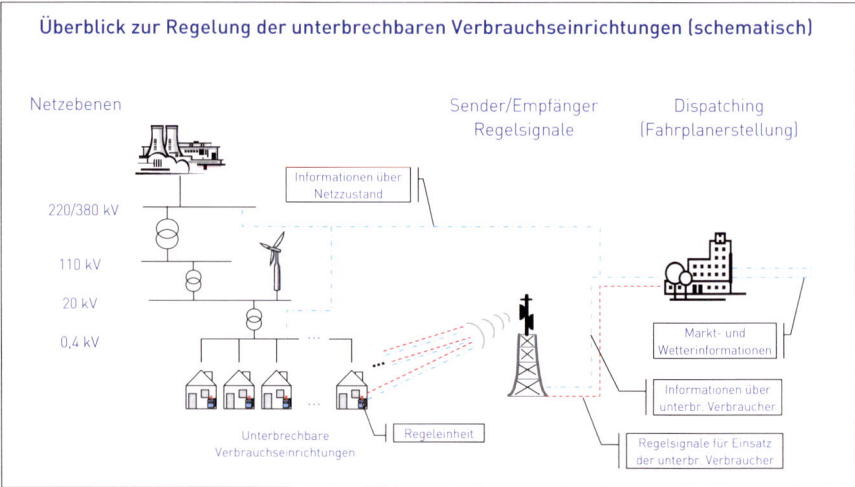

Abbildung 3-5:   Überblick zur Regelung der unterbrechbaren Verbrauchseinrichtungen

Nachdem nun der technische Rahmen beschrieben worden ist, in dem die UVE einzuordnen sind, wird bevor die neuartigen Betriebsführungsstrategien vorgestellt werden, der Stand der Wissenschaft zu schaltbaren Lasten mit Betrachtungen zu ebenfalls erweiterten Einsatzspektren untersucht.

3.2 Stand der Wissenschaft zu schaltbaren Lasten

Als Fazit kann vorneweg gestellt werden, dass die hier noch vorzustellenden neuartigen Betriebsführungsstrategien für UVE weit über das hinausgehen, was bislang an bekannten Vorschlägen bzw. Umsetzungsansätzen in der Literatur zu finden ist.

So verfolgt beispielsweise die Teilnahme von Großabnehmern am Minutenreserveenergiemarkt lediglich das Ziel, Lasten abzuwerfen. Hierbei steht jedoch nicht – wie bei dem hier vorgestellten Ansatz – die Idee dahinter, die abgeschalteten Energiemengen zu einem späteren Zeitpunkt in gleichem Umfang nachzuholen.

In Dänemark wurde 2004 von den damaligen Transportnetzbetreibern Elkraft und Eltra[18] ein Aktionsplan erstellt („Danish Action Plan for Demand Response"; [Danish Action Plan 2004]), der sich mit einer Nachfragebeeinflussung zur Netzstabilisierung auseinandersetzt. Es werden verschiedene Ansätze zur Schaltbarkeit von Verbrauchern vorgestellt, u. a. auch elektrische Heizsysteme. Hierbei werden technische Potentiale zur Lastverlagerung aufgezeigt, ein konkretes Betriebsmodell wird aber nicht vorgestellt.

In [Auer et al. 2005] werden einerseits Analysen zum Lastverlagerungspotential und andererseits Wirtschaftlichkeitsbetrachtungen vornehmlich im Vergleich zu Kosten der Stromerzeugung, nicht jedoch konkrete Betrachtungen zu einem neuen Betriebsmodell für UVE vorgenommen.

---

[18] Mittlerweile zusammengefasst zur [energienet.dk].

[York; Kushler 2005] setzen sich theoretisch mit Lastmanagementansätzen auseinander, stellen die preis- bzw. lastgetriebene Formen der Nachfragebeeinflussung („load response" und „price response") vor und listen wichtige Initiativen und Institutionen auf, die sich mit dem Thema befassen. Aber auch hier wird kein konkretes Betriebsmodell zur Beeinflussung der Nachfrage entwickelt oder detailliert darauf eingegangen, wie die Ansätze umzusetzen wären.

Die Studie „Erneuerbare Energie kompakt" des [ifeu 2007] im Auftrag des BMU befasst sich u. a. mit der Systemintegration von „hohen Anteilen erneuerbarer Energien" und hebt in diesem Zusammenhang die Bedeutung von Lastmanagementmaßnahmen zur Integration von erneuerbaren Energie hervor. Aber auch hier werden keine konkreten Betriebsmodelle vorgestellt.

Bisher wird unter Lastmanagement vorrangig die „statische" Verlagerung des Verbrauchs von Spitzenlastzeiten in Zeiten geringen Verbrauchs verstanden (z. B. [WiMi Ba-Wü], [Vattenfall]). Auch [Quaschning et al.] schlagen lediglich vor, dass neben der Lastverlagerung durch die Nutzer selbst technische Maßnahmen wie Tarifschalter die Verlagerungspotenziale deutlich erhöhen können. Eine direkte aktive Einbindung der Verlagerungspotentiale in den Markt wird nicht angestrebt.

Andere wie beispielsweise [Tanneberger] bieten technische Lösungen zur Reduzierung der betriebsinternen Lastspitze als Energie- oder Lastmanagement an. Schaltbare bzw. in der Leistung reduzierbare Verbraucher werden hinsichtlich ihres Verlagerungspotential analysiert und es werden Umsetzungslösungen zur Reduzierung der bezogenen Lastspitzen vorgeschlagen. Da die Optimierung hierbei nur auf Betriebsebene erfolgt und nicht über den Markt geht, sind diese aus Unternehmenssicht vielleicht betriebswirtschaftlich sinnvoll, reichen aber nicht aus, um den Herausforderungen im deutschen Gesamtnetz gerecht zu werden. So wird beispielsweise nicht der Ansatz einer zusätzlichen Ausnahme von (günstiger) Energie betrachtet.

Ein neuer Aspekt ist der Einbezug der Lastseite zum permanenten Leistungsausgleich im System, was in Europa vor allem in den skandinavischen Ländern schon längere Zeit diskutiert wird. Netz- und Systembetreiber leisten hier Forschungsarbeit und propagieren die Nutzung von so genannter „Demand Response". Der dänische Netz- und Systembetreiber [energinet.dk] weist beispielsweise auf die Möglichkeiten und Vorteile des flexiblen Lastmanagements hin.

Auch im US-Bundesstaat Kalifornien sollen ab 2008 alle ausgetauschten und neu eingebauten Zähler zentral regelbar sein ([[Michel 2007]]). Ziel ist neben einer allgemeinen Verringerung des Energieverbrauchs durch bessere Information von Kunden, dass bei drohender Netzüberlastung durch den Energieversorger Abschaltungen oder Leistungsreduzierungen von Klimaanlagen, Wärmepumpen und einzelne Maschinen vorgenommen werden können. Die an diesem Programm beteiligten Haushalte und Gewerbeunternehmen sollen dafür einen niedrigeren Strompreis erhalten.

In Kalifornien soll darüber hinaus jeder Stromzähler zeitaktuelle Tagespreise anzeigen können. Die Nutzung bestimmter Elektrogeräte kann somit vom Kunden auf kostengünstige Stunden verlagert werden, so dass sich Leistungsspitzen im Netz vermeiden lassen („Preissignal aus der Steckdose"). Im Hinblick auf eine mögliche Einführung von intelligenten Haushaltsgeräten ("Smart Appliances") sollen auch viele Zähler bereits mit einer universellen Datenschnittstelle ausgestattet werden.

[Staschus 2007] erweitert die bisherigen Betrachtungen zur zeitlichen Verlagerung von Stromlast durch einen starken Fokus auf Hybridfahrzeuge. Zusammen mit Wärmepumpen werden Wirtschaftlichkeitsbetrachtungen angestellt, die sich – wie bei den meisten anderen zitierten Quellen auch – allerdings erneut auf den Regelenergieeinsatz und Börsengeschäfte konzentrieren. Eine Erweiterung der Betrachtungsebene auf weitere Einsatzmöglichkeiten wird nicht angestellt.

3.3 Vorstellung der Grundidee von neuartigen Betriebsführungsstrategien für unterbrechbare Verbrauchseinrichtungen

Aufbauend auf den bisherigen gewonnenen Erkenntnissen wird im Folgenden die Grundidee als auch die konkreten erweiterten Betriebsansätze der neuartigen Betriebsführungsstrategien beschrieben. Die Herleitung erfolgt am Beispiel der UVE, d. h. anhand von Stromheizungen, ist aber insgesamt allgemeiner und nicht allein auf UVE beschränkt zu sehen. Unter dem Begriff „erweiterter Betrieb" ist jeweils eine konkrete neuartige Betriebsführungsstrategie zu verstehen.

Das Grundprinzip für das neue Betriebsmodell basiert auf dem Ansatz der zeitlichen Verlagerung von Stromlasten, ohne dass es zu Einschränkungen der eigentlichen Zielanwendung kommt. Bei einer Reihe von Stromanwendungen wie beispielsweise der elektrischen Warmwasserbereitung (mit Speicher), der Klimatisierung oder der Heizung sind nicht der genaue Zeitpunkt des Betriebs entscheidend, sondern nur, dass die Zielanwendung „Warmwasser", „Kühlung" oder „Heizen" für den Kunden in einer definierten Zeitperiode (z. B. Tag) einschränkungsfrei zur Verfügung gestellt wird. Diese Zielfunktion kann – da speicherbar – vielfach mit einer zeitlich geänderten Betriebsweise gewährleistet werden. Dabei werden durch eine Verlagerung der Stromnachfrage zeitvariable Preisdifferenzierungen genutzt, wenn Nachfrage oder Stromangebot zu verschiedenen Zeitpunkten unterschiedlich hoch sind. Dadurch werden Arbitragegeschäfte ermöglicht.

Es wird dabei ein neuartiger Weg beschritten, der, obwohl Elektrizität eigentlich nicht wirklich speicherfähig ist, eine zeitliche Verlagerung der Stromnachfrage nutzt. Die Kunst liegt nun darin, solche Stromverbraucher zu identifizieren, bei denen aufgrund besonderer Verbrauchscharakteristiken eine zeitliche Verlagerung der Nachfrage möglich ist. In Kapitel 3.1 wurden entsprechende Verbraucher identifiziert und vorgestellt.

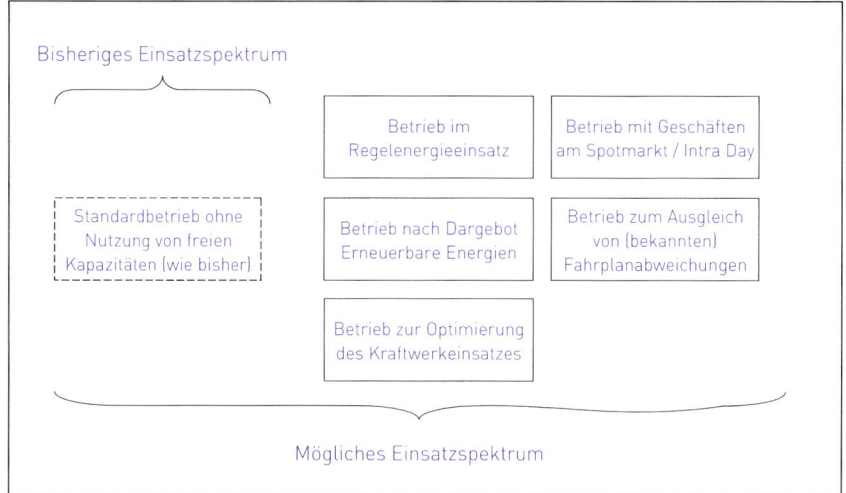

Abbildung 3-6:   Überblick über mögliche Einsatzweisen

Aufbauend auf dem bisherigen Einsatzspektrum von UVE kann nach erfolgter technischer Ertüchtigung der Anlagen das Einsatzspektrum erweitert werden. Neben dem technisch modernisierten Weiterbetrieb – wie bisher – werden fünf weitere neuartige Betriebsansätze vorgeschlagen und im Detail vorgestellt (siehe Abbildung 3-6). Das Prinzip des Betriebmodells lässt sich anhand eines Beispiels noch einmal veranschaulichen:

- Ein Verbraucher möge einen Heizenergiebedarf X in einer Periode j haben. Dabei ist es im Prinzip nicht von Bedeutung, wann diese Energie geliefert wird, solange beim Verbraucher die gewünschten Temperaturen erreicht und die entsprechenden Energiemengen X über die Periode j auch geliefert werden.

- Bislang erfolgte die Beladung des Speichers überwiegend nachts – entsprechend dem vorgegebenen (temperaturabhängigen) Lastprofil (s. Kapitel 3.1.4) mit der Strommenge X.

- Die Idee ist nun, dass eine Beladung auch zu einem anderen Zeitpunkt und mit einem veränderten Lastprofil erfolgen kann.

- Zunächst wird weiterhin auf Basis der vorgegeben Standardlastprofile die berechnete Strommenge X für die Periode j beschafft. Dies muss auch sein, da im Rahmen der Tarifberechnung erst einmal ein Standardfall anzusetzen ist.

- Ein Teil dieser Strommenge X kann nun beispielsweise an der Börse verkauft und zu einem späteren Zeitpunkt (z. B. vier Stunden später) zu einem dann günstigeren Preis wieder „zurückgekauft" werden. Ziel ist das Erzielen von Arbitragen.

Wären beispielsweise in einem System 50.000 technisch ertüchtigte bzw. aufgerüstete Anlagen einsatzbereit, so könnten roulierend ein Teil der Anlagen (z. B. 25 %) zusätzlich zum Normalbetrieb im erweiterten Betrieb (z. B. mit Geschäften an der Börse) mit geänderten Beladezeiten eingesetzt werden. Damit die bisherigen Kernaufgaben sicher erfüllt werden können, sollten nur ein Teil der Anlagen im erweiterten Einsatzspektrum betrieben werden.

Ist die Flexibilität im System bzw. das Potential für den erweiterten Betrieb ermittelt, kann entschieden werden, welcher erweiterte Betrieb zum Einsatz kommen soll. Hierbei ist eine Kombination mehrerer erweiterter Betriebe parallel möglich.

Im Falle der UVE erfolgt grundsätzlich die Beladung bzw. Bereitstellung der Energie in den Bilanzkreis auf Bilanzkreisebene nach der temperaturabhängigen Prognose. D. h. auch im Rahmen der neuartigen Betriebsführungsstrategien unterscheidet sich die Energiebeschaffung vom bisherigen Vorgehen nicht und die vereinbarten Energiebeschaffungspreise wären anzusetzen.

Welche Grundgedanken hinter den einzelnen erweiterten Betriebsweisen stehen und wie diese über den klassischen Betrieb von UVE hinausgehen, wird im Folgenden beschrieben.

3.3.1 Erweiterter Betrieb im Regelenergieeinsatz

Grundvoraussetzung für einen sicheren Netzbetrieb ist die Ausgewogenheit zwischen Netzlast und Netzeinspeisung. Dieses Ziel kann auch mit unterbrechbaren Verbrauchseinrichtrungen effizient erreicht werden.

Um die Ausgewogenheit von Nachfrage und Einspeisung zu erreichen sind neben möglichst genauen Fahrplänen für Ein- und Ausspeisungen auch zu- bzw. abschaltbare Kraftwerke oder Lasten notwendig. Die vom Übertragungsnetzbetreiber zur Netzstabilisierung eingesetzten schaltbaren Kraftwerke/Lasten werden unter dem Begriff der Regelenergie zusammengefasst. In der Vergangenheit wurden vornehmlich Kraftwerke, d. h. schaltbare Einspeiser und nur in Ausnahmefällen schaltbare Lasten von Übertragungsnetzbetreibern eingesetzt. Es hat sich insgesamt ein lukrativer Markt für die Bereitstellung von Regelenergie[19] bei Kraftwerksbetreibern entwickelt.

Industrielle Großabnehmer beteiligen sich bereits punktuell am Geschäft der Regelenergie. Die Teilnahme dieser am Regelenergiegeschäft ist jedoch bislang weitgehend gescheitert, da die regelenergieausschreibenden Übertragungsnetzbetreiber (Sinnvollerweise) hohe technische Hürden u. a. über Präqualifikationen geschaffen haben[20] und sich ein tatsächliches Abschalten, d. h. Abrufen von Regelenergie bei den Großabnehmern negativ auf ihren industriellen Kernprozess erwiesen hat. Mit Einführung der Regulierungsbehörden in Deutschland sanken diese Markteintrittbarrieren und es kann davon ausgegangen werden, dass künftig auch schaltbare Lasten verstärkt in den Regelenergiemarkt drängen werden.

Aufbauend auf diesem verbesserten Marktrahmen ist durch Zusammenfassen (Poolen) vieler UVE in Kombination mit neuartiger Steuerungstechnik eine Teilnahme am Regelenergiemarkt möglich geworden.

Die „Beladung" der UVE erfolgt nach einem festgelegten Lastprofil. Der Ansatz ist nun, dass zu den Zeiten, an denen die Anlagen aufgeladen werden, einige dieser Anlagen abzuschalten, um die frei werdende Energie in Form von positiver Minutenreserve zu verwenden. Die im Rahmen der Regelenergie eingesetzten Energiemengen werden Intraday zu einem späteren Zeitpunkt (Fahrplanänderungen) „ersetzt". Durch die Erlöse über die Teilnahme am Regelenergiemarkt kann ein zusätzlicher betriebswirtschaftlicher Nutzen erwirtschaftet werden.

---

[19] Es wird bei der Regelenergie zwischen Primär- und Sekundärregelleistung sowie Minutenreserve unterschieden.

[20] Seit 2004 wurde seitens einiger Lieferanten und industrieller Großabnehmer verstärkt versucht, Kundenlasten so zu bündeln, dass diese an der Regelenergieausschreibung (Minutenreserve) teilnehmen können. Ein Anbieter hierfür ist die Saarenergie, die Kundenlasten zusammenfasst (poolt) und am Minutenreservemarkt vermarktet.

Eine Teilnahme am Regelenergiemarkt (positive Regelenergie) könnte grundsätzlich zu den Stunden am Tag erfolgen, an denen die UVE aufgeladen werden.

Auch die Aufnahme von negativer Regelenergie (Sekundärregelleistung bzw. Minutenreserve) ist über dieses Prinzip machbar. Die zusätzlich aufgenommenen Energiemengen würden Intraday zu einem späteren Zeitpunkt wieder am Markt untergebracht. Hier könnte die Teilnahme – unter Berücksichtigung von freien Netzkapazitäten und freien Leistungskapazitäten der UVE – am Regelenergiemarkt (negative Regelenergie) ganztägig erfolgen.

3.3.2 Erweiterter Betrieb mit Geschäften am Spotmarkt / Intraday

Wie dargestellt, ist der Zeitpunkt der Energiebereitstellung an die UVE flexibel gestaltbar, so dass eine weitere neue Betriebsweise unter Ausnutzung von Preisdifferenzen am Spot- bzw. Intraday-Markt realisierbar erscheint.

Ein Beispiel soll den allgemeinen Ansatz aus Kapitel 3.3 konkretisieren (s. Abbildung 3-7):

- Der Spotmarkt- / Intraday-Preis läge in einer Periode 1 (z. B. Stunden 3-6; schraffierte Fläche „I") höher als in Periode 2 (z. B. Stunden 6-9; schraffierte Fläche „II")

- Zu den Stunden 3-6 sind für die UVE nach dem vorgegeben temperaturabhängigen Lastprofil Energiemengen bereitgestellt und im Fahrplan / Bilanzkreis eingestellt.

- Der Lösungsansatz ist, einen Teil der UVE in den Stunden 3-6 vom Netz zu nehmen und diese „freigewordenen" Energiemengen am Spotmarkt / Intraday Börsenplatz zu verkaufen (Stunden 3-6).

- Die gleiche Energiemenge wird zu einem geringeren Preis beispielsweise in den Stunden 6-9 zu günstigeren Konditionen am Spotmarkt zurückgekauft und entsprechend in den vorher abgeschalteten UVE „verbraucht".

- Ein umgedrehtes Vorgehen, d. h. erst Energiemengen aufnehmen und dann zeitlich später entsprechende Mengen wieder zu verkaufen, ist bei einer entsprechenden Preisstellung an der Börse auch möglich.

Im Prinzip erfolgt ein zeitlicher Tausch (Swap) von Energiemengen an der Börse mit dem Ziel von Arbitragegeschäften. Ob diese Geschäfte am Vortag (Spotmarkt) oder am Belieferungstag (Intraday) erfolgen, ist nicht von Bedeutung.

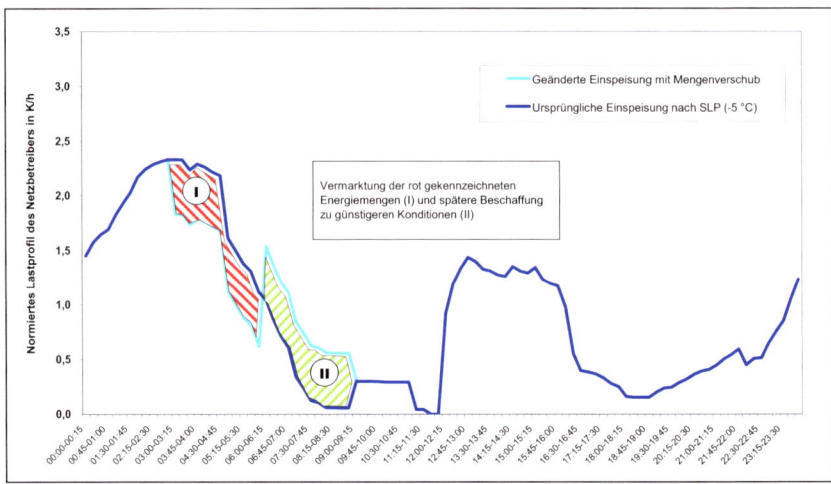

Abbildung 3-7:   Schematische Darstellung der Spot Markt bzw. Intraday Geschäfte

Da immer nur ein Teil der UVE zeitlich begrenzt zum Einsatz kommen, ist die Verlässlichkeit gegenüber dem Kunden gegeben. Der zeitliche Versatz von diesen begrenzten Energiemengen führt somit nicht zu Komforteinbussen bei den Kunden.

3.3.3 Erweiterter Betrieb zum Ausgleich von Fahrplanabweichungen

Der dritte neue Betriebsansatz nutzt die flexiblen positiven und negativen Kapazitäten im Rahmen von kurzfristig auftretenden Fahrplanabweichungen in Bilanzkreisen. „Kurzfristig" heißt in diesem Zusammenhang, dass eine Fahrplanänderung einige Stunden vorher bekannt ist.

Ist beispielsweise absehbar, dass ein größerer Kraftwerksblock in wenigen Stunden aufgrund eines technischen Defekts abgeschaltet werden muss oder kommt es zu einer ähnlichen bekannten Störung bei einem großen Kunden, so kann durch entsprechende vorher erfolgte Fahrplanänderungen der Bedarf an Regelenergie bzw. die korrespondierenden Kosten für den Bilanzkreis vermieden oder zumindest deutlich reduziert werden.

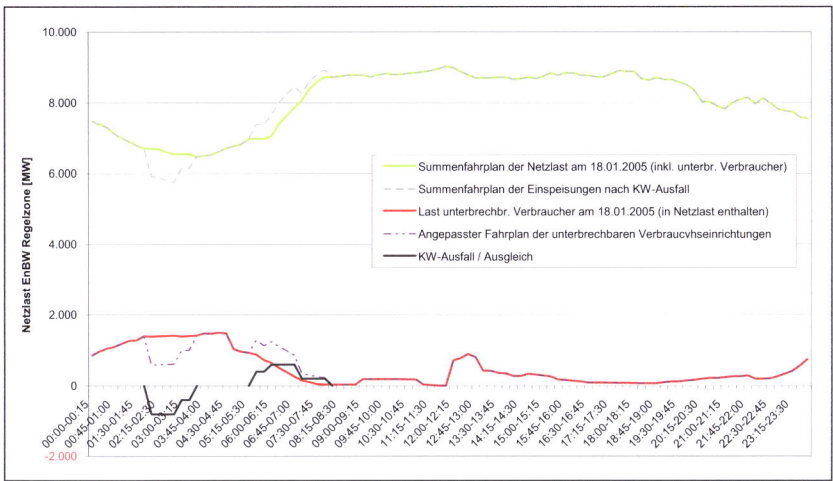

Abbildung 3-8:   Schematische Darstellung einer Fahrplanänderung durch einen Kraftwerksausfall

Abbildung 3-8 zeigt schematisch eine mögliche Fahrplanänderung durch einen Kraftwerksausfall. Die grüne Linie („Summenfahrplan der Netzlast...") gibt den Summenlastgang aller Fahrpläne der Bilanzkreise (Last = Erzeugung) in einer Regelzone wieder. Die rote Linie („Last unterbr. Verbraucher...") zeigt den eingestellten Fahrplan der UVE des betrachteten Lieferanten. Kommt es nun – wie dargestellt – zu einem Kraftwerksausfall zwischen 2:00 und 3:30 Uhr (schwarze Linie, „KW-Ausfall / Ausgleich"), so reicht die Erzeugung nicht mehr für die Deckung der fahrplanmäßigen Last (graue Linie, „Summenfahrplan der Einspeisungen nach KW-Ausfall") aus. Wird als geplante „Reaktion" der Verbrauch der UVE zeitgleich zur ausfallenden Leistung des Kraftwerks gedrosselt (violette Linie, „Angepasster Fahrplan..."), so wird keine Regelenergie benötigt und es fallen zunächst keine Kosten für den Bilanzkreis mit dem Kraftwerksausfall an.

Um den Bedarf der UVE zu decken, sind entsprechende Energiemengen ersatzweise zu beschaffen – hier zwischen 5:30 und 8:00 Uhr (schwarze Linie, „KW-Ausfall / Ausgleich"). Entscheidend für diesen erweiterten Betrieb ist, dass die vermiedenen Kosten der Regelenergie größer sind als die Ersatzstrombeschaffungskosten. Der Einsatz würde in Abstimmung mit dem Anfahren von Reservekraftwerken erfolgen, deren Inbetriebnahme unter betriebswirtschaftlich und betriebstechnisch optimalen Bedingungen erfolgen würde (z. B. zeitlich gestrecktes Anfahren; Brennstoffwahl Gas anstelle Heizöl).

Bei der Ersatzstrombeschaffung für die UVE muss darauf geachtet werden, dass die ursprünglich geplante Tageshöchstlast bzw. zulässige Netzhöchstlast nicht überschritten wird.

Ein weiterer Vorteil dieses erweiterten Betriebs liegt darin, dass auf eine Fahrplanänderung zum Zeitpunkt des Leistungsdeltas im Bilanzkreis (Kraftwerksausfall oder Lastabfall) verzichtet werden kann, da unverzüglich die UVE zum Einsatz kommen können. Voraussetzung ist, dass die UVE im gleichen Bilanzkreis bilanziert sind.

Eine Kombination von – mit einigen Stunden Vorlaufzeit – bekannten Fahrplanabweichungen und dem unter Kapitel 3.3.4 vorgestellten Ansatz in Verbindung mit dem Dargebot von Wind stellt folgender Einsatz dar: Die am Vor- bzw. Vorvortag erstellte Windprognose erweist sich wenige Stunden vor Eintritt als fehlerhaft. Beispielsweise führt ein Starkwindgebiet nicht wie angekündigt um 6 Uhr morgens zu einer deutlich gestiegenen Windstromeinspeisung, sondern erst zwei Stunden später. Diese sich ergebenen Abweichungen werden momentan über die „normale" Regelenergie bzw. über Stundenreserveprodukte ausgeglichen. Abbildung 3-9 zeigt exemplarisch den Sachverhalt. Es wurde für den 29. Dezember 2005 das erwartete Einspeisemaximum des Windstromes 3 ½ Stunden zu spät prognostisiert. Am Folgetag (30. Dezember 2005) lag das Ist-Minimum der Windenergieeinspeisung knapp 6 Stunden vor der Prognose. Die maximale Leistungsabweichung lag am 29. Dezember in der ¼–Stunde von 12:15 – 12:30 Uhr bei 1.327 MW.

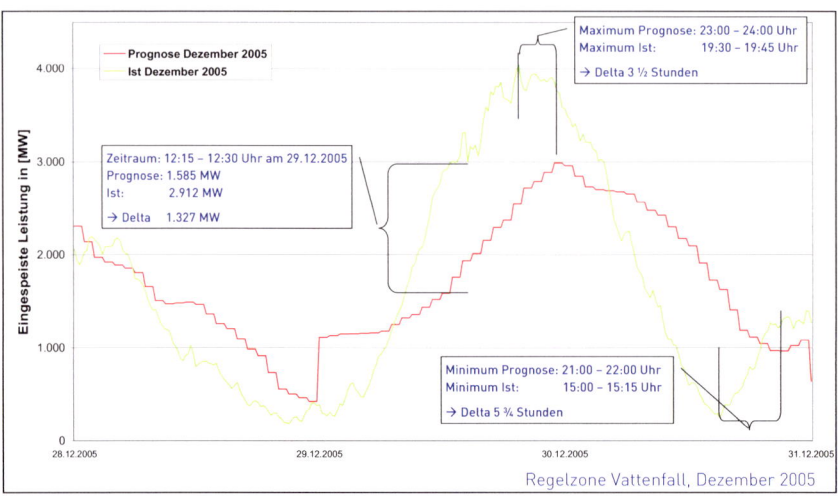

Abbildung 3-9:   Abweichungen bei der Windeinspeisung zwischen Prognose und Ist[21]

Dieser zeitliche Versatz zwischen Prognose und Ist-Einspeisung kann im Rahmen von kurzfristigen Fahrplanänderungen in Teilen ausgeglichen werden, wenn entsprechend der Einsatz von UVE angepasst würde.

Da in den Abweichungen der Windeinspeisungen zwischen Prognose und Ist einer der wesentlichen Gründe für den Mehraufwand im Netzbetrieb liegen, wäre von den Regelnetzbetreibern ggf. ein neues zusätzliches Anreizsystem zu entwickeln, dass die Einspeiseschwankungen kostengünstiger als bisher ausgleichen kann. Ein Weg könnte in einer besseren Verknüpfung von Erzeugung und Verbrauch liegen, wie dies u. a. im Folgenden Kapitel vorgeschlagen wird.

3.3.4 Erweiterter Betrieb nach Dargebot Erneuerbarer Energien

Eine weitere Betriebsweise, die indirekt in den Ansätzen der Kapitel 3.3.2 und 3.3.3 enthalten ist, nämlich über entsprechenden Bedarf an Regelenergie bzw. Auswirkungen am Spotmarkt-Preis, ist ein gesteuerter Betrieb der UVE nach dem Dargebot von erneuerbaren Energien.

---

[21] Quelle: Internetseite der Vattenfall Europe Transmission GmbH.

Hier liegt der Grundgedanke zugrunde, dass die UVE vorrangig dann aufgeladen werden, wenn nicht steuerbare EEG-Anlagen z. B. Windkraftanlagen oder Fotovoltaikanlagen bzw. allgemein nicht gesteuerte EEG-Anlagen ihre Energie ins Stromnetz einspeisen. Auch diese EEG-Anlagentypen besitzen eine vorhersehbare Einspeisecharakteristik, die genutzt werden kann. So speisen beispielsweise Fotovoltaikanlagen nur Energie ein, wenn es hell ist, d. h. die Sonne scheint und nicht nachts. Bei Windkraftanlagen ist ebenfalls eine – wenn auch etwas komplexere – vorhersehbare Einspeisecharakteristik vorhanden. Darüber hinaus können grundsätzlich steuerbare EEG-Anlagen wie mit biogenen Stoffen befeuerte BHKW genutzt werden, um die UVE auch dann mit ausreichenden Energiemengen zu versorgen, wenn der Wind einmal nicht ausreichend bläst oder die Sonne nicht scheint.

Beispielhaft ist der Ansatz der Orientierung zur Beladung von UVE auf Basis der Windeinspeisungen für den Januar 2006 in Abbildung 3-10 anhand der Ist-Windeinspeisung in Deutschland sowie der für einen Netzbetreiber relevanten Wetterstation zur Berechnung des Heizenergiebedarfs dargestellt.

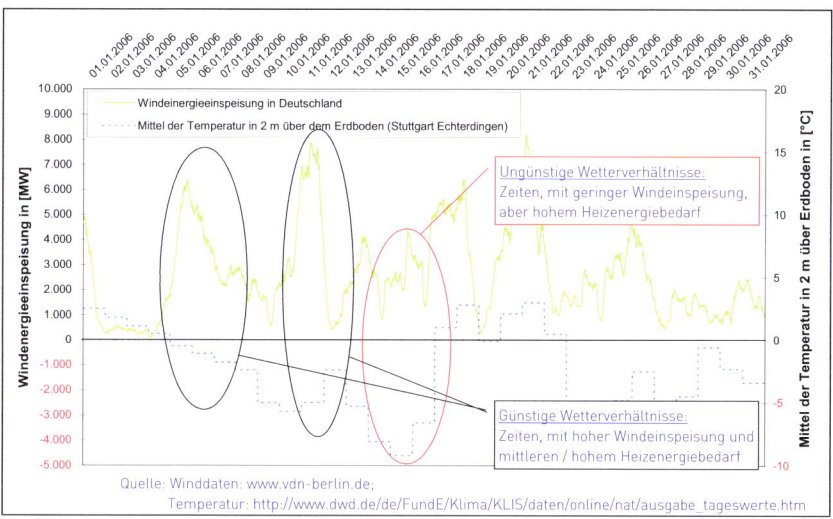

Abbildung 3-10:   Vergleich Windenergieeinspeisung mit Temperatur

Wie abgebildet, gibt es windreiche Zeiträume, an denen dieser eingespeiste Strom gut in temperaturgesteuerten UVE „verbraucht" werden könnte (z. B. 10.01.2006 – 12.01.2006). Eine gezielter Einsatz von UVE könnte netzentlastend wirken und zusätzlich den Bedarf an Regelenergie vermindern.

Auf der anderen Seite – dies stellt eine technische Herausforderung dar – gibt es kalte und sehr windschwache Zeiten, an denen zu wenig Windstrom zu Heizzwecken zur Verfügung steht (z. B. 13.01.2006 – 16.01.2006). UVE müssten zu diesen Zeiträumen über das „normale" Standdardlastprofil oder über gezielt steuerbare andere EEG-Anlagen (z. B. Wasserkraft oder Biomasse) versorgt werden.

Dieser Ansatz sollte grundsätzlich mit einem Ökostromprodukt kombiniert werden, was einen zusätzlichen betriebswirtschaftlichen Reiz ausmachen würde („höherer Preis" für „besseres Produkt und Gewissen"). Erfolgt eine teilweise Strombeschaffung über die Börse zu

„windstarken Zeiten", so könnte dieser Teil – ggf. zertifiziert – als Ökostrom bzw. CO_2-freie Stromerzeugung den Kunden kommuniziert bzw. in Rechnung gestellt werden.

Ein möglicher Tarif würde einen über den sowieso im Rahmen des EEG gelieferten Ökostromanteil ausweisen und diesen tariflich mit einem Aufschlag versehen. Soll keine unterteilte Tariffierung erfolgen, so könnte als Marketinginstrument ein entsprechend höherer Ökostromanteil bzw. geringere CO_2-Belastung ausgewiesen werden.

3.3.5 Erweiterter Betrieb zur Optimierung des Kraftwerkeinsatzes

Im Rahmen von Fahrplanlieferungen ergeben sich regelmäßig An- und Abfahrten sowie Teillastbetriebszustände bei (thermischen) Kraftwerken. Meist sind hierbei schnelle An- und Abfahrten erforderlich, welche die kritischsten Betriebszustände von Kraftwerken darstellen. Die „extern" vorgegebenen Bedingungen der schnellen Laständerungen erfolgen meist nicht in den für die (thermischen) Kraftwerke optimalen Zeitrahmen, sondern schneller. An- und Abfahrvorgänge verursachen Kosten und reduzieren die Lebensdauer von Kraftwerken.

Durch ein zeitlich verzögertes bzw. verlangsamtes An- bzw. Abfahren von thermischen Kraftwerken in der für das Kraftwerk optimalen Betriebsweise können Kosten für den An- und Abfahrbetrieb sowie für die Instandhaltung eingespart werden. Bereits bei Warmstarts von mittelgroßen Kohlekraftwerken oder GuD-Anlagen fallen nach Aussagen von Kraftwerksbetreibern Kosten je Start von mehreren Zehntausend Euro an. Kaltstartkosten liegen noch darüber. Darüber hinaus würden sich durch eine verbesserte Betriebsführung die Kraftwerkswirkungsgrade verbessern und sich damit die CO_2-Emissionen reduzieren lassen.

Abbildung 3-11 zeigt schematisch den Zusammenhang beim Anfahrbetrieb. Mengen-Swaps mit Energiemengen von UVE ermöglichen die An- bzw. Abfahrprozesse von Kraftwerken zu optimieren.

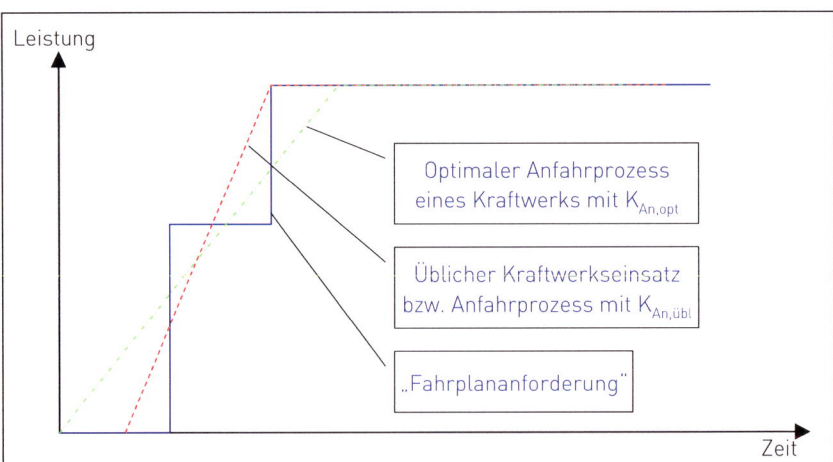

Abbildung 3-11: Optimierung des Kraftwerkeinsatzes im An- und Abfahrbetrieb (schematische Darstellung, Beispiel Anfahren)

Interessant wird diese erweiterte Betriebsweise insbesondere für Kraftwerksbetreiber, die nur über einen geringen oder nicht ausreichenden Anteil an Pumpspeicherkraftwerken verfügen und Fahrplanänderungen mit einem thermischen Kraftwerkpark ausgleichen müssen.

3.4 Wechselwirkungen von veränderten Betriebsführungen von unterbrechbaren Verbrauchseinrichtungen auf angrenzende energiewirtschaftliche Themen

Nachdem die einzelnen neuartigen Betriebsführungsstrategien vorgestellt wurden, soll nun in aller Kürze auf Rückwirkungen und Auswirkungen auf angrenzende Themenfelder Bezug genommen werden, die sich aus einem geänderten Betrieb der UVE ergeben können. Näher betrachtet werden dabei Gesichtspunkte aus netztechnischer, kraftwerkstechnischer, emissionstechnischer und vertrieblicher Sicht.

3.4.1 Netztechnischer und versorgungssicherheitstechnischer Ansatz

Oberstes Ziel der Netzbetreiber hat der sichere und ungestörte Netzbetrieb zu sein. Das Erreichen dieses Zieles ist jedoch seit einigen Jahren zunehmend schwieriger geworden:

- Durch die Liberalisierung der Energiemärkte ist es zu einer verstärkten Privatisierung vieler Energieversorger gekommen. Die neuen Eigentümer orientieren sich stärker am Shareholder Value. Gewinne werden verstärkt ausgeschüttet und nicht mehr investiert.

- Die bisher übliche Weitergabemöglichkeit der Netzkosten an die Kunden gepaart mit den hohen Renditeanforderungen der Netzbetreiber, ist vor dem Hintergrund der eingeführten Netzregulierung kaum mehr möglich. Die Erlöse der Netzbetreiber reduzieren sich aufgrund der Senkungen der Netzentgelte durch die Regulierungsbehörden.

- Durch den verstärkten Ausbau der regenerativen Energien kommen zunehmend nicht-fahrplanfähige Einspeisungen (vor allem Wind und Fotovoltaik) hinzu. Durch die gesetzlich geregelte vorrangige Einspeisung erschwert sich die Planbarkeit des Netzbetriebs. So kommt es mittlerweile regelmäßig zu Kapazitätsengpässen im Netz (v. a. in Norddeutschland) und der Bedarf an Regelenergie nimmt zu.

- Durch das System der Bilanzkreise mit Fahrplänen, teilweise mangelhafter Datenqualität und der steigenden Anzahl von Marktteilnehmern mit eigenen Last- bzw. Fahrplanprognosen nimmt insgesamt die Güte der Netzlastprognosen ab. Damit steigt ebenfalls der Bedarf an Regelenergie.

- Durch den Abbau von Überkapazitäten im klassischen (thermischen) Kraftwerkspark seit Beginn der Liberalisierung bzw. dem schleppenden Bau von neuen thermischen Kraftwerken stehen weniger freie Kraftwerkskapazitäten zur Unterstützung der Netzstabilität zur Verfügung.

- Durch den hohen Anteil an vergleichsweise unflexiblen Grundlastkraftwerken, die sich nicht oder nur bedingt für den Einsatz als Regelenergiekraftwerk eignen, obwohl der Bedarf an Regelenergie - insbesondere der Regelenergiearten, die von Grundlastkraftwerken kaum bereitgestellt werden kann – ansteigt.

Potential durch hier vorgestelltes Verfahren:

Da der sichere Netzbetrieb ein wesentliches Rückrat unserer wirtschaftlichen Entwicklung ist, liegt hierin ein zentrales Element, was es zu sichern gilt. Der einerseits erheblich zunehmende Bedarf an Regelenergie und der andererseits für die Bereitstellung von zunehmenden Regelenergiemengen nicht ausgelegte existierende Kraftwerkspark in Deutschland führen entweder zu einer Verringerung der Netzsicherheit oder zu sehr stark steigenden Kosten. Mit dem hier vorgestellten Ansatz für eine neuartige Betriebsführungsstrategie mit einem „Gegenfahren" schaltbarer Lasten und einem geschickten zeitlichen Verschieben von Stromverbrauch können zusätzliche Regelleistungen angeboten bzw. verfügbar gemacht werden, die netzstabilisierend wirken. Dies führt zu geringeren Netz- oder Regelenergiekraftwerksinvestitionen und somit zu geringeren volkswirtschaftlichen Kosten.

3.4.2 Kraftwerkstechnischer Ansatz

Ein (thermisches) Kraftwerk stellt ein sehr komplexes technisches System dar, dessen wirkungsgradtechnisches, betriebstechnisches und betriebswirtschaftliches Optimum für einen statischen Betriebspunkt – meist bei Volllast – ausgelegt ist. An- und Abfahrvorgänge eines Kraftwerks sind für alle Kraftwerkskomponenten (Mühlen, Pumpen, Brenner, ...) belastender als der stationäre Betrieb bei Nennlast, d. h. bei einer konstanten Last. Im Ergebnis erhöhen sich die Betriebskosten und vermindern sich Wirtschaftlichkeit, Wirkungsgrad und Lebensdauer. Die Betriebsweise der Grundlastkraftwerke („immer Volllast") kommt dem „idealen" Kraftwerkseinsatz in einem statischen Betriebspunkt sehr nahe.

Der Einsatz thermischer Kraftwerke zur Netzregelung ändert die Einsatzcharakteristik nachhaltig (weg vom „idealen" Kraftwerkseinsatz). Regelkraftwerke werden ständig an- und abgefahren bzw. der Betrieb erfolgt im häufig wechselnden Teillastbereich. Diese Betriebsweise belastet die Kraftwerkskomponenten und führt zu aufwendigeren und damit teureren Auslegungen. Der Einsatz als Regelenergiekraftwerk ist folglich vergleichsweise teuer. Könnte hierauf teilweise verzichtet werden, sind nicht unerhebliche Kostensenkungen (Betrieb und Instandhaltung) und Lebensdauerverlängerungen im konventionellen Kraftwerkspark realisierbar. Ziel für den Betrieb eines thermischen Kraftwerks ist daher eine möglichst unterbrechungsfreie und konstante Einsatzweise.

Dieser Theorie steht die Realität gegenüber. Wie dargestellt nimmt der Bedarf an Regelenergie zu und durch zunehmende Einspeisungen erneuerbarer Energien ändert sich der von thermischen Kraftwerken noch abzudeckende Lastgang der „restlichen" Stromnachfrage. Die allgemeine Einsatzcharakteristik des thermischen Kraftwerkpark wird künftig kaum noch Grundlastanteile kennen und ein Wechsellastbetrieb wird künftig zum Standard werden. Dies bedeutet eine weitgehende Abkehr vom Ideal eines statischen Betriebspunktes von thermischen Kraftwerken.

Potential durch hier vorgestelltes Verfahren:

Durch geschicktes Kombinieren des Kraftwerkseinsatzes mit UVE kann der An- und Abfahrprozess von Kraftwerken so optimiert werden, dass dieser im optimalen Betriebspunkt für das Kraftwerk erfolgen kann. Ein schonendes, zeitlich gestrecktes und weniger komponentenbelastendes An- und Abfahren wird ermöglicht.

Darüber hinaus kann die Anzahl von Kraftwerksan- und abfahrten gesenkt werden, so dass wieder über längere Zeiträume ein stationärer Betrieb möglich wird (Steigerung der Grundlastanteils der thermischen Kraftwerke durch Lastverschiebungen).

3.4.3 Effizienztechnischer Ansatz und CO_2-Emissionen

Ein optimierter Einsatz im konventionellen Kraftwerkspark (weniger An- und Abfahren, weniger Teillast) verbessert den Wirkungsgrad der Kraftwerke und somit allgemein die Effizienz. Unnötige CO_2-Emissionen werden vermieden und entsprechende Zertifikate müssen nicht erworben werden.

Im Rahmen der Netzregelung bzw. Kraftwerkseinsatzoptimierung werden – wie bislang vielfach üblich – Pumpspeicherkraftwerke eingesetzt. Dies ist mit erheblichen Verlusten verbunden. Modernste Pumpspeicherkraftwerke erreichen Nutzungsgrade von 85 %. Ältere Pumpspeicherkraftwerke liegen lediglich bei 60 %.

Im Gegensatz dazu hat eine Veränderung der Beladungsrhythmen von UVE keinen negativen Einfluss auf den Wirkungsgrad der UVE.

Potential durch hier vorgestelltes Verfahren:

Insgesamt lassen sich im thermischen Kraftwerkspark Brennstoffe und Emissionen reduzieren. Darüber hinaus ergeben sich Effizienzsteigerungen von bis zu 40 %-Punkten im Vergleich zu alten Pumpspeicherkraftwerken, da der Strom zielgerichtet direkt beim Endverbraucher genutzt wird.

Damit ergeben sich aus den Effizienzverbesserungen positive betriebswirtschaftliche und volkswirtschaftliche Effekte.

3.4.4 Vertrieblicher Ansatz

Durch die Nutzung von UVE zur Verbesserung der Netzstabilität und quasi als Pufferung von schwankenden Einspeisungen regenerativer Energien kann die Technik der elektrischen Heizung – bei entsprechender Vermarktung – wieder zu einer besseren öffentlichen sowie politischen Akzeptanz geführt werden.

Potential durch hier vorgestelltes Verfahren:

Es besteht die vertriebliche Chance zur Erschließung eines neuen Potentials (z. B. elektrische Wärmepumpensysteme oder schaltbare Klimageräte) sowie der Möglichkeit zum Anbieten von Ökostromangeboten.

Durch die Zusatzerlöse aus dem erweiterten Betrieb kann sowohl die wirtschaftliche Attraktivität von UVE gesteigert als auch bei teilweiser Weitergabe der Zusatzerlöse die Kundenbindung verbessert werden.

Aus vertrieblicher Sicht zusätzlich interessant ist, dass sich aufgrund der zentralen individuellen Schaltbarkeit einzelner unterbrechbarer Verbrauchseinrichtungen Auswirkungen von Zahlungsausfällen durch Schlechtzahler oder Zahlungsverweigerer vermeiden bzw. verringern lassen. Durch das zentrale „Abschalten" muss zudem kein Servicemitarbeiter des Netzbetreibers kostenintensiv zum Kunden kommen. Vorstellbar wäre auch eine „beschränkte" Stromversorgung mit definierten täglichen Stromkontingenten zur Minderung sozialer Härten (die Wohnung muss nicht gänzlich kalt bleiben). Durch Reduzierung der potentiellen Zahlungsausfälle reduziert sich bei der allgemeinen Kalkulation der Tarife der Risikozuschlag für Zahlungsausfälle und trägt somit zu einem kostengünstigeren Angebot für alle Kunden bei. In Italien sind seit einigen Jahren fernauslesbare schaltbare Zähler installiert, mit denen bei Schlechtzahlern nur noch eine reduzierte Notversorgung durch zentrale Beeinflussung möglich ist.

4. Beschreibung des neu entwickelten Betriebsmodells

Für die Umsetzung des in Kapitel 3 beschriebenen Verfahrensansatzes wird im folgenden ein modular aufgebautes erweitertes Betriebsmodell vorgestellt. Wie in Abbildung 4-1 dargestellt, unterteilt sich das Modell in acht Module zur Steuerung bzw. Regelung der UVE. Mit dem modularen Aufbau wird eine bessere Transparenz und Beherrschbarkeit des Systems gewährleistet. Vorstellbare Erweiterungen lassen sich so besser umsetzen.

1.	Berechnung des (individuellen) Tages-Energiebedarfs
2.	Berechnung des Potentials zur flexiblen Beladung
3.	Ermittlung des Bedarf für Alternativbetrieb
4.	Wirtschaftlichkeitsbetrachtung der Alternativbetriebsweisen
5.	Entscheidung über Einsatzweise
6.	Entscheidung, welche Anlagen eingesetzt werden
7.	Einsatzfahrplanerstellung
8.	Sendebefehle und Betrieb

Abbildung 4-1:   **Acht Schritte zur Ermittlung der Sendebefehle**

Das Zusammenwirken der einzelnen Elemente im Gesamtmodell erfolgt nicht in einer Prozesskette, in der die einzelnen Module aufeinander folgen, sondern in einer teilweisen parallelen Abfolge (Module 1 + 2 und Module 3). Auf das an Schritt 4 angedockte Einsatzentscheidungsmodul zur Einsatzweise (Modul 5) folgen nacheinander weitere Module zur Auswahl der einzusetzenden Anlagen (Modul 6), zur Fahrplanerstellung (Modul 7) und letztendlich die Versendung der Sendesignale (Modul 8) an die UVE (Abbildung 4-2). Die Abarbeitung der Modulschritte 1 und 2 sowie Modulschritt 3 können unabhängig voneinander erfolgen.

Als das zentrale Element im Gesamtmodell kann Modul 4 angesehen werden. In diesem Modul wird die betriebswirtschaftliche Grundlage für den erweiterten Betrieb ermittelt.

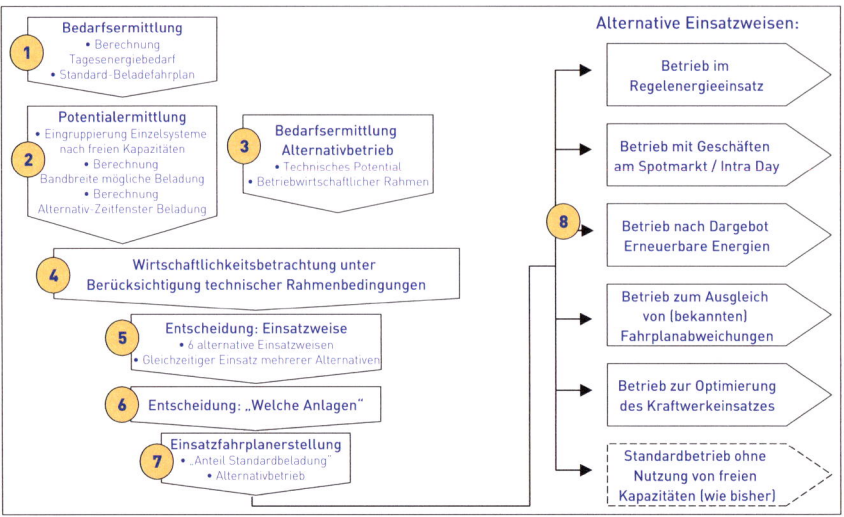

Abbildung 4-2:   Modellskizze

4.1 Modul 1: Berechnung des (individuellen) Tages-Energiebedarfs

In Modul 1 wird auf Basis von prognostizierten Temperaturen und des Vorjahresverbrauchs die Berechnung des Tagesenergiebedarfs der UVE durchgeführt. Der Tagesenergiebedarf eines Kunden bzw. aller Kunden eines Lieferanten ist zur Fahrplanerstellung, Energiebeschaffung sowie Meldung zu den Bilanzkreisen notwendig. Dies ist gängige Praxis und wird weiterhin – jedoch in geänderter bzw. erweiterter Form – im hier vorgestellten Modell beibehalten. Unter dem hier gemeinten Tagesenergiebedarf sind die Energiemengen zu verstehen, die sich aus dem Heizenergiebedarf, Warmwasserbedarf oder/und ggf. dem Energiebedarf für Klimatisierung von UVE ergeben. Zusammen mit dem Tagesenergiebedarf wird das dazugehörige temperaturabhängige Standardlastprofil, der sog. „Standard Beladefahrplan", ausgewählt.

Über das bisherige Vorgehen hinaus erfolgt eine anlagenspezifische bzw. kundenspezifische Ermittlung des Tagesenergiebedarfs, d. h. für jede einzelne unterbrechbare Verbrauchseinrichtung wird ein individueller Tagesenergiebedarf ermittelt.

Als Grundlage für die Bestimmung des Tagesenergiebedarfs dienen die Verfahrenvorschläge des VDN [Hartmann et al. 2002] und des Energieressourcen-Institut e. V. der Universität Cottbus [Fünfgeld et al. 2002] mit einem temperaturabhängigen Lastprofilverfahren.

Darüber hinaus gibt es weitere – teilweise temperaturunabhängige – Verfahren zur Bestimmung von Energiemengen für UVE. Diese sind beispielsweise das der [E-Control] in Österreich oder unternehmensindividuelle Ansätze bei einigen Stadtwerken (z. B. SW Kiel), auf die hier im weiteren aber nicht eingegangen wird.

4.1.1 Bestimmung Tagesenergiebedarf

Da die Lastprofile auf die elektrische Arbeit der UVE und die Temperatur normiert sind, ist eine tägliche Anpassung der Temperaturwerte als Basis für die Mengenbestimmung notwendig. Die sich ergebenden Lastprofile dienen anschließend als Grundlage zur Fahrplanerstellung. Das vom VDN vorgeschlagene und von weiten Teilen der Branche akzeptierte Verfahren sieht folgendes Vorgehen vor:

Die Temperatur wird über das Tagesmittel der Außentemperatur und die damit berechnete Temperaturmaßzahl TMZ berücksichtigt. Das (prognostizierte) Tagesmittel der Außentemperatur T_m kann entsprechend der Festlegung des Netzbetreibers gemäß Gleichung 4.1.1 aus den Lufttemperaturmessungen um 7.00 h, 14.00 h und 21.00 h oder gemäß Gleichung 4.1.2 aus 24 stündlichen Lufttemperaturmessungen bestimmt werden.

$$T_m = \frac{1}{4} \times (T_{7:00} + T_{14:00} + 2 \times T_{21:00}) \qquad (4.1.1)$$

$$T_m = \frac{1}{24} \times (T_1 + T_2 + ... + T_{24}) \qquad (4.1.2)$$

Mit T_m :: (prognostiziertes) Tagesmittel der Außentemperatur in [°C]

$T_{7:00,14:00,21:00}$ :: Lufttemperaturmessungen zu den Stunden 7:00, 14:00 bzw. 21:00 Uhr in [°C]

$T_{1...24}$ :: Lufttemperaturmessungen zu den Stunden 1 bis 24 in [°C]

Die Temperaturmaßzahl TMZ errechnet sich aus dem Maximum der Differenz der festen (vom Netzbetreiber vorgegebenen) Bezugstemperatur T_{Bezug} und der relevanten Tagesmitteaußentemperatur $T_{m,maßgeblicheMessstelle}$ sowie der Begrenzungskonstanten K (Gleichung 4.1.3) und ist die Kenngröße zur Beschreibung des temperaturabhängigen Tagesenergiebedarfs[22].

$$TMZ = \max(T_{Bezug} - T_{m,maßgeblicheMessstelle}; K) \qquad (4.1.3)$$

Mit: T_{Bezug} :: Bezugstemperatur[23] in [°C], meist 17 °C

$T_{m,maßgeblicheMessstelle}$ :: Tagesmittel der Außentemperatur der für die unterbrechbare Verbrauchseinrichtung maßgeblichen Messstelle24 in [°C]

---

[22] Im Gegensatz zur Temperaturmaßzahl (TMZ) gibt die Gradtagszahl (GTZ) die Summe aus der Differenz einer angenommenen Rauminnentemperatur von 20 °C und der jeweiligen durchschnittlichen Tagesaußentemperatur. Die GTZ ist ebenfalls ein Maß für den Wärmebedarf eines Gebäudes (nach VDI Norm 2067) während der Heizperiode mit der Einheit [Kd/a]. Sie stellt den Zusammenhang zwischen der gewünschten Raumtemperatur zu der Außenlufttemperatur dar.

[23] Nach [Fünfgeld et al. 2002] ergibt sich eine Bezugstemperatur T_{Bezug} von 17°C. Bei Bedarf kann der Netzbetreiber einen anderen Temperaturbezugswert (dann meist 18 °C) festlegen.

[24] Auch innerhalb eines Netzgebiets eines Netzbetreibers kann es verschiedene Temperaturmessstellen geben, wobei jede unterbrechbare Verbrauchseinrichtung einer (maßgeblichen) Messstelle zugeordnet ist.

TMZ :: Temperaturmaßzahl in [K]

K :: Begrenzungskonstante[25] in [K]

Anschließend ist die Summe der Temperaturmaßzahlen $\sum TMZ$ vom Beginn bis zum Ende des Ablesezeitraums (meist ein Jahr) zu bilden. Die maßgebliche Temperaturmessstelle bzw. deren Temperatur $T_{m,maßgeblicheMessstelle}$, der Wert der Bezugstemperatur T_{Bezug} sowie der Begrenzungskonstanten K sind vom Verteilnetzbetreiber bekannt zu geben.

Beispiel:

Die für die UVE der EnBW relevante Wetterstation Stuttgart-Echterdingen ergab für 2005 eine $\sum TMZ$ von 3.048,5. Wie die Entwicklung in den letzten Jahren war, lässt sich in Abbildung 4-3 ablesen. Die jährliche Schwankungsbreite liegt bei bis zu 16 %.

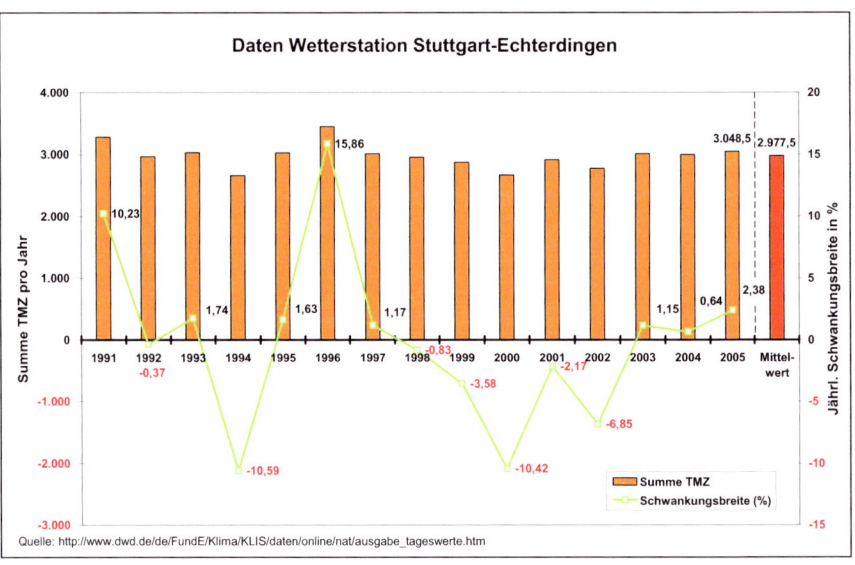

Abbildung 4-3:   Daten [Wetterstation Stuttgart-Echterdingen]

Neben der zu prognostizierenden Temperaturmaßzahl TMZ eines Tages ist zur Bestimmung des Tagesenergiebedarfs eines Kunden der Verbrauch in der Vorjahresperiode und die Summe der Temperaturmaßzahlen in dieser Periode von Bedeutung. Anhand der elektrischen Arbeit $A_{-1,i}$ der unterbrechbaren Verbrauchseinrichtung des Kunden i [26] und der

---

[25] Festlegung des Werts der Begrenzungskonstanten K : Wird durch den Verteilnetzbetreiber auf $K = 1$ festgesetzt, wenn auch oberhalb der Bezugstemperatur für unterbrechbare Verbrauchseinrichtungen elektrische Arbeit – wie beispielsweise für Warmwasserbereitung – eingespeist wird, sonst wird $K = 0$ gesetzt.

[26] Zur Vereinfachung wird hier nur von der „unterbrechbaren Verbrauchseinrichtung eines Kunden" gesprochen, auch wenn mehrere Anlagen eines Kunden (z. B. getrennte Heizung und Warmwasserbereitung oder mehrere Heizungssysteme) dahinter stehen können.

Summe der zugehörigen Temperaturmaßzahlen $\sum TMZ_{-1}$ im (vorherigen) abgerechneten Ablesezeitraum (Vorjahr) errechnet der Lieferant die spezifische elektrische Arbeit der UVE $a_{-1,i}$ des Kunden i je Kelvin im (abgerechneten Ablesezeitraum) nach Gleichung 4.1.4. Dieser Wert dient als Basis für die Berechnung des Tagesenergiebedarfs für die laufende Abrechnungsperiode bzw. das laufende Jahr in Abhängigkeit der täglichen Temperaturprognose.

$$a_{-1,i} = \frac{A_{-1,i}}{\sum TMZ_{-1}} \qquad (4.1.4)$$

Mit: $a_{-1,i}$ :: Spezifische elektrische Arbeit der unterbrechbaren Verbrauchseinrichtung des Kunden i im (vorjährigen) Ablesezeitraum in [kWh/K]

        $\sum TMZ_{-1}$ :: Summe der Temperaturmaßzahlen im vorjährigen Ablesezeitraum in [K]

        $A_{-1,i}$ :: Elektrische Arbeit der unterbrechbaren Verbrauchseinrichtung des Kunden i im Ablesezeitraum in [kWh]

Die Kenngröße a_{-1} (spezifische elektrische Arbeit der UVE je Kelvin) ist in der Einheit [kWh/K] mit drei Nachkommastellen anzugeben und zu verwenden. Sie charakterisiert die spezifische elektrische Arbeit der UVE des Kunden und dient dem Lieferanten zur Ermittlung des Lastprofils seiner Kunden.

Beispiel:

Ein Kunde i habe im Ablesezeitraum 2005 einen Verbrauch $A_{-1,i}$ von 25.000 kWh gehabt. Mit der $\sum TMZ_{-1}$ von 3.048,5 für 2005 ergibt nach Gleichung 4.1.4 sich für die spezifische elektrische Arbeit $a_{-1,i}$ des Kunden i ein Wert von $a_{-1,i} = 25.000 kWh \div 3.048,5 K = 8,201 kWh/K$.

Aus dem Produkt der spezifischen elektrischen Arbeit $a_{-1,i}$ der unterbrechbaren Verbrauchseinrichtung des Kunden und (der Prognose) der Temperaturmaßzahl $TMZ_{i,j+1}$ am Folgetag $j+1$[27] ergibt sich der prognostizierte Tagesenergiebedarf des Kunden $A_{i,j+1}$ (Gleichung 4.1.5).

$$A_{i,j+1} = a_{-1,i} \times TMZ_{i,j+1} \qquad (4.1.5)$$

Mit: $A_{i,j+1}$ :: Prognostizierte elektrische Arbeit der unterbrechbaren Verbrauchseinrichtung des Kunden i am Folgetag $j+1$ in [kWh]

        $TMZ_{i,j+1}$ :: Prognose der Temperaturmaßzahl des Kunden i am Folgetag $j+1$ in [K]

---

[27] Folgetag, da stets Prognose für den Folgetag.

Beispiel:

Für einen Kunden i errechnet sich aus der Vorjahresperiode ein Wert für die spezifische elektrische Arbeit $a_{-1,i}$ von 8,201 kWh/K. Die Temperaturmaßzahl für den Folgetag $j+1$ soll aufgrund der Temperaturprognose 14 betragen.

Es ergibt sich nach Gleichung 4.1.5 für den Kunden i am Tag $j+1$ eine elektrische Arbeit $A_{i,j+1} = 8,201 kWh/K \times 14K = 114,8kWh$.

Die Prognose des Tagesenergiebedarfs $A_{i,j+1}$ eines Kunden i für den Folgetag $j+1$ bzw. die Summe über alle Kunden stellt den Tagesenergiebedarf $A_{Lief,j+1}$ eines Lieferanten dar. Für den gesamten Tagesenergiebedarf eines Lieferanten ergibt sich Gleichung 4.1.6.

$$A_{Lief,j+1} = \sum_{i=1}^{n} A_{i,j+1} \qquad (4.1.6)$$

Mit: $A_{Lief,j+1}$ :: Summe Prognose des Tagesenergiebedarfs am Folgetag $j+1$ eines Lieferanten $Lief$ mit n Kunden in [kWh]

n :: Anzahl Kunden eines Lieferanten $Lief$

4.1.2 Bestimmung „Standard Beladefahrplan"

Aus dem vom Verteilnetzbetreiber bereitgestellten (normierten, temperaturabhängigen) Lastprofil $p(m)$ für die UVE[28] und der prognostizierten Tagesenergiemenge $A_{Lief,j+1}$ für den Prognosetag $j+1$ (Folgetag) bestimmt der Lieferant $Lief$ das Kunden-Lastprofil $P_{Lief,j+1}(m)$ über alle seine Kunden (Gleichung 4.1.7).

$$P_{Lief,j+1}(m) = p(m) \times A_{Lief,j+1} \qquad (4.1.7)$$

Mit: $P_{Lief,j+1}(m)$ :: ¼-stündlicher Leistungswert des Summen-Lastprofils über alle Kunden eines Lieferanten $Lief$ in [kW]

$p(m)$ :: Normiertes Lastprofil für unterbrechbare Verbrauchseinrichtungen des Netzbetreibers in [K/¼ h]

m :: $1 \leq m \leq 96$; ¼-Stunde eines Tages in [¼ h]

Wie ein entsprechendes normierte temperaturabhängige Lastprofil $p(m)$ aussehen kann, ist am Beispiel des beispielhaft betrachteten Netzbetreibers in Kapitel 2.1.4 Abbildung 2-3 dargestellt. In Abbildung 4-4 ist die Berechnungsgrundlage noch einmal schematisch zusammengefasst.

---

[28] Hierbei wird angenommen, dass der Verteilnetzbetreiber ein einheitliches, normiertes, temperaturabhängiges Lastprofil vorgibt.

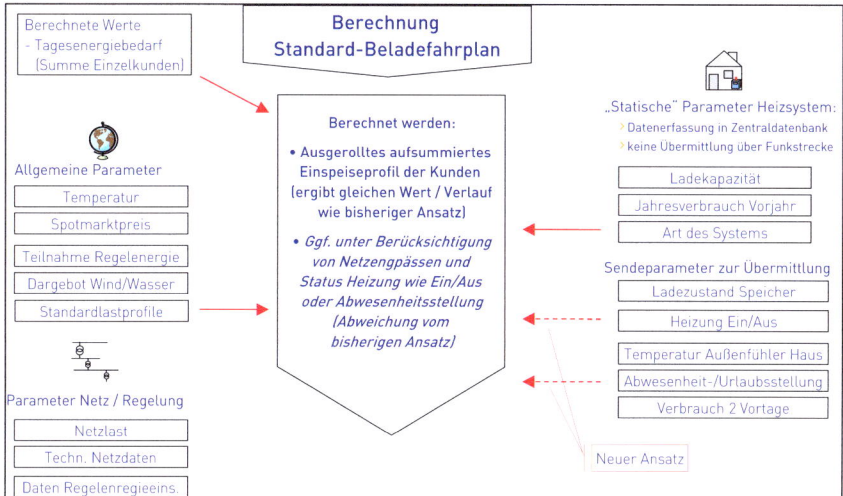

Abbildung 4-4:   Berechnungsschritte für den Standard-Beladefahrplan

4.1.3 Ansatz eines verbesserten „Standard-Beladefahrplans"

Über die Erstellung des „Standard-Beladefahrplans" hinaus besteht eine Option zur Verbes-serung der Prognosegenauigkeit. Erhält ein Lieferant Rückmeldung darüber, ob eine unter-brechbare Verbrauchseinrichtung „Ein"- oder „Aus"-geschaltet bzw. ob eine Abwesenheits-oder Urlaubsmeldung eingegangen ist (s. Abbildung 4-4), so kann eine ungewollte Überspei-sung des Bilanzkreises durch Anpassung der Prognose vermieden werden. Eine nicht be-kannte Abwesenheit von Kunden führt im aktuell angewendeten Verfahren automatisch zu einer ungewollten Überspeisung, wenn der Kunde – was er üblicherweise macht – bei Abwe-senheit seine Heizung drosselt. Diese Erweiterung ist in keinem der aktuell angewendeten Verfahren vorgesehen.

Die Gleichung für die Ermittlung des Tagesenergiebedarfs eines Kunden für den zu prognos-tizierten Folgetag $A_{i,j+1}$ (Gleichung 4.1.5) wird dahingehend erweitert, dass

- bei Abwesenheits- oder Urlaubseinstellung ein um 50 % verminderter Wert (Minde-rungsfaktor $Mf_{Abw} = 0,5$) vorgeschlagen wird.

- bei „Aus-Schaltung" der Anlage ein Zehntel des normalen Energiebedarfs in den Bilanz-kreis vorgeschlagen wird (Minderungsfaktor $Mf_{Aus} = 0,1$).

Für den prognostizierten Tagesenergiebedarfs eines Lieferanten $A_{Lief,j+1}$ gilt folgende Erwei-terung (Gleichung 4.1.8 bzw. 4.1.8a)

$$A_{Lief,j+1} = \sum_{i=1}^{o} A_{i,j+1} + \sum_{i=o+1}^{p} Mf_{Abw} \times A_{i,j+1} + \sum_{i=p+1}^{n} Mf_{Aus} \times A_{i,j+1} \qquad (4.1.8)$$

bzw. mit eingesetzten Minderungsfaktoren

$$A_{Lief,j+1} = \sum_{i=1}^{o} A_{i,j+1} + \sum_{i=o+1}^{p} 0,5 \times A_{i,j+1} + \sum_{i=p+1}^{n} 0,1 \times A_{i,j+1} \qquad (4.1.8a)$$

Mit: $1...o$ :: Kunden im Normalbetrieb (Anlage „Ein")

$o+1...p$ :: Kunden mit „Abwesenheits- oder Urlaubseinstellung"

$p+1...n$ :: Kunden mit „Aus-Schaltung" der Anlage

Mf_{Abw} = 0,5 :: Minderungsfaktor bei „Abwesenheits- oder Urlaubsstellung"

Mf_{Aus} = 0,1 :: Minderungsfaktor bei „Aus-Schaltung" einer Anlage

Aus dem so angepassten prognostizierten Tagesenergiebedarf $A_{Lief,j+1}$ eines Lieferanten wird analog zum Vorgehen in Kapitel 4.1.2 das Kundenlastprofil ermittelt. Durch die Berücksichtigung der Abwesenheits- und „Aus"-Stellungen der Anlagen ergibt sich ein verbesserter Prognosewert und somit eine Reduzierung der Energiemengen im Rahmen der Ausgleichsenergie bzw. im Differenzbilanzkreis. Diese Option zur Verbesserung der Prognosegenauigkeit wird im weiteren unterstellt.

4.2 Modul 2: Berechnung des Potentials zur flexiblen Beladung

Aufbauend auf den Ergebnissen aus Modul 1 wird in Modul 2 das technische Potential für den erweiterten Alternativbetrieb berechnet.

4.2.1 Berechnung „Freie Kapazitäten"

Wird das ermittelte Summen-Lastprofil $P_{Lief,j+1}(m)$ der Kunden eines Lieferanten ausgerollt (Gleichung 4.1.7), so ergibt sich der nach dem Standardlastprofil vorgegebene charakteristische zeitliche Verlauf mit ¼-Stundenwerten. Beispielhaft sei für +3 °C (TMZ = 14) der Lastverlauf des normierten Standardlastprofils der Kunden eines Lieferanten in einem Netzgebiet dargestellt. Wie in Abbildung 4-5 angegeben, ergeben sich ein durchschnittlicher Tageswert von 478 MW und ein Maximalwert von ca. 1.500 MW. Da bei UVE Sperrzeiten vorgesehen sind, liegt der Minimalwert folgerichtig bei 0 MW.

Je nach – weiter unten dargestellter – gewählter Betriebsweise ist die Ermittlung von 4-Stunden-, Stunden- oder ¼-Stunden-Werten erforderlich, und zwar als Mittel-, Maximaloder Minimalwert. Eine Teilnahme beispielsweise am Intraday Markt erfordert ¼-Stundenwerte, am Minutenreservemarkt 4-Stundenwerte. Das börsennotierte Day-Ahead-Geschäft (Spot Markt) verlangt Stundenwerte. Bei Stundenwerten ergibt sich eine im Vergleich zur ¼-Stundenwert-Darstellung geglättete Kurve bzw. in einer Balkendiagrammdarstellung ein stufenweises Bild (Abbildung 4-6).

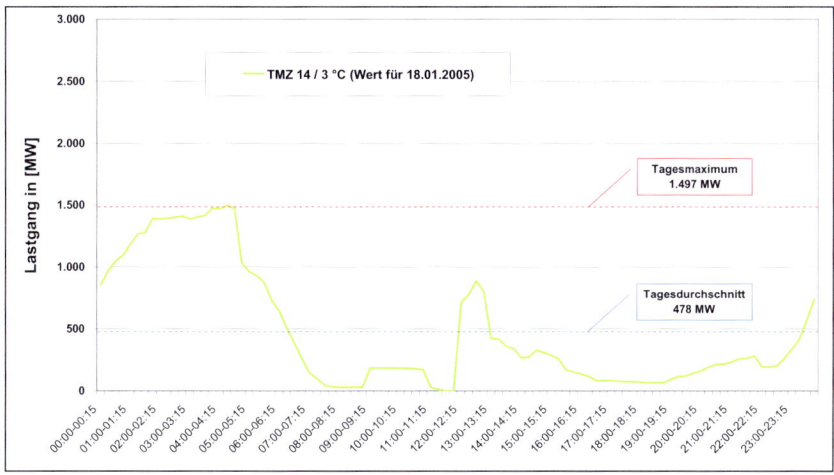

Abbildung 4-5:   Lastgang von Heizstromanlagen eines Lieferanten bei 3 °C / TMZ 14

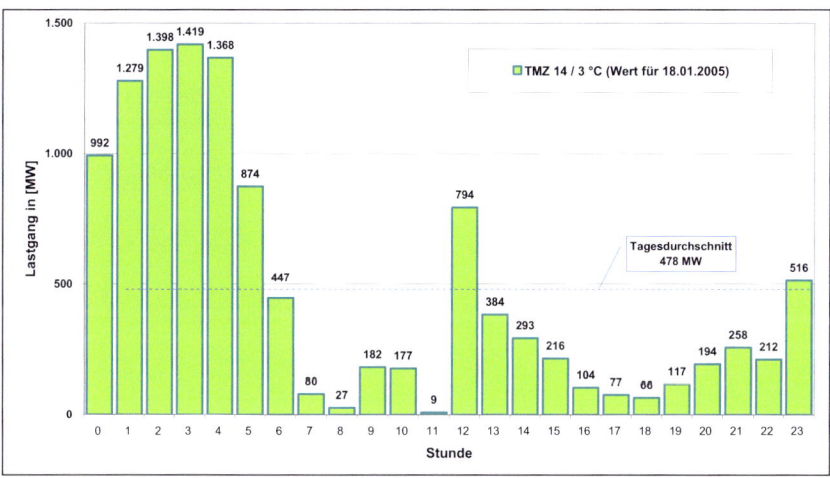

Abbildung 4-6: Stundengemittelter Lastgang von Heizstromanlagen eines Lieferanten
                     bei 3 °C / TMZ 14

Im Gegensatz zum ¼-stündlichen Lastverlauf $P_{Lief,j+1}(m)$ nach Gleichung 4.1.7, ergibt sich für die stündliche Darstellung Gleichung 4.2.1.

$$\overline{P}_{Lief,j+1}(t) = \frac{1}{4} \times \sum_{m=1}^{4} P_{Lief,j+1}(4t+m) \qquad \qquad [4.2.1]$$

Mit: $\overline{P}_{Lief,j+1}(t)$ :: Über vier ¼-Stundenwerte gemittelte Leistung als Summen-Lastprofils aller Einzelkunden eines Lieferanten $Lief$ am Folgetag $j+1$ in [kW]

$P_{Lief,j+1}(4t+m)$ :: Leistung je ¼-Stunde des Summen-Lastprofils aller Einzelkunden eines Lieferanten $Lief$ am Folgetag $j+1$ in [kW]

m :: $1 \leq m \leq 4$; erste bis vierte ¼-Stunde einer Stunde in [h]

t :: $0 \leq t \leq 23$; Einzelstunde eines Tages von Stunde 0 bis Stunde 23 in [h]

Verkaufsfähiges Volumen (Abschaltleistung)

Unter der theoretischen Annahme, dass alle UVE gleichzeitig für eine erweiterte Betriebsweise zur Verfügung stehen, lassen sich aus den Abbildungen 4-5 bzw. 4-6 die maximal zur Vermarktung (Verkauf) anstehenden möglichen Kapazitäten ablesen. In der ¼-Stunde 4:15 bis 4:30 Uhr stünden beispielsweise 1.497 MW verkaufsfähig zur Verfügung. Zu beachten ist, dass untertäglich bzw. in einem definierten Zeitraum die entsprechenden Energiemengen ersetzt bzw. wieder beschafft werden müssen.

Im Gegensatz zu den in Gleichung 4.2.1 errechneten Stundenmittelwerten gibt Gleichung 4.2.2 die maximal zur Vermarktung anstehenden Stundenwerte an. Diese bilden sich aus den Minimalwerten einer jeweiligen Stunde, da über vier ¼-Stunden einer Stunde ein konstanter Leistungswert zu erbringen ist und dementsprechend nicht der reine Stundenmittelwert angesetzt werden kann.

$$\overline{P}_{+,max,j+1}(t) = \min\left(P_{Lief,j+1}(4t+m)\right)\Big|_{1\leq m\leq 4} \qquad \qquad [4.2.2]$$

Mit: $\overline{P}_{+,max,j+1}(t)$ :: Maximale theoretisch zur Vermarktung anstehende stündliche Kapazität am Folgetag $j+1$ in [kW]

In Abbildung 4-7 sind die vermarktungsfähigen Stundenmaximalwerte $\overline{P}_{+,max,j+1}(t)$ im Vergleich zu den (höheren) Stundenmittelwerten $\overline{P}_{Lief,j+1}(t)$ dargestellt.

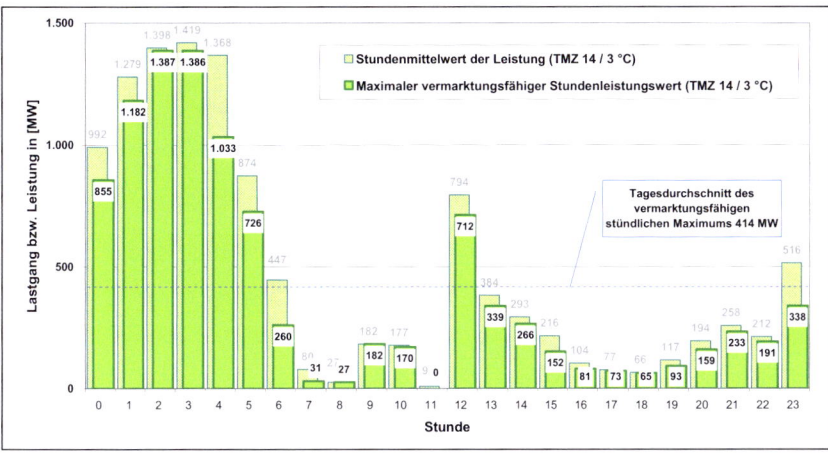

Abbildung 4-7: Vergleich des vermarktungsfähigen stündlichen Maximums mit den Stundenmittelwerten

Da nicht alle UVE gleichzeitig zur Verfügung stehen (sollen), ist ein reduzierender Verfügbarkeitsfaktor $V_{Verfüg}$ anzusetzen. Der Verfügbarkeitsfaktor kann zwischen 0 und 1 liegen und
zwischen den Einzelstunden[29] variieren, den unterschiedlichen Temperaturen sowie dem
positiven bzw. negativen Leistungsangebot (Verkauf / Kauf). Für eine Einzelstunde der zur
Vermarktung anstehenden Kapazität (Verkauf, d. h. Fähigkeit zur Abschaltbarkeit) ergeben
sich folgende Formeln (Gleichungen 4.2.3a und 4.2.3b):

$$P_{+,Verfüg,j+1}(m) = P_{+,\max,j+1}(m) \times V_{+,Verfüg}(t) = P_{Lief,j+1}(m) \times V_{+,Verfüg}(t) \qquad (4.2.3a)[30]$$

$$\overline{P}_{+,Verfüg,j+1}(t) = \overline{P}_{+,\max,j+1}(t) \times V_{+,Verfüg}(t) \qquad (4.2.3b)$$

Mit: $P_{+,Verfüg,j+1}(m)$ :: Zur Verfügung stehende Kapazität zur Vermarktung je ¼-
Stunde am Folgetag $j+1$ in [kW]

$V_{+,Verfüg}(t)$ :: Verfügbarkeitsfaktor für zur Vermarktung anstehende Kapazität in
der Einzelstunde t in [kW]

m :: $1 \leq m \leq 96$; ¼-Stunde eines Tages in [¼ h]

Durch Aufsummierung über 24 Stunden lässt sich aus Gleichung 4.2.3a bzw. 4.2.3b das theoretische maximale vermarktungsfähige tägliche Arbeitsvolumen $A_{+,theoVerfüg,j+1}$ errechnen
(Gleichungen 4.2.4a bzw. 4.2.4b).

$$A_{+,theoVerfüg,1/4-Stunde,j+1} = \sum_{m=1}^{96} P_{+,Verfüg,j+1}(m) \qquad (4.2.4a)$$

---

[29] Siehe Exkurs zum Verfügbarkeitsfaktor in Kapitel 4.2.5.

[30] Bei Intraday-Geschäften wird aus dem Folgetag (j+1) der aktuelle Tag (j).

$$A_{+,theoVerfüg,1-Stunde,j+1} = \sum_{t=0}^{23} \overline{P}_{+,Verfüg,j+1}(t) \qquad (4.2.4b)$$

Mit: $A_{+,theoVerfüg,1/4-Stunde,j+1}$ :: Theoretisch zur Verfügung stehendes vermarktungsfähiges ¼-stündliches Arbeitsvolumen am Folgetag $j+1$ in [kWh]

$A_{+,theoVerfüg,1-Stunde,j+1}$ :: Theoretisch zur Verfügung stehendes vermarktungsfähiges stundengemitteltes Arbeitsvolumen am Folgetag $j+1$ in [kWh]

Hierbei ist das über die ¼-Stundenwerte aufsummierte Arbeitsvolumen $A_{+,theoVerfüg,1/4-Stunde,j+1}$
stets größer gleich dem aufsummierten stundengemittelten $A_{+,theoVerfüg,1-Stunde,j+1}$.

Einkaufsfähiges Volumen (Aufnahmeleistung)

Neben der vermarktungsfähigen Leistung ist im Gegenzug die „aufnahmefähige" Leistung zu
ermitteln (Kauf). Diese ergibt sich aus der installierten Leistung aller UVE, der Netzkapazität, den in der Beladung befindlichen Anlagen, den dezentralen Einspeisungen der konventionellen und erneuerbaren Energien sowie dem Verfügbarkeitsfaktor $V_{-,Verfüg}(t)$.

Bei der Netzkapazität kann zwischen der technischen Kapazität und der zur Netzentgeltkalkulation angesetzten höchsten tatsächlichen Netzlast unterschieden werden. Werden die
Übergabestellen zu vorgelagerten Netzen betrachtet, dann sollte die tatsächliche Netzhöchstlast durch den erweiterten Betrieb nicht „künstlich" erhöht werden. Dies würde zu
höheren Netzentgelten führen, was vermieden werden sollte. Kritisch wird dies an sehr kalten Wintertagen, an denen üblicherweise die Netzlastspitzen auftreten. Siehe auch „Exkurs
zur freien Netzkapazität" (Kapitel 4.2.4).

Für die zur Aufnahme zur Verfügung stehende Kapazität $P_{-,Verfüg,j+1}(m)$ bzw. $\overline{P}_{-,Verfüg,j+1}(t)$
folgen Gleichungen 4.2.5a bzw. 4.2.5b:

$$P_{-,Verfüg,j+1}(m) = \min\left[\left(P_{Install} - P_{Lief,j+1}(m)\right) \times V_{-,Verfüg}(t); P_{frNetzkap,j+1}(m)\right] \qquad (4.2.5a)$$

$$\overline{P}_{-,Verfüg,j+1}(t) = \min\left[\left(P_{Install} - \overline{P}_{Lief,j+1}(t)\right) \times V_{-,Verfüg}(t); P_{frNetzkap,j+1}(t)\right] \qquad (4.2.5b)$$

Mit: $P_{-,Verfüg,j+1}(m)$ :: Zur Verfügung stehende Kapazität zur Vermarktung (Energieaufnahme) je ¼-Stunde m in [kW]

$\overline{P}_{-,Verfüg,j+1}(t)$ :: Zur Verfügung stehende Kapazität zur Vermarktung (Energieaufnahme) in der Einzelstunde t in [kW]

$P_{Install}$ :: (Verfügbare) Summe der installierten Leistungen der unterbrechbaren
Verbrauchseinrichtungen in [kW]

$V_{-,Verfüg}(t)$ :: Verfügbarkeitsfaktor für zur Vermarktung anstehende Kapazität in
der Einzelstunde t in [kW]

$P_{frNetzkap,j+1}(m)$ :: Freie (vorhandene) Netzkapazität je ¼-Stunde (Prognosewert)
am Folgetag $j+1$ in [kW]

$P_{frNetzkap,\,j+1}(t)$ :: Freie (vorhandene) Netzkapazität in der Einzelstunde t (Prognosewert) am Folgetag $j+1$ in [kW]

m :: $1 \leq m \leq 96$; ¼-Stunde eines Tages in [¼ h]

Durch Aufsummierung über 24 Stunden lässt sich aus Gleichungen 4.2.5a bzw. 4.2.5b das zur Aufnahme stehende theoretische vermarktungsfähige Tagesvolumen $A_{-,theoVerfüg,\,j+1}$ errechnen (Gleichungen 4.2.6a bzw. 4.2.6b).

$$A_{-,theoVerfüg,1/4-Stunde,\,j+1} = \sum_{m=1}^{96} P_{-,Verfüg,\,j+1}(m) \qquad (4.2.6a)$$

$$A_{-,theoVerfüg,1-Stunde,\,j+1} = \sum_{t=0}^{23} \overline{P}_{-,Verfüg,\,j+1}(t) \qquad (4.2.6b)$$

Mit: $A_{-,theoVerfüg,1/4-Stunde,\,j+1}$ :: Theoretisch zur Verfügung stehendes aufnahmefähiges ¼-stündliches Arbeitsvolumen zur Vermarktung am Folgetag $j+1$ in [kWh]

$A_{-,theoVerfüg,1-Stunde,\,j+1}$ :: Theoretisch zur Verfügung stehendes aufnahmefähiges stundengemitteltes Arbeitsvolumen zur Vermarktung am Folgetag $j+1$ in [kWh]

Analog zur „verkaufsfähigen" Kapazität muss das über die ¼-Stundenwerte aufsummierte aufnahmefähige Arbeitsvolumen $A_{-,theoVerfüg,1/4-Stunde,\,j+1}$ stets größer gleich dem aufsummierten stundengemittelten $A_{-,theoVerfüg,1-Stunde,\,j+1}$ sein.

Notwendige Gegengeschäfte zur Vermarktungskapazität

Innerhalb einer definierten zeitlichen Periode muss die Bilanz zwischen „verkaufsfähiger" und „aufnahmefähiger" Energie ausgeglichen sein. Es kann also nur so viel Energie vermarktet werden, wie auch zu den Ausgleichszeiten wieder aufgenommen werden kann und vice versa[31]. Hierbei kann der Ausgleichszeitraum – je nach gewählter erweiterter Betriebsweise – grundsätzlich auch zeitlich vor dem eigentlichen erweiterten Betrieb liegen.

Unter der Berücksichtigung der Nebenbedingung, dass nicht zeitgleich Energie aufgenommen und abgegeben werden kann und der Ausgleichs innerhalb des Tages $j+1$ zu erfolgen hat, lässt sich wie folgt das vermarktungsfähige größtmögliche Potential $A_{theoVerfüg,\,j+1}$ ermitteln (Abbildung 4-8):

- Schritt 1: Erstellung einer Tabelle mit einer stündlichen Auflistung (Stunde 0...23) der verkaufsfähigen bzw. aufnahmefähigen Mengen.
- Schritt 2: Bestimmung der jeweiligen Maximalwerte von verkaufsfähigen bzw. aufnahmefähigen Mengen.
- Schritt 3: Absteigende Sortierung der Mengen, die den geringeren der beiden Maximalwerte aufweist.

---

[31] Siehe auch unten Exkurs zur Definition „Tag j" (Kapitel 4.2.3).

- Schritt 4: Zeilenweises Aufsummieren der Stundenwerte der Kolonnen mit dem geringeren Maximalwert (von oben), sowie Aufsummieren der Werte der anderen Kolonne (von unten).

- Schritt 5: Identifikation der Zeile, die die geringste Differenz der beiden Summen aufweist. Der geringere Wert stellt das Maximum der vermarktungsfähigen Kapazität bzw. Energiemenge dar.

Unter Berücksichtigung des Verfügbarkeitsfaktor folgt unter Berücksichtigung des Verfügbarkeitsfaktors $V_{Verfüg}$ ein vermarktungsfähiges Potential $A_{theoVerfüg,j+1}$ von 2,66 GWh für den Beispieltag 18. Januar 2005 (Abbildung 4-8).

Stunde	Eingespeiste Leistung (Wert für 18.01.2005)	Freie Kapazität für Börsengeschäfte (1-h Blöcke)	Stunde	Eingespeiste Leistung (Wert für 18.01.2005)	Freie Kapazität für Börsengeschäfte (1-h Blöcke)	Summe "Eingespeiste Leistung" absteigend	Summe "Freie Kapazität" von unten	Delta
	MW	MW		MW	MW	GWh	GWh	
0	992	2.764	3	1.419	3.705	1,42	43,44	-42,02
1	1.279	3.245	2	1.398	3.539	2,82	39,74	-36,92
2	1.398	3.539	4	1.368	3.471	4,18	36,20	-32,01
3	1.419	3.705	1	1.279	3.245	5,46	32,73	-27,26
4	1.368	3.471	0	992	2.764	6,46	29,48	-23,03
5	874	3.256	5	874	3.256	7,33	26,72	-19,39
6	447	2.394	12	794	1.263	8,12	23,46	-15,34
7	80	1.521	23	516	2.482	8,64	22,20	-13,56
8	27	1.468	6	447	2.394	9,09	19,72	-10,63
9	182	1.424	13	384	1.529	9,47	17,32	-7,85
10	177	1.402	14	293	783	9,76	15,80	-6,03
11	9	1.225	21	258	1.347	10,02	15,01	-4,99
12	794	1.263	15	216	659	10,24	13,67	-3,43
13	384	1.529	22	212	2.115	10,45	13,01	-2,56
14	293	783	20	194	1.145	10,64	10,89	-0,25
15	216	659	9	182	1.424	10,82	9,75	1,08
16	104	659	10	177	1.402	11,00	8,32	2,68
17	77	592	19	117	843	11,12	6,92	4,20
18	66	612	16	104	659	11,22	6,08	5,15
19	117	843	7	80	1.521	11,30	5,42	5,88
20	194	1.145	17	77	592	11,38	3,90	7,48
21	258	1.347	18	66	612	11,45	3,31	8,14
22	212	2.115	8	27	1.468	11,47	2,69	8,78
23	516	2.482	11	9	1.225	11,48	1,23	10,26

Tagessumme	11,48	43,44	GWh	
Tagesmax	1.419	3.705	MW	
Tagesmin	9	592	MW	
Tagemittel	478	1.810	MW	

Berücksichtigung des Verfügbarkeitsfaktor
0,25 $V_{Verfüg}$
2,66 GWh

Abbildung 4-8: Bestimmung des vermarktungsfähigen Potentials

In Gleichung 4.2.7 ist Sachverhalt für die ¼-Stundenbetrachtung dargestellt; entsprechendes gilt für die Stundenmittelwertbetrachtung.

$$A_{theoVerfüg,j+1} = Min\left[A_{+,theoVerfüg,j+1}; \left|A_{-,theoVerfüg,j+1}\right|\right]$$

$$= Min\left[\sum_{m=\alpha}^{\beta} P_{+,Verfüg,j+1}(m); \left|\sum_{m=\chi}^{\delta} P_{-,Verfüg,j+1}(m)\right|\right] \quad (4.2.7)$$

Mit: $A_{theoVerfüg,j+1}$ :: Zur Verfügung stehende Arbeit zur Vermarktung am Tag $j+1$ in [kWh]

$A_{+,theoVerfüg,j+1}$ :: Theoretisch zur Verfügung stehende Arbeit zur Vermarktung am Tag $j+1$ in [kWh]

$\left|A_{-,theoVerfüg,j+1}\right|$ :: Betrag der theoretisch zur Verfügung stehende Aufnahmekapazität zur Vermarktung am Tag $j+1$ in [kWh]

$\alpha, \beta, \chi, \delta ::$ ¼-stündliche Zeitvariablen von 1 bis 96 mit $(\beta-\alpha)+(\delta-\chi) = 96$ an einem Tag in [¼ h]

$\alpha, \beta ::$ ¼-Stunden eines Tages, an denen Energie vermarktet werden kann

$\chi, \delta ::$ ¼-Stunden eines Tages, an denen Energie aufgenommen werden kann

Die Zeitvariablen α, β, χ und δ sind entsprechend dem oben beschrieben Vorgehen so zu wählen, dass das Maximum der vermarktungsfähigen Arbeit erreicht wird.

Neben der vermarktungsfähigen Arbeit $A_{theoVerfüg,j+1}$ über den Gesamttag ist für die weiteren Betrachtungen die stündliche bzw. ¼-stündliche Auflösung nach Leistungswerten von Bedeutung. Zusammen mit den Gleichungen 4.2.3a bzw. 4.2.3b sowie 4.2.5a bzw. 4.2.5b und den entsprechend zugeordneten Stunden (nach Abbildung 4-8) lassen sich stündliche Leistungspotentiale ermitteln.

Anmerkung zum Summen-Lastprofil der Kunden und zum verkaufsfähigen Volumen (Abschaltleistung) bzw. einkaufsfähigen Volumen (Aufnahmeleistung)

Allgemein angemerkt sei noch, dass der für den Tag j rechnerisch ermittelte Standardbeladefahrplan $P_{Lief,j+1}(m)$ der Kunden eines Lieferanten bzw. die daraus ermittelten verkaufsfähigen oder einkaufsfähigen Volumen durch am Vortag j-1 getätigte Geschäfte im Rahmen des erweiterten Betriebs für den Ausführungstag j verändert werden kann. Mit anderen Worten: für Handelsgeschäfte am Tag j wird der „Ausgangsfahrplan" bereits angepasst sein und stellt somit i. d. R. nicht das Prognosefahrplan auf Basis der Temperaturwerte dar. Nur für potentielle Geschäfte am Folgetag j+1 (z. B. Spotmarktgeschäfte) kann der berechnete Standardbeladefahrplan (für den Tag j+1 erstellt am Tag j) zugrunde gelegt werden. In den bisherigen Beschreibungen des Modells (Kapitel 4.2 bzw. s. a. Kapitel 4.3) wurde zur besseren Verständlichkeit auf die Darstellung von Lastgangänderungen bzw. geänderte „Ausgangsfahrplänen" durch getätigte Vortagsgeschäfte verzichtet. Am Grundprinzip des Modells ändert dieser Sachverhalt nichts.

4.2.2 Erweitere Betrachtung zur Berechnung der „Freien Kapazitäten"

In einer weitergehenden Betrachtung wäre eine Unterscheidung der „Freien Kapazitäten" nach verschiedenen Gruppen denkbar. Bei Kunden mit Zentralspeicher könnte grundsätzlich aufgrund der Speicherkapazität und des Speicherzustands (voll/leer/halbvoll) das Potential für die freien Kapazitäten bzw. der Zeitrahmen erhöht werden. Er ergäbe sich eine Erweiterung nach·

1. Berechnung „Freie Kapazitäten" unter Berücksichtung des Speicherzustands.

2. Eingruppierung der „Freien Kapazitäten" in verschiedene Gruppen.

3. Berechnung der Bandbreiten für mögliche Beladungen.

4.2.3 Exkurs zur Definition „Tag j"

In Kapitel 4.1.1 wird als Tag ein Kalendertag von 0 Uhr bis 24 Uhr angenommen. Dies ist eine theoretische hier ausreichende Betrachtung. Es kann energiewirtschaftlich bzw. betriebswirtschaftlich sinnvoller sein, diesen „24 Stundenzeitraum" zu um einige Stunden zu verlegen – beispielsweise von 18 Uhr bis 18 Uhr, um ein größeres verlagerfähiges Potential für die neuartigen Betriebsführungsstrategien zu erhalten.

In weiterführenden Untersuchungen könnte so eine Ausweitung des Begriffs „Tag j" auf eine beispielsweise 48-stündige Periode eine Möglichkeit erfolgen, soweit technische bzw. versorgungstechnische Argumente nicht dagegen sprechen würden.

4.2.4 Exkurs zur „freien Netzkapazität $P_{frNetzkap}(m)$"

Bei der Bestimmung der freien Netzkapazität ist zwischen der technischen Kapazität und der zur Netzentgeltkalkulation angesetzten höchsten tatsächlichen Netzlast zu unterscheiden.

Die theoretische technische Netzkapazität $P_{theo,tech,Netzkap}(m)$ ergibt sich aus der im Rahmen der Netzauslegung realisierten gebauten Netzinfrastruktur. Dieser Wert verringert auf die wirklich verfügbare Kapazität $P_{theo,techverfügNetzkap}(m)$, die sich beispielsweise durch eine Störung $P_{Stör}(m)$ in einem Umspannwerk reduzieren kann (Gleichung 4.2.8).

$$P_{theo,techverfügNetzkap}(m) = P_{theo,tech,Netzkap}(m) - P_{Stör}(m) \qquad [4.2.8]$$

Mit: $P_{theo,techverfügNetzkap}(m)$ :: Theoretisch in einer ¼-Stunde m technisch verfügbare Netzkapazität in [kW]

   $P_{theo,tech,Netzkap}(m)$ :: Installierte technische Netzkapazität in einer ¼-Stunde m in [kW]

   $P_{Stör}(m)$ :: Höhe der Leistungsreduzierung im Netz in einer ¼-Stunde m aufgrund einer Störung in [kW]

Dem gegenüber muss die in der Netzentgeltkalkulation oder die in den Vorjahren tatsächlich höchste (zur vorgelagerten Netzebene) vorgekommene Netzlast bzw. aus anderen Gründen höchste gewollte Netzlast entgegen gestellt werden. Diese „gewollte" zeitunabhängige Netzhöchstlast $P_{gew,Netzlast}$ kann die technische freie Netzlast $P_{theo,techverfügNetzkap}(m)$ vermindern. Es ergibt sich für die theoretisch verfügbare Netzkapazität $P_{theo,verfügNetzkap}(m)$ (Gleichung 4.2.9):

$$P_{theo,verfügNetzkap}(m) = \min\left(P_{theo,techverfügNetzkap}(m); P_{gew,Netzlast}\right) \qquad [4.2.9]$$

Mit: $P_{theo,verfügNetzkap}(m)$ :: Theoretisch in einer ¼-Stunde m tatsächlich verfügbare Netzkapazität in [kW]

   $P_{gew,Netzlast}$ :: Gewollte Netzhöchstlast in [kW]

Relevant wird dies an sehr kalten Wintertagen, an denen üblicherweise die Netzlastspitzen aufgrund der hohen Nachfrage auftreten.

Weitere die Netzkapazität beeinflussende Faktoren sind:

- Die von den Kunden bezogene Netzlast $P_{Netzlast}(m)$.

- Die von dezentralen Anlagen eingespeisten Energiemengen bzw. Leistungen $P_{Einsp,konv}(m)$ und $P_{Einsp,EEG}(m)$, die kapazitätserhöhend wirken.

Die in der Beladung befindlichen UVE mit dem Lastverlauf $P_{Lief,j+1}(m)$ (Normalbetrieb) sind über das eingestellte Standardlastprofil in der „allgemeinen" Netzlast $P_{Netzlast}(m)$ enthalten und sind dementsprechend in dieser berücksichtigt. Auch wenn sie potentiell abschaltbar sind, erhöhen sie die freie Netzkapazität nicht, da sie per abgegebenen Fahrplan in der Beladung sind.

Es ergibt sich für die Prognose des Folgetages *j*+1 folgende Formel (Gleichung 4.2.10):

$$P_{frNetzkap,j+1}(m) = P_{theo,verfügNetzkap,j+1}(m) - \left(P_{Netzlast,j+1}(m)\right) + \left(P_{Einsp,konv}(m) + P_{Einsp,EE}(m)\right) \qquad [4.2.10]$$

Mit: $P_{frNetzkap,j+1}(m)$ :: Freie (vorhandene) Netzkapazität je ¼-Stunde (Prognosewert) am Folgetag j+1 in [kW]

$P_{Netzlast,j+1}(m)$ :: Leistung je ¼-Stunde der Summenlast aller Netzkunden (Prognosewert) am Folgetag *j*+1 in [kW]

$P_{Einsp,konv}(m)$ :: Leistung je ¼-Stunde (Prognosewert) aller konventionellen dezentralen Einspeisungen am Folgetag *j*+1 in [kW]

$P_{Einsp,EE}(m)$ :: Leistung je ¼-Stunde (Prognosewert) aller erneuerbaren dezentralen Einspeisungen (Vorrang) am Folgetag *j*+1 in [kW]

Schematisch ist der Zusammenhang zum besseren Verständnis in Abbildung 4-9 dargestellt. Die schraffierte Fläche gibt die freie Netzkapazität $P_{frNetzkap,j+1}(m)$ wieder.

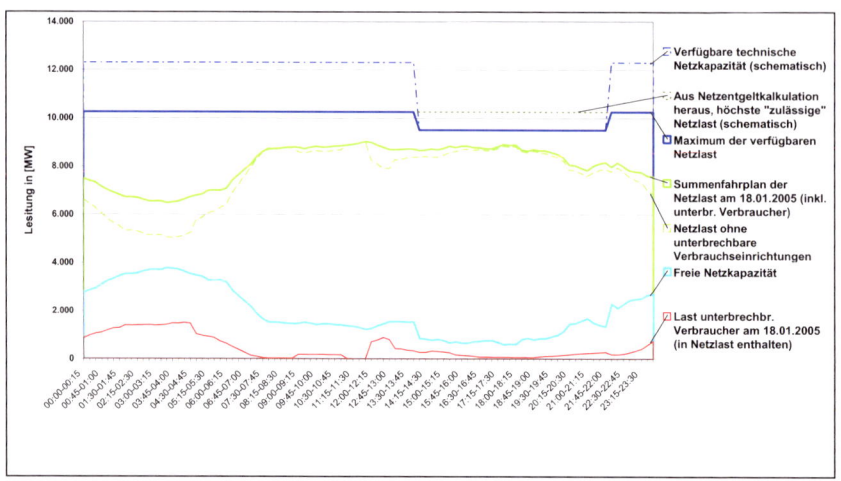

Abbildung 4-9:   Schematische Darstellung der freien Netzkapazität

Im Rahmen der Veröffentlichungspflichten sind Netzbetreiber verpflichtet, u. a. Informationen über Netzhöchstlasten und technischen verfügbaren Netzkapazitäten öffentlich zugänglich zu machen, so dass unter Beachtung der Vorschriften zum Unbundling Händler und Lieferanten Zugang zu diesen Informationen haben.

4.2.5 Exkurs zum „Verfügbarkeitsfaktor $V_{Verfüg}$"

Zur Vereinfachung der weiteren Betrachtungen wird ein einheitlicher Verfügbarkeitsfaktor $V_{+,Verfüg}$ bzw. $V_{-,Verfüg}$ angenommen. Auf eine stündliche bzw. temperaturabhängige Unterscheidung wird verzichtet. Es wird ein Verfügbarkeitsfaktor von 0,25 angesetzt.

Wie bereits angedeutet, sollen nicht alle UVE gleichzeitig im Rahmen des erweiterten Betriebs zum Einsatz kommen, sondern immer nur ein Teil. Hintergrund dieser Überlegung ist, dass aus Kundensicht keine fühlbaren Auswirkungen aus den Unterbrechungen oder zusätzlichen Energieausnahmen aus dem erweiterten Einsatz der Anlagen zu registrieren sind. Mit einem $V_{Verfüg}$ von 0,25 soll gewährleistet werden, dass stets ein ausreichender Puffer von UVE für den (potentiellen) erweiterten Betrieb zur Verfügung stehen und die Einsatzzeiten der eingesetzten Anlagen gering bleiben können (häufiger Wechsel bei den einzusetzenden Anlagen).

In weiterführenden Untersuchungen könnte darüber hinaus eine zeitlich differenziertere Betrachtung zu den Verfügbarkeitsfaktoren aus betriebstechnischen Gründen Vorteile bieten, da beispielsweise bei sehr niedrigen Temperaturen ein höheres (oder geringeres) „Abschaltpotential" bestehen kann – sich mithin der Verfügungsfaktor ändern könnte.

4.3 Modul 3: Ermittlung des Bedarfs für den Alternativbetrieb

Nachdem in den Modulen 1 und 2 der Verbrauch und die freien Kapazitäten der UVE beschrieben worden sind, wird in Modul 3 die Potential- bzw. Bedarfsermittlung für den Alternativbetrieb durchgeführt. Hierzu werden Formeln, die das technische und betriebswirtschaftliche Potential für die in Kapitel 3.3 vorgestellten alternativen Einsatzweisen entwickelt.

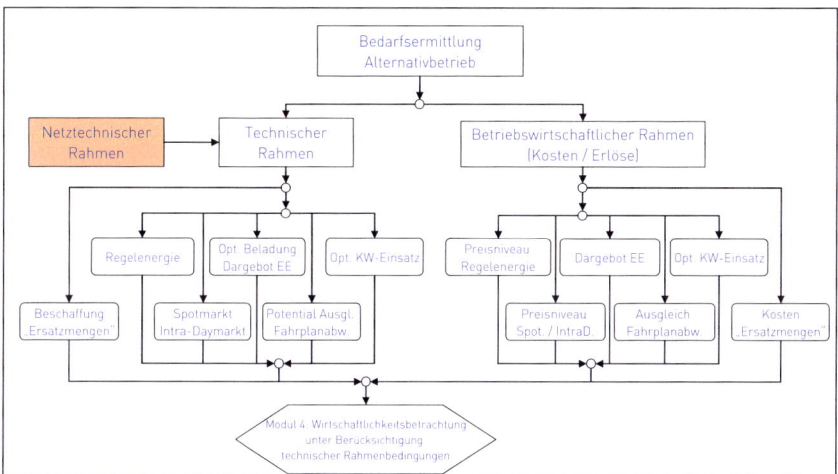

Abbildung 4-10:   Schematische Darstellung von Modul 3

Abbildung 4-10 gibt einen Überblick über das zu bearbeitende Spektrum. Aufgegliedert werden kann die Bedarfsermittlung in einen technischen und einen betriebswirtschaftlichen Teil. Unterteilt werden die beiden Teile einerseits in die Betrachtungen zu den fünf möglichen erweiterten Betriebsweisen und andererseits in die korrespondierenden Ermittlungen zu den Ersatzmengen.

4.3.1 Potentialermittlung „Regelenergiebetrieb"

Erfolgt die Beladung der UVE nach dem festgelegten Lastprofil, so ist es denkbar, dass zu den Zeiten, an denen die Anlagen aufgeladen werden, einige Anlagen abgeschaltet werden, um die frei werdende Energie im Form von positiver Sekundärregelenergie oder positiver Minutenreserve zu verwenden. Die im Rahmen der Regelenergie eingesetzten Energiemengen werden Intraday zu einem späteren Zeitpunkt „ersetzt". Durch die Erlöse über die Teilnahme am Regelenergiemarkt kann ein zusätzlicher betriebswirtschaftlicher Deckungsbeitrag erwirtschaftet werden, so lange die Erlöse aus der Teilnahme am Regelenergiemarkt über denen der Ersatzenergiebeschaffung liegen (Jahresbetrachtung).

Eine Teilnahme am Regelenergiemarkt (positive Regelenergie) kann grundsätzlich zu den Stunden am Tag erfolgen, an denen die UVE Energie beziehen, d. h. „aufgeladen" werden.

Die Aufnahme von negativer Regelenergie (Sekundärregelleistung bzw. Minutenreserve) ist ebenfalls möglich. Die zusätzlich aufgenommenen Energiemengen würden Intraday zu einem späteren Zeitpunkt wieder am Markt untergebracht. Hier kann die Teilnahme – unter

Berücksichtigung von freien Netzkapazitäten und freien Leistungskapazitäten der UVE – am Regelenergiemarkt (negative Regelenergie) ganztägig erfolgen.

Eine (erfolgreiche) Teilnahme am Minutenreservemarkt heißt nicht automatisch, dass auch Leistung abgerufen wird. Das tatsächliche Abrufen von Minutenreserveleistungen erfolgt nur punktuell – teilweise gibt es nicht eine einzige Inanspruchnahme innerhalb eines Monats, was die Veröffentlichungen der ÜNB im Internet belegen ([EnBW Netz], [E.ON Netz], [RWE Netz] und [VE Netz]).

Wie bereits in Kapitel 2.1.3 beschrieben, findet am Regelenergiemarkt eine tägliche Ausschreibung der Mengen an Primär- und Sekundärregelleistung sowie der Minutenreserve statt. Beispielhaft für den Ansatz zum erweiterten Betrieb soll hier das Verfahren für die Teilnahme an der Minutenreserve beschrieben werden. Analoges gilt grundsätzlich für die Teilnahme am Primär- und Sekundärregelenergiemarkt.

Die täglich ausgeschriebenen Vierstunden-Zeitblöcke[32] bei der Minutenreserve unterteilen sich in positive (Leistungsbereitstellung in das Netz) und negative (Leistungsaufnahme aus dem Netz) Regelenergieleistung. Die Mindestangebotsgröße liegt z. Z. bei jeweils 15 MW. Das vergebene Volumen in Deutschland beträgt zwischen 330 und 1.100 MW je Regelzone und Reserveenergieart (s. a. Tabelle 2-2).

Da es sich bei den ausgeschriebenen Regelenergieleistungen um über einen längeren Zeitraum hinweg konstante Mengen handelt, ergibt sich für die positive bzw. negative Minutenreserve eine zeitunabhängige Formel (Gleichungen 4.3.1 und 4.3.2):

$$P_{pos,Min\,Res}(t) = const. \qquad [4.3.1]$$

$$P_{neg,Min\,Res}(t) = const. \qquad [4.3.2]$$

Mit: $P_{pos,Min\,Res}(t)$ :: Volumen der ausgeschriebenen Leistung der positiven Minutenreserve in [MW]

   $P_{neg,Min\,Res}(t)$ :: Volumen der ausgeschriebenen Leistung der negativen Minutenreserve in [MW]

   t :: $0 \leq t \leq 23$; Einzelstunde eines Tages von Stunde 0 bis Stunde 23 in [h]

Beispielhaft wird eine Regelzone bzw. ÜNB zugrunde gelegt. Dort beträgt die ausgeschriebene Minutenreserve 510 MW (positive) bzw. -330 MW (negative). Es ergeben sich Gleichungen 4.3.3 und 4.3.4[33]:

$$P_{pos,Min\,Res}(t) = 510MW \qquad [4.3.3]$$

$$P_{neg,Min\,Res}(t) = -330MW \qquad [4.3.4]$$

Nachdem die ausgeschriebenen Regelenergievolumina ermittelt sind, erfolgt die Potentialermittlung aus den Energiemengen der UVE. Zunächst erfolgt die Betrachtung zur positiven Minutenreserve.

---

[32] von 0:00-3:59 Uhr; 4:00 – 7:59 Uhr; 8:00 – 11:59 Uhr, …

[33] Annahme der Beteiligung an der Ausschreibung nur in einer Regelzone. Denkbar wäre auch eine regelzonenübergreifende Teilnahme. Das Ausschreibungsvolumen wäre entsprechend höher.

Leistungspotentialermittlung positive Minutenreserve

Aus der Analyse des Lastverlaufs der eingespeisten Energiemengen im Rahmen der Beliefe-rung der UVE $P_{+,Verfüg,j+1}(m)$ (eines Lieferanten) lassen sich jeweils für einen Vierstunden-Zeitblock auf Basis des ¼-stündlichen Leistungsminimums (Abbildung 4.11) das theoreti-sche Potential für die positive Regelenergie zur Teilnahme am Minutenreservemarkt ermit-teln (Gleichung 4.3.5):

$$P_{tatPot,pos,Min\,Res}(s) = Min\left(P_{+,Verfüg,j+1}(m)\right)\Big|_{m=1}^{16} \qquad (4.3.5)$$

Mit: $P_{tatPot,pos,Min\,Res}(s)$ :: Das tatsächlich zur Verfügung stehende Potential zur Teil-nahme an der Ausschreibung zur positiven Minutenreserve in [MW]

s :: $1 \le s \le 6$ :: Vierstundenblock bei der Regelenergie eines Tages in [h]

m :: $1 \le m \le 16$; ¼-Stunde je Vierstundenblock s in [¼ h]

Ein Verfügbarkeitsfaktor muss hier nicht weiter betrachtet werden, da er bereits in $P_{+,Verfüg,j+1}(m)$ berücksichtigt wurde.

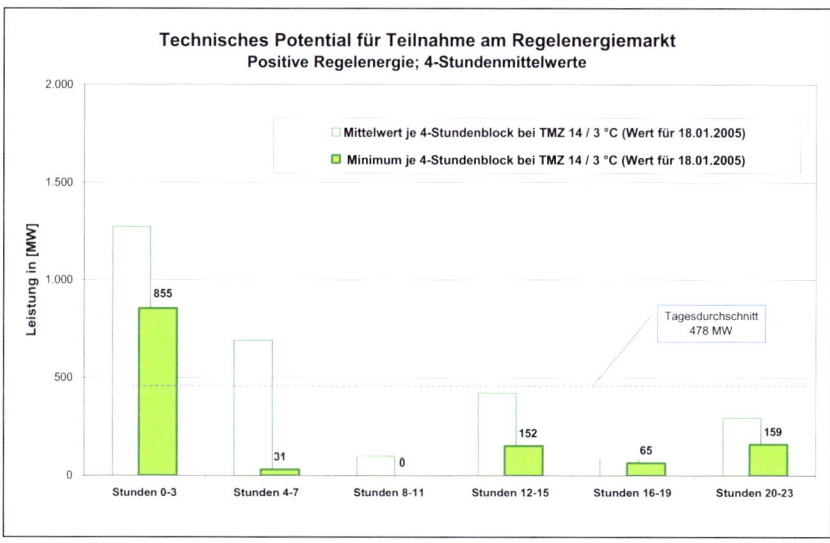

Abbildung 4-11:   Technisches Potential an positiver Regelenergie zur Teilnahme am Regelener-giemarkt

Da es sich um UVE handelt und – am Beispiel des ausgewählten Verteilnetzbetreibers – im Zeitraum 11:30 bis 12:00 Uhr unterbrochen wird, muss während des dritten Vier-Stundenblocks (s = 3; 8:00 bis 12:00 Uhr) das Potential für positive Regelenergie stets Null betragen. Insgesamt schwanken die zur Verfügung stehenden Potentiale über den Tag stark und sind darüber hinaus von der Temperatur, d. h. vom Heizenergiebedarf abhängig. So liegt $P_{theoPot,pos,Min\,Res}(t)$ beispielhaft in den Stunden 0-3 (1. Zeitblock der Minutenreserve) am 18.01.2005 mit 855 MW deutlich über dem Bedarf, der in der betrachteten Regelzone ausgeschrieben worden ist (510 MW). In den anderen Stundenblöcken reicht dagegen $P_{theoPot,pos,MinRes}(t)$ nicht aus. Lediglich in den letzten drei Stundenblöcken ergibt sich mit 65 MW noch ein nennenswertes Potential (s. Abbildung 4-11). In Abbildung 4-11 sind ferner die Stundenmittelwerte der 4-Stundenblöcke dargestellt (jeweils hinterer Balken), deren Beträge – da gemittelt – größer sein müssen als die jeweiligen 4-stündlichen Minimalwerte.

Die im Rahmen der positiven Minutenreserve tatsächlich zu liefernden Energiemengen müssen „ersatzbeschafft" werden. Hierbei ist zu gewährleisten, dass eine entsprechende Aufnahmekapazität – sprich freie Leistung – zur Verfügung steht. Dies dürfte üblicherweise kein Problem darstellen, da die freien Leistungskapazitäten im Netz bzw. bei den UVE ausreichend zur Verfügung stehen (siehe auch nächster Absatz zur Potentialermittlung negativer Minutenreserve).

Leistungspotentialermittlung negative Minutenreserve

Die Bestimmung des Potentials für die negative Minutenreserve ist aufwendiger und setzt sich – zur besseren Veranschaulichung – aus fünf Schritten zusammen:

1. Schritt: Berechnung des Potentials der „Freien Netzkapazität" für die Aufnahme der negativen Minutenreserve ($P_{min,frNetzkap}(s)$).

2. Schritt: Ermittlung des Potentials $P_{min,frKap}(s)$ aus der installierten Kapazität der in Betrieb befindlichen UVE abzüglich des Leistungsmaximums (¼-Stundenwert) der Ist-Beladung innerhalb eines 4-Stunden Zeitintervalls (Reserveenergiezeitblock).

3. Schritt: Berechnung des Minimums aus Schritten 1 und 2 bzw. des theoretischen Potentials $P_{theoPot,neg,MinRes}(s)$.

4. Schritt: Ermittlung der maximal im Rahmen eines Minutenreserveeinsatzes zu einem späteren Zeitpunkt wieder vermarktungsfähigen Energiemenge $\overline{P}_{max,AufnahmeKap,12h}$, die sich aus der im üblichen Fahrplan einzuspeisenden Energie bestimmt.

5. Schritt: Berechnung des Minimums aus den Schritten 3 und 4 unter Berücksichtigung eines roulierenden Einsatzes der UVE und damit des tatsächlich zur Verfügung stehenden Potentials $P_{tatPot,neg,MinRes}(s)$ zur Teilnahme an der Ausschreibung zur negativen Minutenreserve.

Schritt 1: Das Grundprinzip der Berechnung des Potentials der freien Netzkapazität $P_{frNetzkap}(m)$ ist in Kapitel 4.2.4 beschrieben. Darauf aufbauend erfolgt eine Anpassung an die Bedürfnisse der Regelenergie mit den 4-Stundenblöcken. Es wird das Minimum $P_{min,frNetzkap}(s)$ der berechneten ¼-Stundenwerte der freien Netzkapazität ($P_{frNetzkap}(s,m)$) jeweils über einen 4-Stunden-Zeitraum ermittelt (Gleichung 4.3.6).

$$P_{min,frNetzkap}(s) = Min\big(P_{frNetzkap}(s,m)\big)\big|_{m=1}^{16} \qquad [4.3.6]$$

Mit: $P_{min,frNetzkap}(s)$ :: Minimum der freien Netzkapazität innerhalb eines 4-stündigen Minutenreserve-Zeitblocks s in [MW]

$P_{frNetzkap}(s,m)$ :: Freie (vorhandene) Netzkapazität je ¼-Stunde m in einem Vierstundenblock s (nach Kapitel 4.2.4) in [kW]

$s :: 1 \le s \le 6 ::$ Vierstundenblock bei der Regelenergie eines Tages in [h]

$m :: 1 \le m \le 16$; ¼-Stunde je Vierstundenblock s in [¼ h]

Anmerkung: Da zur Aufnahme von negativer Minutenreserve freie Kapazitäten genutzt werden müssen, ist das Minimum der freien Netzkapazität entscheidend. Dieses Netzkapazitäts<u>minimum</u> stellt gleichzeitig das (theoretische) <u>Maximum</u> der Aufnahmefähigkeit von negativer Minutenreserve dar, was leicht zu einer Begriffsverwirrung führen kann.

In Abbildung 4-12 ist beispielhaft für den 18.01.2005 das Minimum der freien Netzkapazität innerhalb eines 4-stündigen Minutenreserve-Zeitblocks dargestellt[34]. Diese Werte (von 592 bis 2.764 MW) stehen theoretisch aus netztechnischer Sicht für die Ausnahme negativer Minutenreserve zur Verfügung.

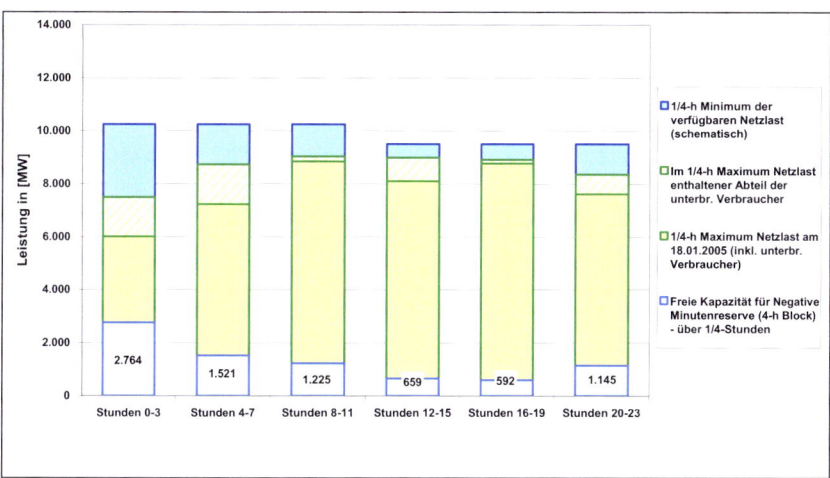

Abbildung 4-12:   Minimum der freien Netzkapazität innerhalb eines 4-stündigen Minutenreserve-Zeitblocks für die Teilnahme am Regelenergiemarkt

<u>Schritt 2:</u> Neben der netztechnischen freien Kapazität ist die freie Kapazität der UVE von Bedeutung. Diese freie Kapazität $P_{\min,frKap}(s)$ wird aus der installierten Kapazität der in Betrieb befindlichen UVE abzüglich des Leistungsmaximums (¼-Stundenwert) der Ist-Beladung innerhalb eines 4-Stunden Zeitintervalls (Reserveenergiezeitblock) ermittelt.

Die installierte Kapazität aller UVE (eines Lieferanten) ergibt sich nach Gleichung 4.3.7:

$$P_{Lief,installKap} = \sum_{i=1}^{n} P_{installKap,i} \qquad (4.3.7)$$

Mit: $P_{Lief,installKap}$ :: Summe der installierten Kapazität der unterbrechbaren Verbrauchseinrichtungen eines Lieferanten mit n Kunden in [kW]

---

[34] Die Leistungswerte für die freie verfügbare (technische bzw. netzentgeltkalkulatorische) Netzkapazität sind schematisch dargestellt.

$P_{installKap,i}$ :: Installierte Kapazität der unterbrechbaren Verbrauchseinrichtung des Kunden i in [kW]

n :: Anzahl Kunden eines Lieferanten

Da meistens nicht alle UVE der Kunden eines Lieferanten in Betrieb sind, ist die installierte Kapazität $P_{Lief,installKap}$ um die in Kapitel 4.1.3 eingeführten Minderungsfaktoren zu reduzieren oder es werden – vereinfacht – die „ausgeschalteten" bzw. mit „Abwesenheits- oder Urlaubsstellung" gekennzeichneten Anlagen aus dem Potential herausgenommen. Dieser zweite Ansatz wird hier weiter exemplarisch beschrieben. Es ergibt sich für die zur Verfügung stehende installierte Kapazität $P_{Lief,verfüg,installKap}$ eines Lieferanten (Gleichung 4.3.8):

$$P_{Lief,verfüg,installKap} = \sum_{i=1}^{o} P_{installKap,i} + \sum_{i=o+1}^{p} P_{installKap,i} + \sum_{i=p+1}^{n} P_{installKap,i}$$

$$P_{Lief,verfüg,installKap} = \sum_{i=1}^{o} P_{installKap,i} + 0 + 0$$

(4.3.8)

Mit: $P_{Lief,verfüg,installKap}$ :: Summe der verfügbaren installierten Kapazität der unterbrechbaren Verbrauchseinrichtungen eines Lieferanten mit n Kunden in [kW]

$\sum_{i=1}^{o} P_{installKap,i}$ :: Summe der installierten Kapazität der unterbrechbaren Verbrauchseinrichtung im Normalbetrieb der Kunden 1 bis o in [kW]

$\sum_{i=o+1}^{p} P_{installKap,i} = 0$ :: Summe der installierten Kapazität der unterbrechbaren Verbrauchseinrichtung mit „Abwesenheits- oder Urlaubseinstellung" der Kunden $o+1$ bis p in [kW]

$\sum_{i=p+1}^{n} P_{installKap,i} = 0$ :: Summe der installierten Kapazität der unterbrechbaren Verbrauchseinrichtung mit „Aus-Schaltung" der Kunden p+1 bis n in [kW]

n :: Anzahl Kunden eines Lieferanten

1...o :: Kunden im Normalbetrieb (Anlage „Ein")

o+1...p :: Kunden mit „Abwesenheits- oder Urlaubseinstellung"

p+1...n :: Kunden mit „Aus-Schaltung" der Anlage

Beispiel:

Ein Lieferant hat 250.000 Kunden mit UVE mit einer durchschnittlichen installierten Leistung von 20 kW.

Aus Gleichung 4.3.7 ergibt sich für $P_{Lief,installKap} = \sum_{i=1}^{250.000} 20kW_i = 5.000 MW$.

10.000 Kunden haben ihre Anlagen auf „aus" gestellt und 30.000 auf „Abwesenheit/Urlaub". Es ergibt sich somit nach Gleichung 4.3.8:

$$P_{Lief,verfüg,installKap} = \sum_{i=1}^{210.000}20KW_i + \sum_{i=210.001}^{240.000}20kW_i + \sum_{i=240.001}^{250.000}20kW_i$$

$$P_{Lief,verfüg,installKap} = \sum_{i=1}^{210.000}20kW_i + 0 + 0 = 4.200MW$$

Von dieser ermittelten verfügbaren installierten Kapazität $P_{Lief,verfüg,installKap}$ ist das jeweilige in einem Vierstunden-Block der Minutenreserve eingespeiste ¼-Stunden-Maximum der UVE abzuziehen[35].

In Abbildung 4-13 werden die ¼-stündlichen Maximalwerte eines 4-Stundenblocks mit den jeweiligen vierstündigen Mittelwerten eines 4-Stundenzeitblocks verglichen. Es zeigt sich, dass aufgrund der Mittelung die Mittelwerte der 4-Stundenzeitblöcke deutlich geringer sind als die ¼-stündlichen Maximalwerte. Insbesondere in den ersten beiden 4-Stundenblöcken sind die ¼-Stundenleistungswerte relativ hoch, was das theoretische Potential zur Aufnahme von negativer Minutenreserve reduziert.

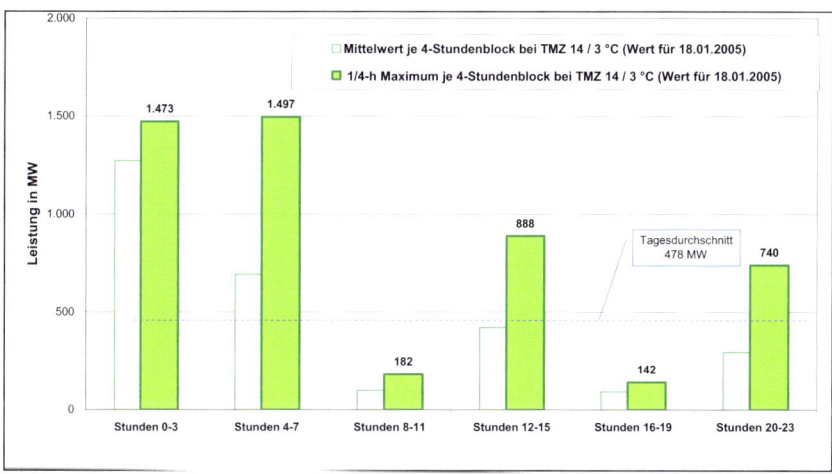

Abbildung 4-13:   ¼-Stunden-Maximum der unterbrechbaren Verbrauchseinrichtungen je 4-Stundenblock bei 3 °C / TMZ 14 am 18.01.2005

Das ¼-Stunden-Maximum in einem Vierstunden-Block ist in Gleichung 4.3.9 dargestellt:

$$P_{max,Lief}(s) = \max\left(P_{Lief}(s,m)\right)\Big|_{m=1}^{16} \qquad [4.3.9]$$

---

[35] Es ergibt sich eine gewisse Ungenauigkeit, da die Anlagen mit „Abwesenheits- oder Urlaubseinstellung" und „Aus-Stellung", wie in Kapitel 4.1.3 beschrieben, mit einem durch Minderungsfaktoren reduzierten Tagesenergiebedarf berücksichtigt werden können. Aus Vereinfachungsgründen wird hier jedoch auf eine Berücksichtigung dieser verminderten Mengen verzichtet. D. h. bei den weiteren Betrachtungen wird unterstellt, dass alle UVE im Normalbetrieb und kein Kunden im Urlaub ist.

Mit: $P_{max,Lief}(s)$ :: ¼-Stunden-Leistungsmaximum der unterbrechbaren
Verbrauchseinrichtungen eines Lieferanten im 4-Stundenzeitblock s in [kW]

$P_{Lief}(s,m)$ :: ¼-Stunden-Leistungswert nach dem eingespeisten Standardlastprofil der Kunden eines Lieferanten im 4-Stundenblock s in der ¼-Stunde m in
[kW]

s :: $1 \leq s \leq 6$ :: Vierstundenblock bei der Regelenergie eines Tages in [h]

m :: $1 \leq m \leq 16$; ¼-Stunde je Vierstundenblock s in [¼ h]

Es ergibt sich also für das Potential $P_{min,frKap}(s)$ aus der installierten Kapazität der in Betrieb
befindlichen UVE abzüglich des Leistungsmaximums (¼-Stundenwert) der Ist-Beladung innerhalb eines 4-Stunden Zeitintervalls (Reserveenergiezeitblock) (Gleichung 4.3.10):

$$P_{min,frKap}(s) = P_{Lief,verfüg,installKap} - P_{max,Lief}(s) \qquad [4.3.10]$$

Mit: $P_{min,frKap}(s)$ :: Minimum aus der verfügbaren installierten Kapazität der in Be-
trieb befindlichen unterbrechbaren Verbrauchseinrichtungen abzüglich des
Leistungsmaximums (¼-Stundenwert) der Ist-Beladung innerhalb eines 4-
Stunden Zeitintervalls s in [kW]

s :: $1 \leq s \leq 6$ :: Vierstundenblock bei der Regelenergie eines Tages in [h]

Anmerkung: Auch hier trägt der Begriff Minimum leicht zu einer Verwechselung bei. Das
<u>Minimum</u> der verfügbaren Kapazität $P_{min,frKap}(s)$ stellt gleichzeitig das (theoretische) <u>Maxi-
mum</u> der Aufnahmefähigkeit von negativer Minutenreserve dar.

In Abbildung 4-14 ist das Ergebnis exemplarisch dargestellt. Die Potentiale für die Teilnahme am Regelenergiemarkt für negative Minutenreserve reichen je nach 4-Stundenzeitblock
von rund 2.700 MW bis zu gut 4.000 MW. Wie bereits auch in Abbildung 4-13 dargestellt, ist
insbesondere in den ersten beiden 4-Stundenblöcken das theoretische Potential für negative
Minutenreserve vergleichsweise gering. Dies liegt an den Standardlastprofilen für die UVE,
bei denen insbesondere in den frühen Stunden eines Tages die Anlagen mit Energie versorgt
werden.

Selbst wenn die ersten beiden 4-Stundenzeitblöcke mit ihren „relativ" geringen Leistungspotentiale betrachtet werden, so reichen die Kapazitäten für die beispielhaft betrachtete Tagesmitteltemperatur von 3 °C aus, um theoretisch den gesamten deutschen Regelenergie-
bedarf für negative Minutenreserve von 2.020 MW (Stand 18. Januar 2005, s. a. Tabelle 2-1)
abdecken zu können. Für Temperaturen oberhalb von 3 °C gilt natürlich gleiches, da dann
aufgrund des geringeren Heizenergiebedarfs größere freien Kapazitäten vorliegen. Die Problem liegt jedoch nicht bei den berechneten Kapazitäten zur Aufnahme von negativer Minutenreserve, sondern bei den notwendig werdenden Gegengeschäften mit dem Verkauf der
entsprechend aufgenommenen Energiemengen. Es müsste einerseits gewährleistet werden,
dass zum einen über die gesamte Zeitperiode der Minutenreserveausschreibung (1 Tag) entsprechende Energiemengen aufgenommen werden können, und zum anderen die rechnerisch theoretisch aufgenommenen Energiemengen zu einem späteren Zeitpunkt wieder ver-
äußert werden können. Vollumfänglich wird dies – zumindest mit den bislang exemplarisch
betrachteten Anlagen eines einzigen Lieferanten – nicht möglich sein. Im Folgenden wird auf
die theoretisch zu einem späteren Zeitpunkt veräußerbaren Energiemengen näher eingegangen.

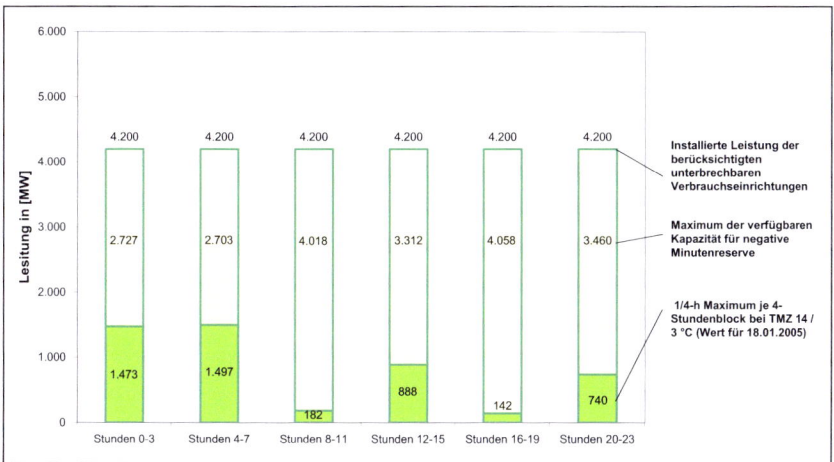

Abbildung 4-14:   Freie technische Kapazitäten der unterbrechbaren Verbrauchseinrichtungen
für negative Minutenreserve am Beispiel des 18. Januar 2005

Schritt 3: Nachdem nun in Schritt 1 das Potential $P_{min,frNetzkap}(s)$ der „Freien Netzkapazität" für die Aufnahme von negativer Minutenreserve und in Schritt 2 das Potential $P_{min,frKap}(s)$ aus der installierten Kapazität für die mögliche negative Minutenreservegeschäfte ermittelt worden sind, wird in Schritt 3 das Minimums aus Schritt 1 und 2 und damit das theoretische Potential $P_{theoPot,neg,MinRes}(s)$ berechnet. Das Potential $P_{theoPot,neg,MinRes}(s)$ für die Teilnahme am Minutenreservemarkt stellt gleichzeitig das (theoretische) Maximum der Ausschreibungsbeteiligung von negativer Minutenreserve dar (Gleichung 4.3.11):

$$P_{theoPot,pos,MinRes}(s) = \min\left(P_{min,frNetzkap}(s); P_{min,frKap}(s)\right) \qquad [4.3.11]$$

Mit: $P_{theoPot,neg,MinRes}(s)$ :: Theoretisches technisches Potential zur Teilnahme an der
Ausschreibung zur negativen Minutenreserve in [kW]

$s :: 1 \le s \le 6$ :: Vierstundenblock bei der Regelenergie eines Tages in [h]

Für den Beispielfall (18. Januar 2005) ergibt sich folgendes Ergebnis (Abbildung 4-15): Die Werte des tatsächlichen technischen Potentials variieren zwischen knapp 600 MW und rund 2.700 MW. Damit ließen sich – zumindest für den Beispieltag 18. Januar 2005 – der gesamte negative Minutenreservebedarf von -330 MW in der Regelzone des beispielhaft betrachteten Lieferanten abdecken.

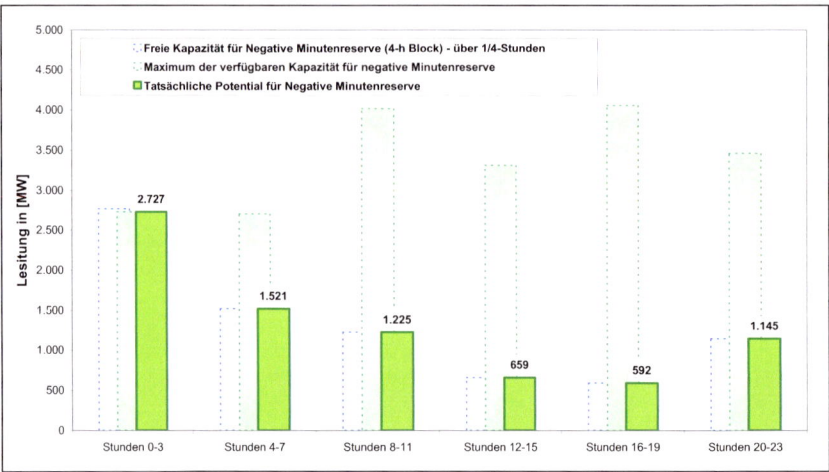

Abbildung 4-15: Tatsächliches technisches Potential für Teilnahme am Regelenergiemarkt für negative Minutenreserve am Beispiel des 18. Januar 2005

<u>Schritt 4:</u> Sollte im Rahmen des Regelenergieeinsatzes tatsächlich Minutenreserve abgerufen werden, so wären Energiemengen aufzunehmen (sog. negative Minutenreserve). Diese zusätzlich aufgenommenen Energiemengen führen zu einer „Überladung" der UVE, so dass entsprechende Energiemengen, die im Rahmen der üblichen Fahrplanbelieferung geliefert würden, zu einem späteren Zeitpunkt zu vermarkten sind. Es kann nur so viel Energie aufgenommen werden, wie zu einem späteren zeitlich eingegrenzten Zeitpunkt abgeschaltet und vermarktet werden kann. Eine Grenzbetrachtung auf den Zeitraum „1 Tag", z. B. von 0 bis 24 Uhr ohne Mengenübertrag auf den nächsten Tag macht bei dieser erweiterten Betriebsweise keinen Sinn mehr, da mindestens im letzten Vierstundenzeitblock (von 20 bis 24 Uhr) ein Übertrag in den Folgetag zu erfolgen hätte.

Daher wird hier vorgeschlagen, dass ein Mengenausgleich in den darauf folgenden 12 Stunden (entspricht drei Vierstundenblöcken) möglich sein muss. Es folgt Gleichung 4.3.12:

$$\overline{P}_{\max, AufnahmeKap,12h}(s) = \frac{1}{12} \sum_{t_f=1}^{12} A_{Lief}(t_f) \qquad (4.3.12)$$

Mit: $\overline{P}_{\max, AufnahmeKap,12h}(s)$ :: Gemittelte Leistung der verfügbaren installierten Kapazität der in Betrieb befindlichen unterbrechbaren Verbrauchseinrichtungen in den 12 Folgestunden in [kW]

$A_{Lief}(t_f)$ :: Prognostizierte elektrische Arbeit der unterbrechbaren Verbrauchseinrichtung eines Lieferanten, die für den erweiterten Betrieb zur Verfügung stehen, in der Stunde t_f in [kWh]

s :: $1 \le s \le 6$ :: Vierstundenblock bei der Regelenergie eines Tages in [h]

t_f :: Einzelstunde eines Tages; hier die folgenden 12 Stunden in [h]

<u>Schritt 5:</u> Darüber hinaus wird vereinfachend unterstellt, dass maximal über acht Stunden innerhalb von 24 Stunden negative Minutenreserve bezogen wird. Dies liegt weit über den in der Praxis vorkommenden Werten, wie dies die Veröffentlichungen der ÜNB belegen. Es

muss also möglich sein, die im Rahmen der negativen Minutenreserve theoretisch aufzu-
nehmenden Energiemengen von zwei Vier-Stundenblöcken innerhalb der folgenden 12 Stunden über Verkäufe aus der „Standardbeladung" wieder kompensieren zu können. Die maximale Vermarktungskapazität $\overline{P}_{max,AufnahmeKap,12h}$ muss größer gleich dem theoretischen technischen Potential zur Teilnahme an der Ausschreibung zur negativen Minutenreserve
$P_{theoPot,neg,MinRes}(s)$ sein. Das technisch zur Verfügung stehende ausschreibungsfähige Potential $P_{tatPot,neg,MinRes}(s)$ ergibt sich (Gleichung 4.3.13):

$$P_{tatPot,neg,MinRes}(s) = \min\left(\overline{P}_{max,AufnahmeKap,12h}(s), P_{theoPot,neg,MinRes}(s)\right) \qquad [4.3.13]$$

Mit: $P_{tatPot,neg,MinRes}(s)$ :: Das tatsächlich zur Verfügung stehende Potential zur Teilnahme an der Ausschreibung zur negativen Minutenreserve in [kW]

s :: $1 \le s \le 6$ :: Vierstundenblock bei der Regelenergie eines Tages in [h]

Preise der positiven und negativen Minutenreserve

Die Preise für Leistung und Arbeit bei der Minutenreserve ergeben sich grundsätzlich aus
den Angeboten der anbietenden Unternehmen (meist Kraftwerksbetreiber), die an der Ausschreibung teilgenommen (und gewonnen) haben, und der Nachfrage auf Seiten der Regelnetzbetreiber.

Die Angebotspreise aus Sicht des erweiterten Betriebs der UVE bilden sich anhand der eigenen Opportunitätskosten. Die Angebotspreise unterteilen sich jeweils in Leistung- und Ar-
beitspreisbestandteile für positive bzw. negative Minutenreserve. Es ergeben sich folgende
Preiskomponenten:

- Spezifische Kosten für Bereitstellung positiver Leistung (Leistungspreis): $k_{posLP,MinRes}(t)$

- Spezifische Kosten für Bereitstellung positiver Arbeit (Arbeitspreis): $k_{posAP,MinRes}(t)$

- Spezifische Kosten für Bereitstellung negativer Leistung (Leistungspreis): $k_{negLP,MinRes}(t)$

- Spezifische Kosten für Bereitstellung negativer Arbeit (Arbeitspreis): $k_{negAP,MinRes}(t)$

Für jeden einzelnen vierstündigen Regelenergieblock kann ein unterschiedliches (oder gar
kein) Angebot gestellt werden. Inwieweit die angebotenen Preise bei der Ausschreibung zum
Zuge kommen, ergibt sich erst nach Beendigung der täglichen Ausschreibung.

Veröffentlich werden die Ergebnisse der Ausschreibungen auf den jeweiligen Internetseiten
der Regelnetzbetreiber. Beispielhaft gibt Abbildung 4-15 das Ergebnis der Ausschreibung
eines Regelnetzbetreibers für den 18. Januar 2005 wieder ([EnBW Netz]).

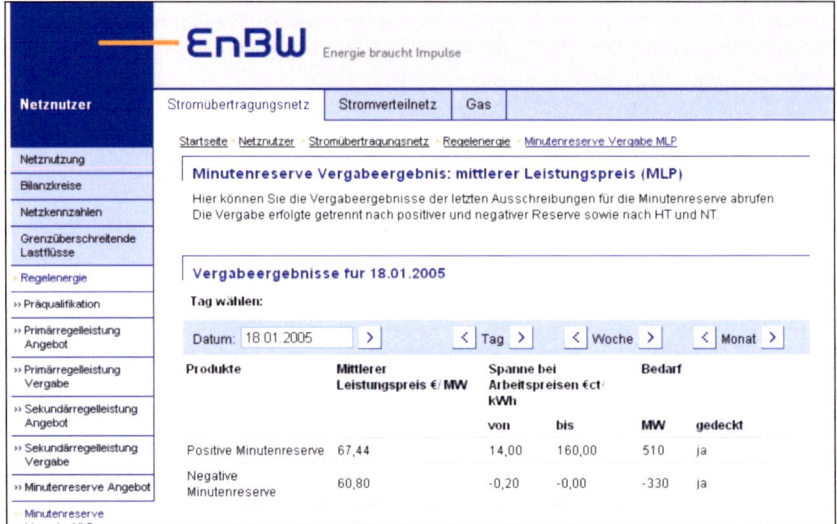

Abbildung 4-15: Vergabeergebnis Minutenreserve in einer Regelzone am 18.01.2005

Bis zum ausgeschriebenen Volumen (MW) werden die Angebote ausgewählt, die den günstigsten Leistungspreis aufweisen. An Beispiel des 18. Januar 2005 (Abbildung 4-15) ergibt sich ein mittlerer Tagesleistungspreis von 67,44 €/MW für positive Minutenreserve und 60,80 €/MW für negative Minutenreserve. Bezogen auf eine vierstündigen Minutenreserveblock ergeben sich 16,86 €/MW (positive) und 15,20 €/MW (negative).

Potentielle Erlöse aus positiver und negativer Minutenreserve

Die potentiellen Erlöse aus positiver und negativer Minutenreserve setzen sich jeweils zusammen aus:

- Leistungspreiserlösen,
- Arbeitspreiserlösen,
- Kosten für die Ersatzenergiebeschaffung sowie
- Kosten für die Betriebsführung.

Es ergibt sich für die Erlöse der positiven Minutenreserve $K_{pos,Min\,Res,j+1}$ am Tag j +1 (Gleichung 4.3.14):

$$K_{pos,Min\,Res,j+1} = P_{Angebot,pos,Min\,Res}(s) \times k_{Angebot,posLP,Min\,Res}(j+1)$$ (4.3.14)

$$+ \sum_{m=1}^{96} P_{abgerufeneArb,pos,Min\,Res}(m) \times k_{Angebot,posAP,Min\,Res}(j+1)$$

$$- \sum_{m=1}^{96} P_{Ersatzbesch}(m) \times k_{Ersatzbesch}(m)$$

$$-\sum_{m=1}^{96} K_{Betrieb}(m)$$

Mit: $K_{pos,MinRes,j+1}$ :: Erlöse aus positiver Minutenreserve am Tag j+1 in [€]

$P_{Angebot,pos,MinRes}(s)$ :: Angebotene Leistung für positive Minutenreserve in einem vierstündigen Zeitblock s in [kW]

$k_{Angebot,posLP,MinRes}(j+1)$ :: Angebotener spezifischer Leistungspreis für positive Minutenreserve am Tag j+1 in [€/kW]

$P_{abgerufeneArb,pos,MinRes}(m)$ :: Tatsächlich in Anspruch genommene positive Minutenreserve zur ¼-Stunde m in [kW]

$k_{Angebot,posAP,MinRes}(j+1)$ :: Angebotener spezifischer Arbeitspreis für positive Minutenreserve am Tag j+1 in [€/MWh]

$P_{Ersatzbesch}(m)$ :: Tatsächlich in Anspruch genommene positive Minutenreserve am Tag j zur ¼-Stunde m in [kW]

$k_{Ersatzbesch}(m)$ :: Spezifische Kosten der ersatzbeschafften Energiemengen im Rahmen von Minutenreservegeschäften in [€/MWh]

$K_{Betrieb}(m)$ :: Kosten für die Betriebsführung zur ¼-Stunde m in [€]

s :: $1 \leq s \leq 6$ :: Vierstundenblock bei der Regelenergie eines Tages in [h]

m :: $1 \leq m \leq 96$; ¼-Stunde je Vierstundenblock eines Tages in [¼ h]

t_f :: Einzelstunde eines Tages; hier die folgenden 12 Stunden in [h]

Analoges gilt für die Erlöse bzw. Kosten der negativen Minutenreserve $K_{neg,MinRes,j+1}$ für den Folgetag j+1 (Gleichung 4.3.15):

$$K_{neg,MinRes,j+1} = P_{Angebot,neg,MinRes}(s) \times k_{Angebot,negLP,MinRes}(j+1) \qquad [4.3.15]$$

$$+\sum_{m=1}^{96} P_{abgerufeneArb,neg,MinRes}(m) \times k_{Angebot,negAP,MinRes}(j+1)$$

$$-\sum_{m=1}^{96} P_{Ersatzbesch}(m) \times k_{Ersatzbesch}(m)$$

$$-\sum_{m=1}^{96} K_{EwBetrieb}(m)$$

Mit: $K_{neg,MinRes,j+1}$ :: Erlöse aus negativer Minutenreserve am Tag j+1 in [€]

$P_{Angebot,neg,MinRes}(s)$ :: Angebotene Leistung für negative Minutenreserve in einem vierstündigen Zeitblock s in [kW]

$k_{Angebot,negLP,MinRes}(j+1)$ :: Angebotener spezifischer Leistungspreis für negative Minutenreserve am Tag j+1 in [€/kW]

$P_{abgerufeneArb,neg,MinRes}(m)$ :: Tatsächlich in Anspruch genommene negative Minutenreserve zur ¼-Stunde m in [kW]

$k_{Angebot,negAP,MinRes}(j+1)$ :: Angebotener spezifischer Arbeitspreis für negative Minutenreserve am Tag j+1 in [€/MWh]

Aus der Summe der Erlöse für positive Minutenreserve $K_{pos,MinRes,j+1}$ und negative Minutenreserve $K_{neg,MinRes,j+1}$ folgt der gesamthaft erzielbare Erlös aus den Reserveenergiegeschäften $K_{Minutenres,j+1}$ (Gleichung 4.3.16). Es wird angenommen, dass grundsätzlich eine gleichzeitige Kombination aus der Teilnahme an positiven und negativen Minutenreservegeschäften möglich ist. In der Praxis kann es vorkommen, dass nur an einer Ausschreibung (z. B. für negative Minutenreserve) teilgenommen wird. In diesem Fall wären die Erlöse der anderen Minutenreserveenergieart null.

$$K_{Minutenres,j+1} = K_{pos,MinRes,j+1} + K_{neg,MinRes,j+1} \qquad (4.3.16)$$

Mit: $K_{Minutenres,j+1}$ :: Aus dem erweiterten Betrieb „Teilnahme Minutenreservemarkt" heraus erzielbarer Gewinn für den Tag j+1 in [€]

4.3.2 Potentialermittlung „Spotmarkt- und Intraday-Geschäfte"

Neben der Teilnahme am Minutenreservemarkt, bei dem es vorrangig um die Leistungsvorhaltung geht, sind mit Spotmarkt- und Intraday-Geschäften „reale" Änderungen in den Bilanzkreisen bzw. physikalische Lieferungen verbunden. Es werden Energiemengen an der Börse ge- oder verkauft und zu einem späteren Zeitpunkt wieder ver- oder gekauft. Ziel ist es, durch diese „Swap-Geschäfte" Arbitragen zu erzielen. Der grundlegende Mechanismus, der hier Anwendung findet, ist vergleichbar mit dem des Minutenreservegeschäfts.

Im Weiteren wird exemplarisch anhand des Intraday-Marktes das Prinzip dieser neuartigen Betriebsführungsstrategie vorgestellt. Da Spotmarktgeschäfte auf dem gleichen Prinzip wie die Intraday-Geschäften basieren, kann auf eine Darstellung verzichtet werden. Am Spotmarkt sind die Ausführungszeitpunkte der Geschäfte Day ahead, d. h. „erst" am Folgetag.

Leistungspotentialermittlung Verkauf Intraday

Aus der Ermittlung der Minima von jeweils vier ¼-stündlichen Leistungswerten einer Stunde des Lastverlaufs der eingespeisten Energiemengen der UVE $P_{+,Verfüg,j+1}(m)$ (nach Gleichung 4.2.3a) ergibt sich das vermarktungsfähige Potential $P_{tatPot,verkauf,Intraday}(t)$ (Gleichung 4.3.17). Dieses Vorgehen entspricht der Berechnung bei der Minutenreserve mit dem Unterschied, dass hier Stundenminima und nicht 4-Stundenminima ermittelt werden:

$$P_{tatPot,verkauf,Intraday}(t) = Min\left(P_{+,Verfüg,j+1}(t,m)\right)\Big|_{m=1}^{4} \qquad (4.3.17)$$

Mit: $P_{tatPot,verkauf,Intraday}(t)$ :: Theoretisches technische Verkaufspotential im Rahmen des Intraday-Geschäfts zur Stunde t in [kW]

$P_{+,Verfüg,j+1}(t,m)$ :: Zur Verfügung stehender Leistungswert (Kapazität) zur Vermarktung im Rahmen des Intraday-Geschäfts in der ¼-Stunde m der Stunde t in [kW]

$m :: 1 \leq m \leq 4$; ¼-Stunde je Stunde t in [¼ h]

Die im Rahmen der Intraday-Geschäfte „verkauften" Energiemengen müssen „ersatzbeschafft" werden. Hierbei ist zu gewährleisten, dass eine entsprechende Aufnahmekapazität – sprich freie Leistung – zur Verfügung steht. Dies dürfte üblicherweise kein Problem darstellen, da die freien Leistungskapazitäten im Netz bzw. bei den UVE ausreichend zur Verfügung stehen. Der „Ersatzbeschaffungszeitraum" (Kauf) kann zeitlich auch vor dem Verkaufstermin liegen.

Leistungspotentialermittlung Kauf Intraday

Die Bestimmung des Potentials für den Intradaykauf, d. h. die Aufnahme von Energiemengen, ist – vergleichbar dem Vorgehen bei der negativen Minutenreserve – aufwendiger und setzt sich aus mehreren Schritten zusammen:

1. Schritt: Berechnung des Potentials der „Freien Netzkapazität" für die Aufnahme von zusätzlicher Leistung / Energie ($P_{min, frNetzkap}(t)$) auf Stundenbasis.

2. Schritt: Ermittlung des stundenbasierten Potentials $P_{min, frKap}(t)$ aus installierter Kapazität der in Betrieb befindlichen UVE (Minimum) abzüglich des Leistungswertes der Ist-Beladung zu diesem Zeitpunkt.

3. Schritt: Berechnung des Minimums aus Schritten 1 und 2 bzw. des theoretischen Potentials $P_{theoPot, verkauf, Intraday}(t)$.

Schritt 1: Das Grundprinzip der Berechnung des Potentials der freien Netzkapazität $P_{frNetzkap}(m)$ ist in Kapitel 4.2.4 beschrieben. Darauf aufbauend erfolgt eine Anpassung an die Bedürfnisse des Intraday-Handels auf Basis von Stundenwerten. Es wird das Minimum $P_{min, frNetzkap}(t)$ der freien Netzkapazität ($P_{frNetzkap}(t,m)$) jeweils über einen Stunden-Zeitraum ermittelt (Gleichung 4.3.18).

$$P_{min, frNetzkap}(t) = Min\left(P_{frNetzkap}(t,m) \right)\Big|_{m=1}^{4} \qquad (4.3.18)$$

Mit: $P_{min, frNetzkap}(t)$ :: Minimum der freien Netzkapazität innerhalb einer Stunde t in [kW]

$P_{frNetzkap}(t,m)$ :: Freie (vorhandene) Netzkapazität je ¼-Stunde m in der Stunde t in [kW]

Anmerkung: Da zur Aufnahme von zusätzlicher Leistung freie Kapazitäten genutzt werden müssen, ist das Minimum der freien Netzkapazität entscheidend. Dieses Netzkapazitätsminimum stellt gleichzeitig das (theoretische) Maximum der Aufnahmefähigkeit von freier Leistung dar.

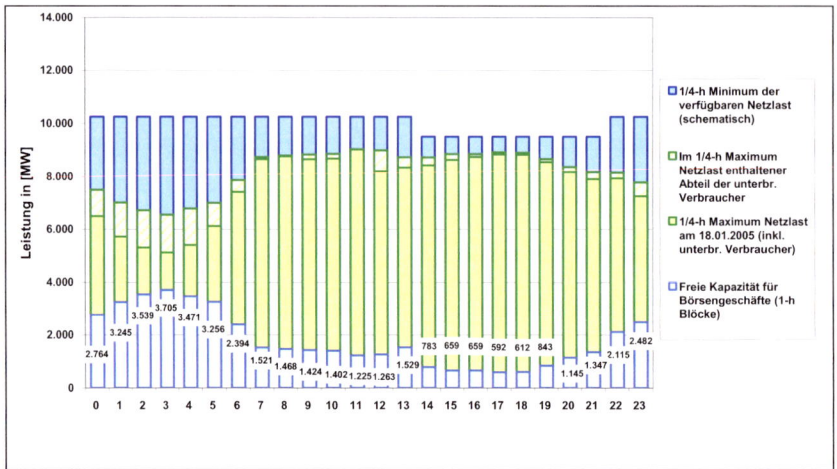

Abbildung 4-16:   Minimum der freien Netzkapazität für Börsengeschäfte bei 3 °C / TMZ 14 am 18.01.2005 (Stundenmittelwerte)

In Abbildung 4-16 ist beispielhaft für den 18.01.2005 das Minimum der freien Netzkapazität für potentielle Börsengeschäfte innerhalb von 1-Stunden-Zeitblöcken dargestellt[36]. Die Werte liegen zwischen 592 bis 3.705 MW und stellen aus netztechnischer Sicht für die Aufnahme von Energiemengen aus Börsengeschäften auf Stundenbasis zur Verfügung.

Schritt 2: Neben der netztechnischen freien Kapazität ist die freie Kapazität der UVE von Bedeutung. Diese freie Kapazität $P_{min,frKap}(t)$ berechnet sich – analog zu dem Vorgehen in Kapitel 4.3.1 (Schritt 1) – aus der Differenz der verfügbaren installierten Kapazität $P_{Lief,verfüg,installKap}$ der in Betrieb befindlichen UVE (Gleichungen 4.3.7 und 4.3.8) und dem Maximum des jeweiligen ¼-stündlichen Leistungswertes des Einspeiseleistungswertes $P_{max,Lief}(t)$ der UVE nach Gleichung 4.1.7. Es folgt für $P_{max,Lief}(t)$ Gleichung 4.3.19:

$$P_{max,Lief}(t) = \max\left(P_{Lief}(t,m)\right)\Big|_{m=1}^{4} \qquad (4.3.19)$$

Mit: $P_{max,Lief}(t)$ :: ¼-Stunden-Leistungsmaximum der unterbrechbaren Verbrauchseinrichtungen eines Lieferanten zur Stunde t in [kW]

$P_{Lief}(t,m)$ :: ¼-Stunden-Leistungswert nach dem eingespeisten Standardlastprofil eines Lieferanten zur Stunde t in der ¼-Stunde m in [kW]

---

[36] Die Leistungswerte für die freie verfügbare (technische bzw. netzentgeltkalkulatorische) Netzkapazität sind schematisch dargestellt.

Die freie Kapazität $P_{min,frKap}(t)$ ist in Gleichung 4.3.20 dargestellt:

$$P_{min,frKap}(t) = P_{Lief,verfüg,installKap} - P_{max,Lief}(t) \qquad [4.3.20]$$

Mit: $P_{min,frKap}(t)$ :: Minimum der verfügbaren freien Kapazität der unterbrechbaren Verbrauchseinrichtungen in der Stunde t in [kW]

Anmerkung: Auch hier trägt der Begriff Minimum leicht zu einer Begriffsverwirrung bei. Das <u>Minimum</u> der verfügbaren Kapazität $P_{min,frKap}(t)$ stellt gleichzeitig das (theoretische) <u>Maximum</u> der Aufnahmefähigkeit von zusätzlicher Leistung dar.

<u>Schritt 3:</u> Zur Ermittlung des tatsächlichen Potentials für die Aufnahme von zusätzlicher Leistung $P_{tatPot,kauf,Intraday}(t)$ wird das Minimum aus Schritt 1 und 2 berechnet, was gleichzeitig das (theoretische) Maximum der Leistungsaufnahme im Rahmen der Intraday Geschäfte darstellt (Gleichung 4.3.21):

$$P_{tatPot,kauf,Intraday}(t) = \min\left(P_{min,frNetzkap}(t); P_{min,frKap}(t)\right) \qquad [4.3.21]$$

Mit: $P_{tatPot,kauf,Intraday}(t)$ :: Theoretisches tatsächliches technisches Potential zur Teilnahme an Intraday Geschäften zur Stunde t in [kW]

Bestimmung des maximalen Potentials

Es können grundsätzlich nur Geschäfte – z. B. Käufe – getätigt werden, die im Betrachtungszeitraum auch wieder verkauft werden können, d. h. $P_{Kauf,Intraday,j}$ muss gleich $P_{Verkauf,Intraday,j}$ sein.

Entscheidend sind nicht die freien Kapazitäten, sondern das Gewinnmaximum. Es ist daher das Produkt aus freier Kapazitäten und Börsenpreisen jeweils für das Geschäft und Gegengeschäft zu bilden. Hiervon gilt es das Maximum zu bilden. Mathematisch lässt sich dieser Zusammenhang nicht eindeutig beschreiben, da die Entscheidungen nicht zu einem Zeitpunkt zu treffen sind, sondern wegen des fortlaufenden Handels fortwährend (wie Börsenhandel von Aktien). Die Entscheidungen liegen bei den (Strom)Händlern.

Vereinfachende Annahme: Da $P_{tatPot,kauf,Intraday}(t)$ – wie dargestellt – meist deutlich größer ist als $P_{tatPot,verkauf,Intraday}(t)$, wird angesetzt, dass stets ausreichende Kapazitäten für die Gegengeschäfte „Kauf" ($P_{Kauf,Intraday,j}$) zur Verfügung stehen, wenn Verkaufsgeschäfte ($P_{Verkauf,Intraday,j}$) an 2/3 der Stunden eines Tages (16 h) vorgenommen werden.

Für die Bestimmung des Maximums reicht daher im Wesentlichen die Betrachtung der verkaufsfähigen Mengen $P_{tatPot,verkauf,Intraday}(t)$ bzw. $P_{Verkauf,Intraday,j}$ zu den verschiedenen Zeiträumen (Stunden) aus. Die Vermarktungskapazität würde in Analogie zum Berechnungsweg in Kapitel 4.2.1 ermittelt werden (Abbildung 4-18).

Börsennotierungen für Intraday-Geschäfte

Neben den potentiellen Energiemengen, die im Rahmen von Intraday-Geschäften gehandelt werden sollen, spielen die (Börsen)Preise eine wesentliche Rolle. Auf Basis der zum Entscheidungszeitpunkt t_e für die verschiedenen Stunden t_n angegeben Preise $k_{Intrady}(t_e, t_n)$ können Geschäfte für Käufe und Verkäufe getätigt werden.

Aus der Differenz der Käufe (Preis x Menge) und Verkäufe (Preis x Menge) lässt sich das Erlöspotential $K_{Intraday,j}$ des Tage j ermitteln (Gleichung 4.3.22). Als Grundbedingung gilt, dass die Summe der Käufe (MWh) gleich dem Betrag der Verkäufe (MWh) sein muss.

$$K_{Intraday,j}(t_e) = K_{Kauf,Intraday,j}(t_e) - K_{Verkauf,Intraday,j}(t_e) - K_{EwBetrieb}$$

$$K_{Intraday,j}(t_e) = \sum_{t=1}^{23} k_{Intrady}(t_e,t) \times P_{Kauf,Intraday,j}(t) - \sum_{t=1}^{23} k_{Intrady}(t_e,t) \times P_{Verkauf,Intraday,j}(t) - K_{EwBetrieb}$$

$$(4.3.22)$$

Mit: $K_{Intraday,j}(t_e)$ :: Differenz zwischen getätigten Käufen und Verkäufen (Intraday) am Entscheidungszeitpunkt t_e und Tag j in [€]

$K_{Kauf,Intraday,j}(t_e)$ :: Summe der Käufe am Entscheidungszeitpunkt t_e und Tag j in [€]

$K_{Verkauf,Intraday}(t_e)$ :: Summe der Verkäufe am Entscheidungszeitpunkt t_e und Tag j in [€]

$k_{Intraday}(t_e,t)$ :: Spezifischer Börsenpreis am Intradaymarkt für die Stunde t am Entscheidungszeitpunkt t_e in [€/MWh]

$P_{Kauf,Intraday,j}(t)$ :: Leistungswert „Kauf" für die Stunde t in [kW]

$P_{Verkauf,Intraday,j}(t)$ :: Leistungswert „Verkauf" für die Stunde t in [kW]

$K_{EwBetrieb}$ :: Kosten für die Betriebsführung im erweiterten Betrieb in [€]

t :: $0 \leq t \leq 23$; Stunde eines Tages in [¼ h]

Die Kunst eines Händlers besteht darin, den richtigen Zeitpunkt t_e für die Handelgeschäfte zu finden.

Für die Erlöse aus den Spotmarktgeschäften gilt Analoges (Gleichung4.3.23):

$$K_{Spot,j+1}(t_e) = K_{Kauf,Spot,j+1}(t_e) - K_{Verkauf,Spot,j+1}(t_e) - K_{EwBetrieb}$$

$$K_{Spot,j+1}(t_e) = \sum_{t=1}^{23} k_{Spot}(t_e,t) \times P_{Kauf,Spot,j+1}(t) - \sum_{t=1}^{23} k_{Spot}(t_e,t) \times P_{Verkauf,Spot,j+1}(t) - K_{EwBetrieb}$$

$$(4.3.23)$$

Mit: $K_{Spot,j+1}(t_e)$ :: Differenz zwischen getätigten Käufen und Verkäufen (Intraday) am Entscheidungszeitpunkt t_e und Tag j+1 in [€]

4.3.3 Potentialermittlung „Ausgleich von Fahrplanabweichungen"

Kommt es aufgrund einer Kraftwerksstörung oder einer vorher bekannten großen Laständerung bei (einem) Kunden zu einer Fahrplanabweichung, so lässt sich diese als eine Leistungsabweichung $\overline{P}_{Fahr,Abw}(t)$ beschreiben (in Analogie zu Gleichung 4.1.7). Es wird von einem zeitlich befristeten Vorfall ausgegangen. Da Fahrpläne auf Stundenbasis erstellt werden, ist die „Zeiteinheit" in diesem Fall eine Stunde.

Bei einer aufgetretenen Fahrplanabweichung $\overline{P}_{Fahr,Abw}(t)$ steht der Bilanzkreisverantwortliche vor der Herausforderung möglichst zeitnah:

- Reservekraftwerke zu starten (soweit vorhanden) oder
- am Intraday- bzw.- Spotmarkt der Börse Energie zu kaufen oder
- bewusst weitere Fahrplanabweichungen in Kauf zu nehmen und dafür Ausgleichsenergie in Anspruch zu nehmen oder
- auf der Lastseite Verbraucher abzuschalten bzw. zu reduzieren und

so wieder zu einer ausgeglichenen Energiebilanz zu kommen. Würde beispielsweise bei einem Kraftwerksausfall „nichts" unternommen, d. h. würde keine Fahrplananpassung erfolgen, so werden die Abweichungen in den ersten fünf ¼-Stunden durch Regelenergiekraftwerke ausgeglichen und dem Verursacher in Form von Ausgleichenergie in Rechnung gestellt. Im Falle eines Kraftwerkausfalls ist die Zuordnung zum Verursacher einfach. Nach fünf ¼-Stunden ist der Bilanzkreisverantwortliche verpflichtet seinen Fahrplan entsprechend anzupassen bzw. er muss eine Energieersatzbeschaffung durchgeführt haben. Wird der Bilanzkreisverantwortliche nicht tätig, so erfolgt der Ausgleich weiterhin auf Basis der Ausgleichsenergie, aber der Bilanzkreisverantwortliche kann vom Regelzonenverantwortlichen in Regress genommen werden und verliert im mehrfachen Wiederholungsfall ggf. seine Zulassung. Es liegt also im Interesse der Bilanzkreisverantwortlichen für einen ausgeglichenen Bilanzkreis zu sorgen.

Im Fall der vierten Alternative bestehen zwei grundsätzlich unterschiedliche Vorgehensweisen: Die Last kann einfach „abgeworfen" oder reduziert werden, ohne dass sie später nachgeholt wird, oder es kommt zu einem späteren Zeitpunkt zu einer Kompensation, d. h. der Verbrauch der entsprechenden Energiemengen wird zeitlich verlagert und zu einem späteren Zeitpunkt nachgeholt.

Das Prinzip der Kompensation zu einem späteren Zeitpunkt wird für den erweiterten Betrieb zugrunde gelegt. Die Energiemenge $A_{Fahr,Abw}$ aus der aufgetretenen Fahrplanabweichung $\overline{P}_{Fahr,Abw}(t)$ (Gleichung 4.3.24) muss also zu einem späteren Zeitpunkt als ersatzbeschaffte Energiemenge $A_{EwBetr,F}$ ersetzt werden (Gleichung 4.3.25).

$$A_{Fahr,Abw} = \sum_{t=0}^{23} \overline{P}_{Fahr,Abw}(t) \qquad (4.3.24)$$

$$A_{EwBetr,F}\left(= A_{Fahr,Abw}\right) = \sum_{t=0}^{23} \overline{P}_{EwBetr,F}(t) \qquad (4.3.25)$$

Mit: $A_{Fahr,Abw}$ :: Energiemenge der aufgetretenen Fahrplanabweichung in [kWh]

$\overline{P}_{Fahr,Abw}(t)$ :: Aufgetretene Fahrplanabweichung in der Einzelstunde t in [kW]

$A_{EwBetr,F}$ :: Energiemenge, die ersatzbeschafft werden muss in [kWh]

$\overline{P}_{EwBetr,F}(t)$ :: Aufgetretene Fahrplanabweichung in der Einzelstunde t in [kW]

t :: Einzelstunde eines Tages von Stunde 0 bis Stunde 23, wobei nur in ausgewählten Stunden die Fahrplanabweichung auftritt bzw. die Ersatzbeschaffung erfolgt in [h]

An einem Zeitpunkt t₁, an dem eine Fahrplanabweichung $\overline{P}_{Fahr,Abw}(t_1)$ auftritt, kann nicht gleichzeitig die korrespondierende Ersatzbeschaffung ($\overline{P}_{EwBetr,F}(t_1)$) erfolgen. Da angenommen wird, dass eine Fahrplanabweichung zeitlich begrenzt ist (wenige Einzelstunden), stehen eine „ausreichende" Anzahl von Stunden für die Ersatzbeschaffung zur Verfügung.

Neben den technischen Rahmenbedingungen sind auch die betriebswirtschaftlichen Parameter von Bedeutung. Der Einsatz des erweiterten Betriebs „Ausgleich von Fahrplanabweichungen" ist dann wirtschaftlich sinnvoll, wenn die Kosten für anfallende Ausgleichsenergiezahlungen wegen Inanspruchnahme von Ausgleichsenergie bei einer angenommenen „Untätigkeit" des Bilanzkreisverantwortlichen größer sind als die potentiellen Kosten (bzw. Erlöse) aus dem Einsatz des erweiterten Betriebs.

Als Nebenbedingung gilt, dass die Beschaffung über die Zeit t so zu erfolgen hat, dass ein Kostenminimum bzw. Erlösmaximum erreicht wird. Betriebswirtschaftlich macht eine Ersatzbeschaffung $A_{EwBetr,F}$ für die Energiemenge $A_{Fahr,Abw,j+1}$ nämlich nur dann Sinn, wenn die Kosten / Erlöse $K_{EwBetrieb,F}$ bzw. $K_{Fahr,Abw}$ für diese im Rahmen des erweiterten Betriebs einen positiveren bzw. weniger negativen Wert aufweisen als

- für die Ausgleichsenergie K_{Ausgl} oder

- für den Start und Betrieb eines Reservekraftwerks $K_{\mathrm{Re}sKW}$ oder

- für eine direkte Ersatzbeschaffung an der Börse $K_{Börse}$ bzw. $K_{EEX-IntraDay}$.

Es gelten Gleichungen 4.3.26 und 4.3.27:

$$K_{EwBetrieb,F}\left(A_{Fahr,Abw,j+1},t\right) > Max\left(K_{Ausgl}\left(A_{Fahr,Abw,j+1}\right); K_{\mathrm{Re}sKW}\left(A_{Fahr,Abw,j+1}\right); K_{Börse}\left(A_{Fahr,Abw,j+1}\right)\right)$$

(4.3.26)

bzw.

$$K_{EwBetrieb,F} > Max\left(K_{Ausgl}; K_{\mathrm{Re}sKW}; K_{Börse}\right)_{A_{Fahr,Abw,j+1}}$$

(4.3.27)

Mit: $K_{EwBetrieb,F}\left(A_{Fahr,Abw,j+1},t\right)$ :: Kosten (bzw. Erlöse) des erweiterten Betriebs „Ausgleich Fahrplanabweichungen über die Energiemenge der aufgetretenen Fahrplanabweichung in [€]

$K_{Ausgl}\left(A_{Fahr,Abw,j+1}\right)$ :: Kosten für Ausgleichsenergie zum Ausgleich der Fahrplanabweichung über die Energiemenge der aufgetretenen Fahrplanabweichung in [€]

$K_{\mathrm{Re}\,sKW}\left(A_{Fahr,Abw,j+1}\right)$ :: Kosten für den Start und Betrieb einer Reservekraft-werks über die Energiemenge der aufgetretenen Fahrplanabweichung in [€]

$K_{B\"orse}\left(A_{Fahr,Abw,j+1}\right)$ :: Kosten für eine direkte Ersatzbeschaffung über die Börse über die Energiemenge der aufgetretenen Fahrplanabweichung in [€]

Ist diese Nebenbedingung erfüllt, so ergibt sich der wirtschaftliche Wert $K_{Fahr,Abw}$ der aus der Fahrplanabweichung resultierenden Energiemenge $A_{Fahr,Abw}$ bzw. $A_{EwBetr,F}$ aus dem Leistungswert der ersatzbeschafften Energiemengen $\overline{P}_{EwBetr,F}(t)$ und dem korrespondieren-den Intraday Börsenpreis $K_{EEX-IntraDay}(t)^{37}$ jeweils zum Zeitpunkt t und lässt sich als folgende Funktion darstellen (Gleichung 4.3.28).

$$K_{Fahr,Abw} = f\left(A_{EwBetr,F};\overline{P}_{EwBetr,F}(t);K_{EEX-IntraDax}(t)\right) \qquad (4.3.28)$$

Mit: $K_{Fahr,Abw}$ :: Wirtschaftlicher Wert der Energiemenge der aufgetretenen Fahr-planabweichung in [€]

$K_{EEX-IntraDay}(t)$ :: Intraday Börsenpreis zum Zeitpunkt t in [€/MWh]

Im Folgenden wird beispielhaft eine untertägliche Fahrplanabweichung näher beschrieben. Es gelten folgende Annahmen für den Index „Tag":

- Die Prognose für den Tagesenergiebedarf $A_{Lief,j+1}$ der UVE wird am Tag j für den Folge-tag $j+1$ ermittelt (s. Gleichung 4.1.6), d. h. die (prognostizierten) Verbrauchsmengen $A_{Lief,j+1}$ sind bekannt.

- Die untertägliche Fahrplanabweichung $A_{Fahr,Abw}$ erfolgt am „aktuellen" Tag $j+1$, also ent-spricht $A_{Fahr,Abw} = A_{Fahr,Abw,j+1}$.

- Es handelt sich nicht um am Vortag j getätigte Geschäfte.

Aus Gleichung 4.3.28 folgt für den wirtschaftlichen Wert $K_{Fahr,Abw,j+1}$ Gleichung 4.3.29:

$$K_{Fahr,Abw,j+1} = \frac{A_{Fahr,Abw,j+1} \times \overline{K}_{EEX-IntraDay,j+1}}{1000} = \frac{\sum_{t=0}^{23}\overline{P}_{EwBetr,F,j+1}(t) \times K_{EEX-IntraDay,j+1}(t)}{1000} \qquad (4.3.29)$$

Eine weitere Nebendingung ist, dass nur Fahrplanabweichungen möglich sind, für die auch zeitlich versetzt entsprechende Energiemengen ersatzbeschafft werden können. Es gilt als Bedingung (Gleichung 4.3.30):

$$\sum_{t=0}^{23}\overline{P}_{EwBetr,F,j+1}(t) \le \sum_{t=0}^{23}\overline{P}_{+,Verf\"ug,j+1}(t) \qquad (4.3.30)$$

---

[37] Ist die Fahrplanabweichung bereits am Vortag bekannt, so kann auf den Spotmarkt ($K_{EEX-Spot,j+1}(t)$) für den Folgetag j+1 eingekauft werden (Day ahead), was aber am Grundprinzip nichts ändert.

Sollte diese Nebenbedingung erfüllt sein, so ist der Einsatz des erweiterten Betrieb „Ausgleich Fahrplanabweichungen" über die maximal errechnete Menge möglich. Darüber hinausgehende Energiemengen müssten dann im Rahmen der Ausgleichsenergie oder mit Hilfe anderer Maßnahmen kompensiert werden.

Im Rahmen der Ersatzbeschaffung $A_{EwBetr,F}$ muss folglich versucht werden, die im Zuge der Fahrplanabweichung aufgelaufenen Energiemengen $A_{Fahr,Abw,j+1}$ bestmöglich zu ersetzen. Bei einer Teilmengenausführung ist die zu beschaffende Energiemenge $A_{EwBetr,F}$ somit kleiner der Energiemenge $A_{Fahr,Abw,j+1}$ aus der Fahrplanabweichung (Gleichung 4.3.31)

$$A_{EwBetr,F} < A_{Fahr,Abw,j+1} \qquad (4.3.31)$$

Zu einer Teilmengenbeschaffung kann es aus mehreren Gründen kommen:

- Die zeitgleich eingestellte Energiemenge im Rahmen der Belieferung der UVE ist kleiner als die Energiemenge aus der Fahrplanänderung.

- Die Ersatzbeschaffung über die Gesamtmenge lässt sich nicht wirtschaftlich darstellen (z. B. ist teurer als Ausgleichsenergie).

- Es stehen keine ausreichende Netzkapazitäten zur Verfügung (hierbei ist unterstellt, dass die Netzbetreiber zeitnah Netzkapazitäten bzw. Kapazitätseinschränkungen veröffentlichen muss).

4.3.4 Potentialermittlung „Dargebot EE"

Wie bereits in Kapitel 3.3.4 beschrieben, liegt beim erweiterten Betrieb „Dargebot EE" der Grundgedanke zugrunde, dass über durchgeführte Swaps von Energiemengen vertraglich vereinbarte EE-Mengen den UVE bzw. den Kunden zugeordnet werden können.

Die Mengenswaps werden durchgeführt, wenn EEG-Anlagen beispielsweise bei Starkwind oder viel Sonne Energie in das Netz einspeisen. Über die Börse werden zu diesen Zeitpunkten Energiemengen beschafft, die diesen Einspeisern zugeordnet werden können. Möglichst unter Ausnutzung von Preisspreads werden entsprechende Gegengeschäfte zu einem späteren Zeitpunkt ausgeführt. Mittlerweile sind die Einspeisungen von (meist schlecht regelbaren) EEG-Anlagen – v. a. Windkraftanlagen – so hoch, dass dies zu Preissenkungen auf den Spotmarkt führt. Dieser Effekt soll bei diesem erweiterten Betrieb genutzt werden, um zusätzliche Arbitragen zu erzielen. Darüber hinaus ergeben sich über die entsprechende Tarifgestaltung Zusatzerlöse (s. a. Kapitel 5.5).

Da das Vorgehen identisch mit dem in Kapitel 4.3.2 beschriebenen Vorgehen beim erweiterten Betrieb „Spotmarkt- und Intraday-Geschäfte" ist, wird an dieser Stelle auf eine detaillierte Darstellung verzichtet und auf obiges Kapitel verwiesen.

Aus der Differenz der Käufe (Preis x Menge) und Verkäufe (Preis x Menge) sowie den zusätzlichen Einnahmen aus der Tarifgestaltung lässt sich das Erlöspotential $K_{D \arg ebotEE, j}$ für den Tag j ermitteln (Gleichung 4.3.32). Als Nebenbedingung gilt, dass die Summe der Käufe (MWh) gleich dem Betrag der Verkäufe (MWh) sein muss.

$$K_{D \arg ebotEE, j}(t_e) = K_{Kauf, D \arg ebotEE, j}(t_e) + K_{Tarifaufschlag} - K_{Verkauf, D \arg ebotEE, j}(t_e) - K_{EwBetrieb}$$

$$K_{D \arg ebotEE, j}(t_e) = \sum_{t=1}^{23} \left(k_{Intrady}(t_e, t) + k_{Tarifaufschlag} \right) \times P_{Kauf, D \arg ebotEE, j}(t, t_e)$$

$$- \sum_{t=1}^{23} k_{Intrady}(, t_e) \times P_{Verkauf, D \arg ebotEE, j}(t, t_e) - K_{EwBetrieb} \qquad [4.3.32]$$

Mit: $K_{D \arg eboEE, j}(t_e)$ :: Differenz zwischen getätigten Käufen und Verkäufen (Intraday) zum Entscheidungszeitpunkt t_e am Tag j in [€]

$K_{Kauf, D \arg ebotEE, j}(t_e)$ :: Kosten für getätigte Käufe zum Entscheidungszeitpunkt t_e am Tag j in [€]

$K_{Verkauf, D \arg ebotEE, j}(t_e)$ :: Kosten für getätigte Verkäufe zum Entscheidungszeitpunkt t_e am Tag j in [€]

$K_{Tarifausschlag}$ :: Summe der Einnahmen auf dem Tarifaufschlag am Tag j in [€]

$k_{Intraday}(t_e, t)$ Spezifischer Börsenpreis am Intradaymarkt für die Stunde t am Entscheidungszeitpunkt t_e in [€/MWh]

$k_{Tarifaufschlag}$ :: Spezifischer Tarifaufschlag je kWh [Ct/kWh]

$P_{Kauf, D \arg ebotEE, j}(t, t_e)$ :: Leistungswert der Käufe zum Entscheidungszeitpunkt t_e für die Stunde t in [kW]

$P_{Verkauf, D \arg ebotEE, j}(t, t_e)$ :: Leistungswert der Verkäufe zum Entscheidungszeitpunkt t_e für die Stunde t in [kW]

4.3.5 Betriebsoptimierung Kraftwerkeinsatz

Die An- und Abfahrvorgange von (thermischen) Kraftwerken verursachen Kosten (K_{An} bzw. K_{Ab}) und werden i. d. R. in eigenständigen Kostenbetrachtungen berücksichtigt. Erfolgt der Kraftwerkeinsatz anhand der Anforderungen der Fahrplanerstellung, so sind schnelle An- und Abfahrten – teilweise im Teillastbetrieb – die Regel. Diese schnellen An- und Abfahrten stellen die kritischsten Betriebszustände von Kraftwerken dar, da die An- und Abfahrvorgänge nicht in dem für das Kraftwerk optimalen Zeitrahmen (langsam) erfolgen, sondern nach den „externen" Bedingungen des Fahrplans (schnell)[38].

Wie bereits in Kapitel 3.3.5 beschrieben, liegt auch beim erweiterten Betrieb „Optimierung Kraftwerkeinsatz" der Grundgedanke zugrunde, dass über durchgeführte Swaps von Energiemengen der Betrieb von Kraftwerken optimiert werden kann. Auf eine detaillierte Dar-

---

[38] Der „optimalste" Betriebszustand für (thermische) Kraftwerke ist der stationäre Betrieb bei konstanter Leistung.

stellung zur Potentialermittlung wird daher an dieser Stelle verzichtet. Es wird angenommen, dass entsprechende Kapazitäten zur Verfügung stehen.

Aus den An- und Abfahrvorgängen ergeben sich Mehrkosten für Brennstoffe, Betriebshilfsstoffe, Instandhaltung und eine Lebensdauerverkürzung der meisten Komponenten. Die höheren Brennstoffkosten folgen aus einem schlechteren Wirkungsgrad der Anlage insbesondere im Anfahrbetrieb. Gerade bei schnellen An- und Abfahrten ist zudem ein erhöhter Betriebshilfsstoffverbrauch die Folge und durch häufiges An- und Abfahren werden die Kraftwerkskomponenten stark belastet, was die Lebensdauer reduziert und den Aufwand für die Instandhaltung erhöht. Die Kosten $K_{An,OptKW}$ bzw. $K_{Ab,OptKW}$ setzen sich zusammen aus (Gleichung 4.3.33):

$$K_{An/Ab,OptKW} = K_{Brennstof,OptKWf} + K_{BetrHilfmittel,OptKW} + K_{AnteilIns\tan d,OptKW} + K_{Kapitalkosten,OptKW} \qquad (4.3.33)$$

Mit: $K_{An/Ab,OptKW}$ :: An- bzw. Abfahrkosten eines Kraftwerks in [€]

$K_{Brennstoff,OptKW}$ :: Kosten für Brennstoffe wie z. B. Kohle oder Gas inklusive CO_2-Zertifikatskosten in [€]

$K_{BetrHilfmittel,OptKW}$ :: Kosten für Betriebshilfsmittel wie z. B. Kalkstein für die Entschwefelung, Wasser, etc. in [€]

$K_{AnteilIns\tan d,OptKW}$ :: (Pauschaler) Kostenanteil für den erhöhten Instandhaltungsbedarf für Kraftwerke mit vielen An- und Abfahrten in [€]

$K_{Kapitalkosten,OptKW}$ :: Kapitalkostenanteil, der sich aus An- und Abfahrten resultierende verringerte Lebensdauer ergibt in [€]

Darüber hinaus sind die meisten Emissionen (u. a. CO_2) spezifisch höher als im stationären Normalbetrieb.

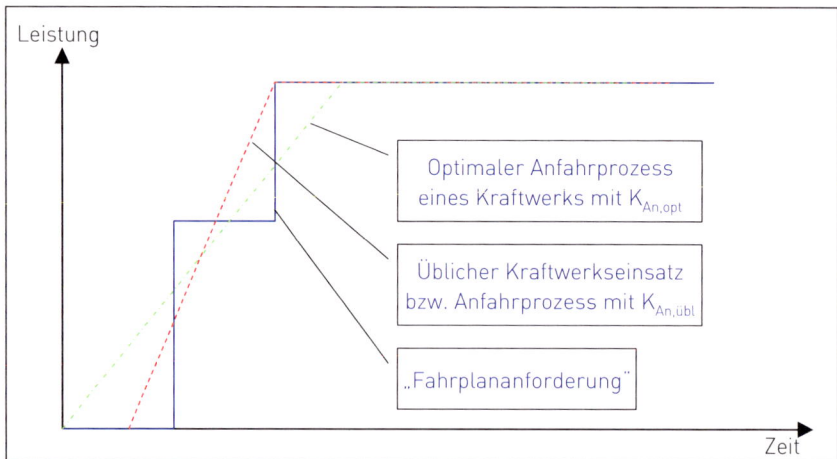

Abbildung 4-17:   Optimierung des Kraftwerkeinsatzes im An- und Abfahrbetrieb (schematische Darstellung, Beispiel Anfahren)

Durch ein zeitlich verzögertes An- bzw. Abfahren von thermischen Kraftwerken in der für das Kraftwerk optimalen Betriebsweise (Abbildung 4-17) können die Kosten für den An- und Abfahrbetrieb reduziert werden. Die Kostenblöcke $K_{An,üb,OptKWi}$ bzw. $K_{Ab,übl,OptKW}$ des üblichen An- bzw. Abfahrprozesses sind größer als der des betriebstechnisch optimierten Prozesses $K_{An,opt,OptKW}$, $K_{Ab,opt,OptKW}$ (Gleichungen 4.3.34 und 4.3.35).

$$K_{An,opt,OptKW} < K_{An,übl,OptKW} \qquad (4.3.34)$$

$$K_{Ab,opt,OptKW} < K_{Ab,übl,OptKW} \qquad (4.3.35)$$

Mit: $K_{An/Ab,opt,OptKW}$ :: An- bzw. Abfahrkosten mit (kosten)optimierter Betriebsweise eines Kraftwerks in [€]

$K_{An/Ab,übl,OptKW}$ :: An- bzw. Abfahrkosten mit üblicher Betriebsweise eines Kraftwerks in [€]

Das Energiemengendelta zwischen Fahrplananforderung und der für das Kraftwerk optimalen Anfahrcharakteristik kann durch einen Energiemengenswap aus den UVE erfolgen. Abbildung 4-18 veranschaulicht den Zusammenhang.

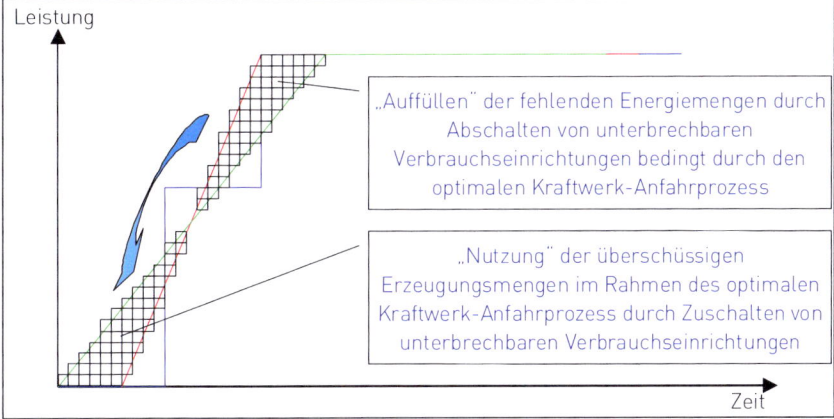

Abbildung 4-18: Energiemengenswap zur Optimierung des Kraftwerkeinsatzes im An- und Abfahrbetrieb (schematische Darstellung, Beispiel Anfahren)

Aus der Subtraktion der Kostenblöcke des üblichen Anfahrbetriebs und der optimierten Betriebsweise sowie den Kosten für den erweiterten Betrieb $K_{erwBetr,KWEinsatz}$ ergibt sich der Erlös $K_{KWEinsatz,Erlös}$ für den erweiterten Betrieb der UVE (Gleichung 4.3.36). Es wird dabei angenommen, dass der volle Erlös dem erweiterten Betrieb zugeschrieben wird.

$$K_{OptKW} = (K_{An/Ab,übl,OptKW} - K_{An,Ab,opt,OptKW}) - (K_{EwBetrieb,KWEinsatz}) \qquad (4.3.36)$$

Mit: K_{OptKW} :: Ergebnis für den erweiterten Betrieb der unterbrechbaren Verbrauchseinrichtungen bei der Betriebsoptimierung Kraftwerkeinsatz in [€]

$K_{EwBetrieb,KWEinsatz}$ :: Kosten für die Betriebsführung des erweiterten Betriebs (s. Kapitel 4.3.6) in [€]

Beispiel:

Die Kosten $K_{An,übl}$ für das (schnelle) Anfahren eines Steinkohleblocks im Rahmen einer Fahrplanlieferung sollen 20.000 € betragen (s. a. Kapitel 5.6.1).

Ein zeitlich verzögertes Anfahren im einer für das Kraftwerk optimalen Betriebsweise lägen die Kosten $K_{An,opt}$ 10 % unterhalb denen des üblichen Betriebes – mithin bei 18.000 €. Die Kosten für den erweiterten Betrieb $K_{EwBetrieb,KWEinsatz}$ sollen sich auf 25 € belaufen.

Es ergibt sich ein theoretischer Erlös für die UVE von 20.000 € - 18.000 € - 25 € = 1.975 €.

Im Gegensatz beispielsweise zur Teilnahme am Minutenreservemarkt, kann beim Erweiterten Betrieb im Rahmen der Betriebsoptimierung von Kraftwerkeinsätzen auf die Ermittlung der Ersatzenergiebeschaffung verzichtet werden. Es findet ein „kostenloser" Energiemengenswap statt, so dass auf Börsengeschäfte verzichtet werden kann.

4.3.6 Betriebskosten für den erweiterten Betrieb

Neben den Kosten für die Beschaffung der Ersatzenergie sind die Kosten für die Betriebsführung der UVE zu ermitteln. Zu diesen Betriebskosten $K_{EwBetrieb}$ zählen beispielsweise:

- Kosten für Sendebefehle,
- Kapital- und Instandhaltungskosten der Anlagenteile wie Sender, Empfänger und Rechner
- Personalkosten
- etc.

Am Beispiel des erweiterten Betriebs „Ausgleich Fahrplanabweichungen setzen sich die Kosten $K_{EwBetrieb,F}\left(A_{Fahr,Abw,j+1}\right)$ exemplarisch aus folgenden Kostenblöcken zusammen:

- Kosten für die Ersatzbeschaffung zu einem anderen Zeitpunkt $K_{Börse,vers}$

- Betriebskosten $K_{Betrieb}$ für das System (z. B. für Sendebefehle, Fixkosten, etc.).

Es ergibt sich Gleichung 4.3.37:

$$K_{EwBetrieb,F}\left(A_{Fahr,Abw,j+1}\right) = K_{Börse,vers}\left(A_{Fahr,Abw,j+1}\right) + K_{Betrieb}\left(A_{Fahr,Abw,j+1}\right) \qquad (4.3.37)$$

Als Nebenbedingung lässt sich aus Gleichung 4.3.37 ablesen, dass die Kosten für die unverzügliche Ersatzbeschaffung an der Börse über denen der zeitlich verzögerten zzgl. der Betriebskosten liegen müssen, da ansonsten die unverzügliche Ersatzbeschaffung günstiger wäre (Gleichung 4.3.38).

$$K_{Börse}\left(A_{Fahr,Abw,j+1}\right) > K_{Börse,vers}\left(A_{Fahr,Abw,j+1}\right) + K_{Betrieb}\left(A_{Fahr,Abw,j+1}\right) \qquad (4.3.38)$$

Grundsätzlich sind neben einer vollumfänglichen Ersatzbeschaffung auch Teilausführungen mit Teilmengen möglich.

4.4 Modul 4: Wirtschaftlichkeitsbetrachtung der erweiterten Betriebe

Nachdem der (Tages)Energiebedarf (Kapitel 4.1) mit dem technischen Potential (Kapitel 4.2) und die verschiedenen erweiterten Betriebsweisen hinsichtlich ihrer Potentiale sowie betriebswirtschaftlichen Rahmendaten erfasst und beschrieben wurden (Kapitel 4.3), werden in Modul 4 die Ergebnisse zusammengeführt und das betriebwirtschaftliche Optimum (Gewinnmaximierung) ermittelt. Das Ergebnismaximum $K_{Max,j}$ kann durch die Auswahl einer einzigen erweiterten Betriebsweise oder durch eine Kombination mehrerer sich ergänzender erweiterter Betriebsweisen erreicht werden.

Abbildung 4.19 gibt einen Überblick über die zeitliche Abfolge, wann bei welchem erweiterten Betrieb zeitlich ein Handlungs- bzw. Entscheidungsbedarf besteht. Es zeigt sich, dass es keinen festen Zeitpunkt t gibt, zu dem zwangsweise über alle neuartigen Betriebsführungsstrategien zu entscheiden wäre. Dies liegt u. a. daran, dass mit verschiedenen erweiterten Betrieben, wie beispielsweise beim „Ausgleich von Fahrplanabweichungen" oder „Optimierung des Kraftwerkseinsatzes", ein zeitlich fortlaufender Prozess verbunden ist.

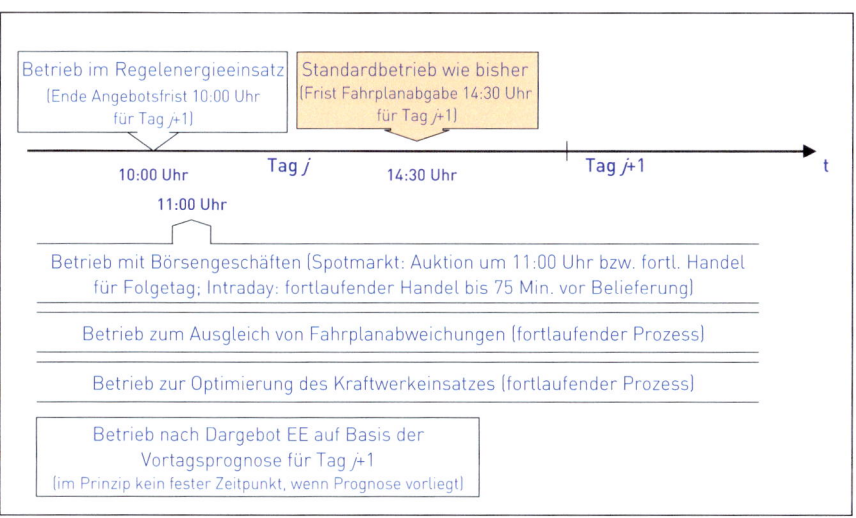

Abbildung 4-19:   Schematische Darstellung der Entscheidungszeitpunkte

Bei anderen erweiterten Betrieben hingegen gibt es feste Zeitpunkte, bei denen ein Entscheidungsbedarf besteht (Beispiel: Teilnahme am Regelenergiemarkt). So sind auch im Standardbetrieb die Fristen für die Abgabe der Fahrpläne entsprechend einzuhalten.

Darüber hinaus kann es beim erweiterten Betrieb mit Geschäften am Spot- und Intradaymarkt theoretisch dazu kommen, dass am Vortag getätigte Handelsgeschäfte im Rahmen von Spotmarktgeschäften am dann laufenden Tag durch eine Umkehr der Preiskurve[39] – unter Erzielung einer erneuten Arbitrage – sozusagen am Intradaymarkt zurückgehandelt werden (können).

---

[39] Dies könnte in Extremfällen beispielsweise bei einer verfehlten Windprognose eintreten.

4.4.1 Zielfunktion

Das erreichbare Ergebnismaximum $K_{Max,j}$ des Tages j berechnet sich im Prinzip aus dem Maximum der einzelnen kalkulatorischen Betriebsergebnisse der verschiedenen erweiterten Betriebe (Gleichung 4.4.1). Im Folgenden wird näher auf den Zeitpunkt eingegangen, zu dem die Entscheidung zur Berechnung des Ergebnismaximums erfolgen soll bzw. muss[40].

$$K_{Max,j} = Max \begin{pmatrix} K_{Minutenres,j+1}; \\ K_{Spot,j+1}; \\ K_{Intraday,j}; \\ K_{D\arg ebotEE,j}; \\ K_{Fahr,Abw,j}; \\ K_{OptKW,j} \end{pmatrix}$$
(4.4.1)

Mit: $K_{Max,j}$ :: Maximal aus dem erweiterten Betrieb heraus erzielbarer Gewinn am Tag j in [€]

Für die Höhe des Erlösmaximums $K_{Max,j}$ ist von maßgeblicher Bedeutung, wann die Auswahlentscheidung über den oder die erweiterten Betriebe getroffen werden soll. Wie in Abbildung 4-19 dargestellt, gibt es keinen natürlichen fixen Zeitpunkt t_1, zu dem mathematisch eindeutig über das Erlösmaximum entschieden werden kann, da sich beispielsweise Spot- und Intraday-Preise – wie Aktienpreise – über die Zeit verändern oder sich Kraftwerksausfälle auch nicht im Vornherein „planen" lassen. Da aber um 10:00 Uhr eines Tages die Angebote für die Regelenergieausschreibung vorliegen müssen, kann dieser (bzw. ein etwas früherer) Zeitpunkt als ein zentraler täglicher Entscheidungszeitpunkt bestimmt werden. Es wird daher festgelegt, dass der Entscheidungszeitpunkt t_1 auf 9:30 Uhr festgelegt wird. Die Zielfunktion (Gleichung 4.4.1) wird dahingehend ergänzt, dass der feste Entscheidungszeitpunkt t_1 eingeführt wird (Gleichung 4.4.2).

$$K_{Max,j}(t_1) = Max \begin{pmatrix} K_{Minutenres,j+1}(t_1); \\ K_{Spot,j+1}(t_1); \\ K_{Intraday,j}(t_1); \\ K_{D\arg ebotEE,j}(t_1); \\ K_{Fahr,Abw,j}(t_1); \\ K_{OptKW,j}(t_1) \end{pmatrix}$$
(4.4.2)

Mit: $K_{Max,j}(t_1)$ :: Maximal aus dem erweiterten Betrieb heraus erzielbarer Gewinn zum Entscheidungszeitpunkt t_1 am Tag j in [€]

---

[40] An den Indizes j bzw. $j+1$ in der Formel zeigt sich ein grundlegendes zeitliches Abgrenzungsproblem. Beispielsweise muss die Entscheidung für Spotmarktgeschäfte laut Marktdefinition am Vortag erfolgen (Tag j); „wirtschaftlich" wirksam werden diese aber erst am Folgetag $j+1$. Es wird daher festgelegt, dass Erlöse aus Spotmarktgeschäften (des Tages $j+1$) erlösseitig dem Vortag (Tag j) bilanziell zugeordnet werden. Bei einer Betrachtung über einen Jahreszeitraum spielt dieses Abgrenzungsproblem allerdings keine Rolle.

$K_{Minutenres,j+1}(t_1) \ldots K_{OptKW,j}(t_1)$ :: Aus dem jeweiligen erweiterten Betrieb heraus erzielbarer Gewinn zum Entscheidungszeitpunkt t_1 für den Tag j+1 in [€]

So wie in den Gleichungen 4.4.1 und 4.4.2 dargestellt, erfolgt die Bestimmung der Erlösmaximums aus dem Maximum eines einzelnen erweiterten Betriebs. Da aber grundsätzlich angedacht ist, mehrere erweiterte Betriebsweisen miteinander zu kombinieren und zeitgleich bzw. zeitlich hintereinander gestaffelt zu betreiben, ist eine weitere Ergänzung der Zielfunktion notwendig.

Für das Erlösmaximum $K_{Max,j}(t_1)$ zum Zeitpunkt t_1 gilt daher nicht mehr das Maximum aus dem bestes Einzelergebnis, sondern dieses errechnet sich aus der Summe der einzelnen tatsächlich ausgewählten erweiterten Betriebe nach Gleichung 4.4.3. Erlöspositionen einzelner erweiterter Betriebe können dabei Null sein, da sie nicht ausgewählt wurden und somit nicht zum Einsatz kommen (z. B. es gab keine Fahrplanabweichung bzw. keinen Kraftwerksausfall).

$$K_{Max,j}(t_1) = \sum \begin{pmatrix} K_{ausgewählt,Minutenres,j+1}(t_1); \\ K_{ausgewählt,Spot,j+1}(t_1); \\ K_{ausgewählt,Intraday,j}(t_1); \\ K_{ausgewählt,DargebotEE,j}(t_1); \\ K_{ausgewählt,Fahr,Abw,j}(t_1); \\ K_{ausgewählt,OptKW,j}(t_1) \end{pmatrix} \qquad (4.4.3)$$

Mit: $K_{ausgewählt,Minutenres,j+1}(t_1) \ldots K_{ausgewählt,OptKW,j}(t_1)$ :: Aus dem jeweiligen ausgewählten erweiterten Betrieb heraus erzielbarer Gewinn zum Entscheidungszeitpunkt t_1 für den Tag j+1 in [€]

Als Nebenbedingung gilt, dass die Erlöse der einzelnen tatsächlich ausgewählten erweiterten Betriebe größer oder gleich groß sein müssen, als das einfache Erlösmaximum aus dem bestes Einzelergebnis (Gleichung 4.4.4).

$$\sum \begin{pmatrix} K_{ausgewählt,Minutenres,j+1}(t_1); \\ K_{ausgewählt,Spot,j}(t_1); \\ K_{ausgewählt,Intraday,j}(t_1); \\ K_{ausgewählt,DargebotEE,j}(t_1); \\ K_{ausgewählt,Fahr,Abw,j}(t_1); \\ K_{ausgewählt,OptKW,j}(t_1) \end{pmatrix} \geq Max \begin{pmatrix} K_{Minutenres,j+1}(t_1); \\ K_{Spot,j+1}(t_1); \\ K_{Intraday,j}(t_1); \\ K_{DargebotEE,j}(t_1); \\ K_{Fahr,Abw,j}(t_1); \\ K_{OptKW,j}(t_1) \end{pmatrix} \qquad (4.4.4)$$

Wenn nun zum Entscheidungszeitpunkt t_1 nicht die gesamte theoretisch für den erweiterten Betrieb zur Verfügung stehenden Kapazität vermarktet werden soll, sondern nur eine Teilmenge, so stehen zu einem späteren Zeitpunkt weitere Kapazitäten zur Verfügung. Gründe für eine Teilvermarktung von Kapazitäten ergeben sich beispielsweise in einer erwarteten besseren Preisstellung an der Börse oder zu geringe Erlöse zum Entscheidungszeitpunkt t_1. Dies gilt insbesondere für freie Kapazitäten am Folgetag $j+1$.

Gleichung 4.4.3 ist daher entsprechend zu ergänzen. Neben den bereits betrachtenden Erlösen $K_{Max,j}(t_1)$ zum Zeitpunkt t_1 ist die Summe der Erlöse $K_{Max,j}(t)$ aus weiteren Entscheidungszeitpunkten t_2 bis t_n hinzuzuaddieren. Der maximale Gewinn $K_{Max,j}$ am Tag j ist in Gleichung 4.4.5 dargestellt.

$$K_{Max,j} = K_{Max,j}(t_1) + \sum_{t=2}^{n} K_{Max,j}(t) = \sum \begin{pmatrix} K_{ausgewählt,Minutenres,j+1}(t_1); \\ K_{ausgewählt,Spot,j+1}(t_1); \\ K_{ausgewählt,Intraday,j}(t_1); \\ K_{ausgewählt,D\arg ebotEE,j}(t_1); \\ K_{ausgewählt,Fahr,Abw,j}(t_1); \\ K_{ausgewählt,OptKW,j}(t_1) \end{pmatrix} + \sum_{t=2}^{n} \sum \begin{pmatrix} K_{ausgewählt,Minutenres,j+1}(t); \\ K_{ausgewählt,Spot,j+1}(t); \\ K_{ausgewählt,Intraday,j}(t); \\ K_{ausgewählt,D\arg ebotEE,j}(t); \\ K_{ausgewählt,Fahr,Abw,j}(t); \\ K_{ausgewählt,OptKW,j}(t) \end{pmatrix}$$

(4.4.5)

Mit: $K_{Max,j}(t)$ :: Maximal aus dem erweiterten Betrieb heraus erzielbarer Gewinn zum Entscheidungszeitpunkt t am Tag j in [€]

$2 \leq t \leq n$ :: Entscheidungszeitpunkte t_2 bis t_n in [h]

4.4.2 Nebenbedingungen und Rahmenparameter

Im Folgenden werden (noch einmal) die Nebenbedingungen und Parameter dargestellt, die für das Modell von entscheidender technischer und ökonomischer Bedeutung sind. Dies sind – neben den für den jeweiligen erweiterten Betrieb relevanten Einflussgrößen –

- die Spotmarkt- und Intraday-Preise $K_{Spot,j+1}(t_e)$ bzw. $K_{Intraday,j}(t_e)$,

- die Ausschreibungs- bzw. Angebotspreise bei der Teilnahme am Minutenreservegeschäft $k_{posLP,Min\operatorname{Re}s}(t)$, $k_{posAP,Min\operatorname{Re}s}(t)$, $k_{negLP,Min\operatorname{Re}s}(t)$ bzw. $k_{negAP,Min\operatorname{Re}s}(t)$,

- die auftretenden Fahrplanabweichungen $\overline{P}_{Fahr,Abw}(t)$,

- die Lastwechsel im Kraftwerksbetrieb K_{OptKW},

- die eingespeisten Windenergiemengen $P_{Windenergieienspeisung}(m)$,

- die prognostisierte Temperatur T_m,

- die verfügbare Netzkapazität $P_{frNetzkap}(m)$ sowie erneut – da von allgemeiner Bedeutung –

- die eingespeiste Windenergiemengen $P_{Windenergieienspeisung}(m)$.

Die ersten fünf Parameter sind bereits im Rahmen der Modellbeschreibungen in den vorherigen Abschnitten eingehend beschrieben. Auf die drei letzten Parameter bzw. Nebenfunktionen wird hier näher eingegangen, da sie von zentraler Bedeutung sind.

Prognostisierte Temperatur

Die (prognostisierte) Temperatur T_m hat eine direkte Auswirkung auf die (prognostisierte) Nachfrage $P_{Netz,gesamt}(T_m,t)$ in Deutschland. Je tiefer die Temperaturen sind, desto größer ist der Strombedarf, d. h. die Nachfrage ist monoton steigend bei fallenden Temperaturen[41]. Es gilt Gleichung 4.4.6.

$$P_{Netz,gesamt}(T_m,t) = \sum_{i=1}^{n} P_i(t) + \sum_{j=1}^{m} \sum_{T_i=1}^{h} P_j(T_m,t) \qquad (4.4.6)$$

Mit: $P_{Netz,gesamt}(T_m,t)$ :: Temperaturabhängige Gesamtnachfrage zum Zeitpunkt t in [MW]

$P_i(t)$ :: Temperaturunabhängige Last P_i in [MW]

$P_j(T_m,t)$ :: Von der Temperatur T_m abhängige Last P_j zum Zeitpunkt t in [MW]

Mit abnehmender Temperatur T_m nimmt auch das Potential für den erweiterten Betrieb aufgrund des größeren Heizenergiebedarfs der UVE zu. Bei einem höheren Verbrauch sind zudem die Börsenpreise tendenziell höher als bei niedrigeren, d. h. auch hier liegt eine monoton steigenden Abhängigkeit zwischen steigenden Börsenpreisen und fallenden Temperaturen vor.

Verfügbare Netzkapazitäten

Die verfügbaren Netzkapazitäten stellen in Bezug auf mögliche Windenergieeinspeisungen einen beschränkenden Faktor dar, da je nach Lastverteilung im Netz nicht ausreichende Transportkapazitäten bzw. freie Netzkapazitäten $P_{frNetzkap}(m)$ zur Verfügung stehen. So kommt es in der Praxis an windstarken Tagen mittlerweile regelmäßig zu Betriebseinschränkungen von Windkraftanlagen. D. h. die maximale elektrische Leistung $P_{Windenergieeinspeisung}(m)$ aller Windkraftanlagen kann nicht größer sein als die verfügbare Netzkapazitäten $P_{frNetzkap}(m)$. In Gleichung 4.4.7 ist diese Nebenbedingung dargestellt.

$$P_{Windenergieeinspeisung}(m) \le P_{frNetzkap}(m) \qquad (4.4.7)$$

Darüber hinaus kann die verfügbare Netzkapazität $P_{frNetzkap}(m)$ mögliche Einsätze der neuartigen Betriebsstrategien $(P_j(T_m,t))$ einschränken, wenn es auf regionaler Ebene zu Netzengpässen beispielsweise wegen technischer Probleme kommt (Gleichung 4.4.8).

$$P_j(T_m,t) \le P_{frNetzkap}(m) \qquad (4.4.8)$$

---

[41] Darüber hinaus bestehen üblicherweise Verbrauchsschwankungen zwischen Werktagen und Wochenende. Diese ändern am Prinzip der Temperaturabhängigkeit aber nichts und werden daher nicht weiter betrachtet.

Dargebot Windenergie

Das Dargebot an Windenergie, d. h. das elektrische Einspeisevolumen von Windkraftanlagen, wirkt sich direkt auf die kurzfristigen Börsenpreise $K_{Börse}(t)$ aus. Je größer die Windenergie-einspeisungen sind, desto geringer werden die Spot- und Intraday-Preise (monoton fallende Abhängigkeit).

Darüber hinaus hat die Menge der eingespeisten Windenergie bzw. die damit zusammen-hängende Einspeischarakteristik Auswirkungen auf den Einsatz von thermischen Kraftwer-ken $P_{KWEinspeisung}(t)$ bzw. die Kostenstruktur für den Kraftwerksbetrieb K_{OptKW}. Je mehr Wind-energie eingespeist wird, desto häufiger müssen klassische Kraftwerke an- und abgefahren werden, was die Betriebskosten erhöht (monoton steigende Abhängigkeit) und den Einsatz der thermischen Kraftwerke reduziert (monoton fallende Abhängigkeit).

Auch für den Einsatz von Regelenergie $P_{Regelenergieeinsatz}(m)$ gilt, je größer die (unzureichend planbaren) Windenergieeinspeisungen sind, desto mehr Regelenergie wird aufgrund von Abweichungen zwischen Prognose und Ist der Einspeisungen erforderlich. In den Gleichun-gen 4.4.9 bis 4.4.11 sind die Zusammenhänge dargestellt.

$$K_{Börse}(t) = f\left(P_{Windenergieeinspeisung}(t)\right) \qquad (4.4.9)$$

$$P_{KWEinspeisung}(t) = f\left(P_{Windenergieeinspeisung}(t)\right) \qquad (4.4.10)$$

$$P_{Regelenergieeinsatz}(m) = f\left(P_{Windenergieeinspeisung}(m)\right) \qquad (4.4.11)$$

Mit: $K_{Börse}(t)$ :: Spotmarkt- bzw. Intraday-Preis $K_{Spot,j+1}(t_e)$ bzw. $K_{Intraday,j}(t_e)$ zum (Entscheidungs-)Zeitpunkt t bzw. t_e in [€/MWh]

$P_{KWEinspeisung}(t)$ :: Fahrplaneinspeisungen von thermischen Kraftwerken zum Zeitpunkt t in [MW]

$P_{Regelenergieeinsatz}(m)$ :: Abruf von Regelenergie zum Zeitpunkt m in [MW]

$P_{Windenergieeinspeisung}(t)$ bzw. $P_{Windenergieeinspeisung}(m)$ :: Elektrische Leistung der Wind-energieeinspeisung zum Zeitpunkt t bzw. m in [MW]

t :: Einstündiges Zeitintervall in [h]

m :: Viertelstündliches Zeitintervall in [¼ h]

4.5 Modul 5: Entscheidung über Einsatzweise

Auf Basis der Wirtschaftlichkeitsbetrachtungen, die im vorherigen Kapitel in Modul 4 vorgestellt worden sind, findet in Modul 5 die Entscheidung über die Art der Einsatzweise statt. Im Prinzip wird der erweiterte Betrieb ausgewählt, der den höchsten betriebwirtschaftlichen Nutzen $K_{Max,j}$ bietet (Gleichung 4.4.5). Stellt die Kombination von mehreren erweiterten Betrieben das wirtschaftliche Optimum dar, so wird diese gewählt.

Grundsätzlich besteht in diesem Modul die Möglichkeit, aufgrund anderer Anforderungen von der Entscheidung zur Einsatzweise auf Basis der höchsten spezifischen Erlöse abzuweichen und eine andere (oder gar keine) erweiterte Betriebsweise zu wählen.

Gründe für eine Einschränkung oder für eine Nicht-Vermarktung von Kapazitäten können beispielsweise sein:

- kurzfristige netztechnische Einschränkungen,
- keine kostendeckende Vermarktungsmöglichkeit bzw. zu hohe Renditevorstellungen am Spot- bzw. Intradaymarkt,
- kein Zuschlag bei der Minutenreserveausschreibung aufgrund zu hoher Angebote,
- keine kurzfristigen Fahrplanänderungen bzw. Kraftwerksausfälle,
- kein Angebot von EE-Strom bzw. kein ausreichender Spread am Spotmarkt oder
- die Erwartung größerer Preisspreads an der Börse zu einem späteren Zeitpunkt.

4.6 Modul 6: Entscheidung, welche Anlagen wann eingesetzt werden

Nachdem die Entscheidung über die Einsatzweise (Modul 5) getroffen wurde, hat Modul 6 die Aufgabe, den Einsatz der einzelnen UVE zu koordinieren, d. h. zu bestimmen, wann welche Anlagen zum Einsatz kommen sollen. Eine getrennte Betrachtung zwischen dem „Standardbetrieb" und dem „erweiterten Betrieb" ist hierbei notwendig.

Gruppierung der Anlagen und Bestimmung der Standardfahrpläne

Beim Standardbetrieb ist wiederum zwischen – den hier nicht weiter betrachteten – technisch nicht aufgerüsteten Anlagen und den Anlagen zu unterscheiden, die für den erweiterten Betrieb ausgelegt sind. Die „ungeeigneten Standardanlagen" werden wie bisher über Rundsteuersignale gesteuert und die Entscheidung, ob sie im erweiterten Betrieb eingesetzt werden, erübrigt sich. Bei allen technisch ertüchtigten Anlagen ist die Kenntnis über den Einsatzzeitpunkt auch im Standardbetrieb erforderlich, um die Potentiale für den erweiterten Betrieb ermitteln zu können bzw. um überhaupt Einzelanlagen zu Gruppen zusammenschalten zu können. Demzufolge muss ¼-stundenscharf bekannt sein, ob eine Anlage Energie bezieht oder nicht. Erst so wird ihr Einsatz planbar. Der Summenfahrplan der ertüchtigten Anlagen im Standardbetrieb hat zu dem temperaturabhängigen Standardlastprofil zu führen.

Aufbauend auf dem Standardbetrieb der ertüchtigten Anlagen erfolgt die Entscheidung, wann welche Anlagen im erweiterten Betrieb eingesetzt werden sollen. Das zugrunde liegende Prinzip bei diesem erweiterten Betrieb lässt sich wie folgt zusammenfassen:

- Nicht alle Anlagen, die die technischen Voraussetzungen aufweisen, werden zeitgleich im erweiterten Betrieb eingesetzt, d. h. gleichzeitig zu- bzw. abgeschaltet.

- Zur zuverlässigen Leistungszu- bzw. -abschaltung über einen längeren Zeitraum werden die Anlagen roulierend einbezogen.

- Einzelanlagen werden zu größeren Einheiten zusammengruppiert, um so „standardisierte" Leistungspakete von beispielsweise 1 MW oder 2,5 MW zu erhalten. Dabei ist zu beachten, dass

  - Einzelanlagen unterschiedliche installierte Leistungswerte aufweisen können.

  - der Tagesenergie- bzw. Jahresenergiebedarf verschiedener Einzelanlagen unterschiedlich ist.

  - bei der Zusammenfassung zu Gruppen nicht alle Anlagen einer Gruppe aus ein und demselben Ortsverteilnetz stammen.

  - die zusammengefassten Anlagen eine vergleichbare Auflade- bzw. Entladecharakteristik, Tagesenergiebedarf und Nutzstrukturen – wie beispielsweise Zentralspeicheranlagen, Wärmepumpensysteme, elektrische Fußbodenheizungen, mit und ohne Warmwasserbereitung, etc. – besitzen.

  - die Ladekapazität einzelner Gruppen unterschiedlich sein kann.

- Es wird angenommen, dass Einzelanlagen, wenn sie Energie beziehen, dies mindestens über einen Zeitraum einer ¼-Stunde technisch können. Die zeitliche „Mindestrasterung" ist somit mit der für die Fahrplanerstellungen übliche ¼-stündlichen Zeitrasterung deckungsgleich.

- Mehrere dieser Gruppen werden zu einsatzfähigen Paketen zusammengefasst. Die Mindestgröße bei der Teilnahme am Regelenergiemarkt betragt z. Z. 15 MW[42], die Mindestgröße an der Strombörse 1 MW[43].

- Bei der Teilnahme am Regelenergiemarkt (Minutenreserve) beschränkt sich der wesentliche Einsatz in der Befähigung zur Leistungsauf- bzw. –abnahme von Energie, d. h. die Anlagen werden meistens im Standardbetrieb gefahren und nur beim Abrufen von Regelenergie einem anderen Betrieb unterworfen.

Die (technisch ertüchtigten) UVE eines Lieferanten sind nach obigen Grundprinzipien so zu gruppieren, dass sich o verschiedene Gruppen ergeben. Hierzu werden beispielsweise für eine Gruppenleistung von 1 MW fünfzig 20 kW Anlagen zusammengeschaltet oder zweihundertfünfzig 10 kW Anlagen für 2,5 MW. Es ergibt sich für eine Gruppe P_G (Gleichung 4.6.1):

$$P_G = \sum_{k=1}^{l} P(k) = const. \qquad (4.6.1)$$

Mit: P_G :: Leistungswert der Gruppe G von unterbrechbaren Verbrauchseinrichtungen der Kunden 1 bis l in [kW]

$P(k)$ :: Installierte Leistung der Kundenanlage k in [kW]

---

[42] Stand März 2007

[43] Das Anbieten von größeren Leistungspaketen ist sinnvoll, um die Transaktionskosten (z. B. Personalkosten) gering zu halten.

k :: Anlage des Kunden k

l :: Anzahl der Kunden, die in der Gruppe G zusammengefasst sind

Die Summe der Leistungswerte der o Gruppen muss mit der Summe der installierten Kapazität der UVE eines Lieferanten nach Gleichung 4.1.23 übereinstimmen (Gleichung 4.6.2)

$$P_{Lief,verfüg,installKap} = \sum_{i=1}^{o} P_G(i) \qquad\qquad (4.6.2)$$

Mit: $P_{Lief,verfüg,installKap}$ :: Summe der verfügbaren installierten Kapazität der unterbrechbaren Verbrauchseinrichtungen eines Lieferanten in [kW]

$P_G(i)$ :: Leistungswert der Gruppe i von unterbrechbaren Verbrauchseinrichtungen in [kW]

o :: Anzahl der Gruppen G

Nach erfolgter Zuordnung der Einzelanlagen zu den Gruppen, lässt sich für jede Gruppe G,i das temperaturabhängige „gruppenindividuelle" Lastprofil bestimmen, wobei das Summenlastprofil aller Gruppen dem allgemeinen temperaturabhängigen Standardlastprofil entsprechen muss. Die gruppenindividuellen Lastprofile weichen von dem offiziellen Standardlastprofil ab. Durch Zuordnung aller Kunden bzw. UVE zu den Gruppen kann auch für jede Gruppe der Tagesenergiebedarf bestimmt werden.

Die in Kapitel 4.2 ermittelten abschaltbaren Lasten müssen sich auch durch Aufsummierung aller Gruppen zu den jeweiligen ¼-Stundenwerten ergeben. Entsprechendes ergibt sich für die zuschaltbaren Lasten. Mithin lässt sich für jede ¼-Stunde durch Zusammensetzen der einzelnen Gruppen der Bedarf für den erweiterten Betrieb decken.

Einsatzentscheidung

Das Prinzip der Entscheidung, wann welche Anlagen zum Einsatz kommen sollten, lässt sich wie folgt skizzieren (s. Abbildung 4-20):

- Alle o Gruppen werden durchnummeriert.
- Es erfolgt eine ¼-stundenscharfe Eingruppierung in zwei Untergruppen die
  - entweder in Betrieb (p Gruppen)
  - oder gerade nicht in Betrieb sind (q Gruppen).
- Beginnend mit der ersten verfügbaren Gruppe werden so lange die verfügbaren Gruppen der Reihe nach aufsummiert bis der aus dem erweiterten Betrieb resultierende ¼-Stunden-Leistungswert erreicht ist (Beispiel: Gruppe 1 – 6 in Abbildung 4-20).
- Je nachdem wie lange eine Gruppe einsatzfähig ist (¼-Stunde, ½-Stunde, ¾-Stunde, etc.), erfolgt der „Ersatz" durch die nächste freie Gruppe (Beispiel: Gruppe 7). Die Prozedur wird entsprechend weitergeführt (Beispiel: bis Gruppe 18). Ist der Einsatz im erweiterten Betrieb so lange, dass alle Gruppen einmal an der Reihe gewesen sind, so beginnt der Einsatz wieder von der ersten (einsatzfähigen) Gruppe an (Beispiel: Gruppe 1*, 2*, etc.).
- Das „Gegengeschäft" erfolgt nach dem gleichen Muster zu einem früheren oder späteren Zeitpunkt.

- Beim nächsten Einsatz wird bei der nächsten freien nicht zum Einsatz gekommenen verfügbaren Gruppe fortgesetzt (Beispiel: ab Gruppe 5).

- Es kann vorkommen, dass eine Gruppe nur einmal je erweiterten Betrieb eingesetzt werden kann.

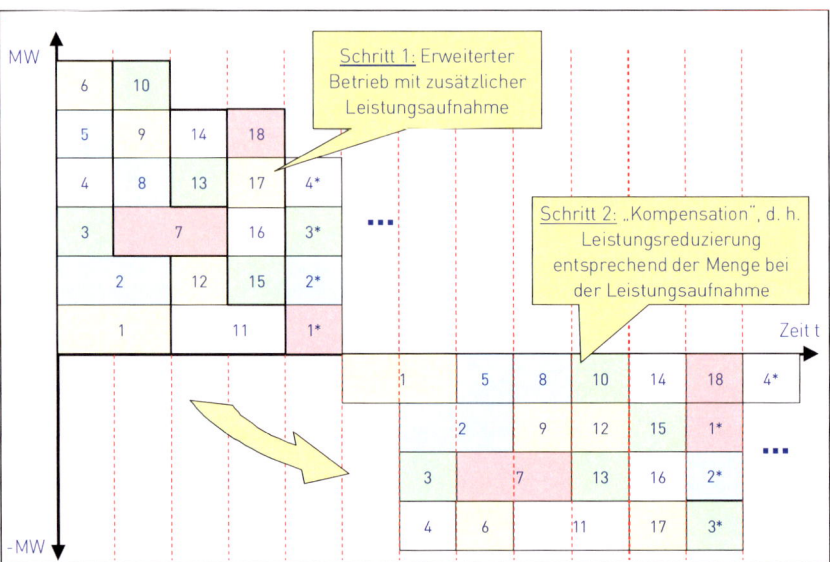

Abbildung 4-20:   Darstellung des Einsatzprinzips der zu Gruppen zusammengeschalteten unterbrechbaren Verbrauchseinrichtungen

Für eine exakte Ermittlung der Kapazitäten für die o Gruppen ist theoretisch eine tägliche Neugruppierung der Anlagen erforderlich, da einzelne Anlagen aufgrund der Urlaub- bzw. „Aus"-Stellung nicht oder wieder zur Verfügung stehen. Dies ist nur mit einer automatisierten Gruppierung der Anlagen täglich möglich.

4.7 Modul 7: Einsatzfahrplanerstellung

Auf Basis der in Kapitel 4.6 beschriebenen Einordnung der einzelnen UVE in Gruppen erfolgt die Erstellung der Einsatzfahrpläne für die UVE. Zu unterscheiden ist erneut zwischen dem „Standardbetrieb" und dem „erweiterten Betrieb".

Unter der Einsatzfahrplanerstellung ist nicht die Beschaffung der Energie für den Bilanzkreis zu verstehen, sondern das Zusammensetzen der Leistungspakete bzw. das Schalten der UVE nach einem Fahrplan – sozusagen die geplante Steuerung der UVE.

4.7.1 Beschreibung Standardbetrieb

Analog zum bisherigen Vorgehen – und vom obigen Gedanken unberührt – ist am Vortag j-1 der Fahrplan für den Folgetag j zu erstellen und entsprechend im Bilanzkreis einzustellen. Durch Ermittlung des temperaturabhängigen Tagesenergiebedarf der UVE $A_{\text{Lief,j}}$ und Ausrollen des Standardlastprofils ergibt sich der entsprechende Fahrplan für den Folgetag j. Nach Erstellung des Fahrplans kann die Energiebereitstellung erfolgen[44]. Dies entspricht exakt dem bisherigen Vorgehen.

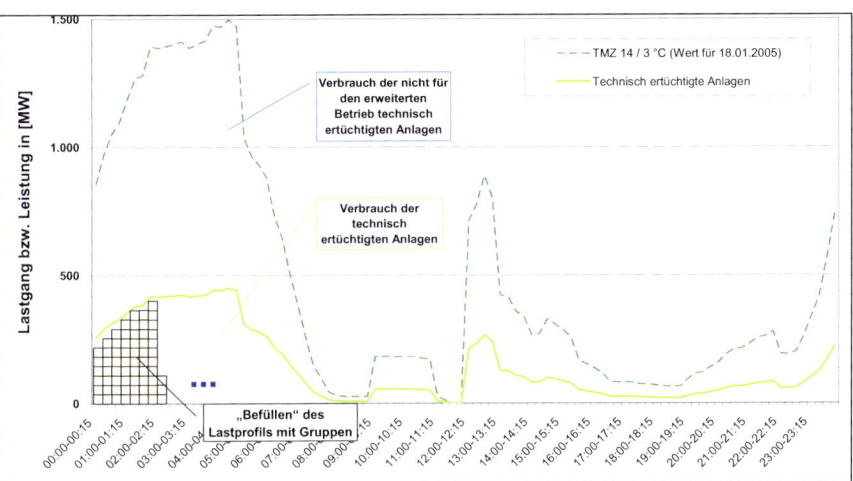

Abbildung 4-21:   Prinzip der Einsatzfahrplanerstellung der unterbrechbaren Verbrauchseinrichtungen

Zur Einsatzfahrplanerstellung der UVE werden auch für den Standardbetrieb die einzelnen Leistungspakete modular so zusammengesetzt, dass der erforderliche Fahrplan (nach temperaturabhängigen SLP) erreicht wird. Dieser Fahrplan ist deckungsgleich mit dem ausgerollten Standardlastprofil. Schematisch ist der Zusammenhang in Abbildung 4-21 dargestellt.

Der Einsatzfahrplan ist somit deckungsgleich mit dem über dem Tagesenergiebedarf ausgerollten Standardlastprofil. Die Einstellung der Energiemengen in den Bilanzkreis erfolgt für die UVE.

Mit diesem Ansatz kann im Prinzip – unter Beachtung der technischen Machbarkeit – jeder denkbare Lastgang modelliert werden. Dies wird im „erweiterten Betrieb" genutzt.

---

[44] Der Lieferant hat mit seinem Vorlieferanten (Handelshaus) oder Kraftwerksbetreiber einen entsprechenden Liefervertrag abgeschlossen.

4.7.2 Beschreibung „erweiterter Betrieb"

Ist die Entscheidung über den erweiterten Betrieb gefallen, wann welcher „erweiterte Betrieb" mit wie viel Leistung zum Einsatz kommt (Modul 5, Kapitel 4.5), so erfolgt eine vergleichbare Befüllung des resultierenden Lastgangs wie beim „Standardbetrieb". Das resultierende Lastprofil gibt allerdings nicht das des temperaturabhängigen Lastprofils wieder, sondern den gewünschten für den erweiterten Betrieb erforderlichen Lastgang. Der Einsatzfahrplan ist somit <u>nicht</u> deckungsgleich mit dem über dem Tagesenergiebedarf ausgerollten Fahrplan des Standardlastprofils. Der Ansatz zur Befüllung ist in Modul 6 beschrieben (Kapitel 4.6). Grundsätzlich gehört zu diesem Lastgang neben der Aufnahme bzw. Abgabe im Rahmen beispielsweise eines Börsengeschäftes auch das korrespondierende Gegengeschäft zum Ausgleich dieser Energiemengen.

Es sind bei der Betrachtung der technisch ertüchtigten Anlagen vier Fälle zu unterscheiden:

- Die UVE, die gerade <u>nicht</u> im Rahmen des erweiterten Betriebs zum Zeitpunkt t1 geschaltet werden.

- Die UVE, die im Rahmen des erweiterten Betriebs zum Zeitpunkt t1 gerade zu- bzw. abgeschaltet sind.

- Der Erweiterte Betrieb mit zusätzlicher Leistungsaufnahme:

  - Die erste Gruppe (nicht im Einsatz) wird zum Zeitpunkt t1 gemäß der Beladung im Standardbetrieb eingesetzt, d. h. diese ergeben den üblichen Standardlastgang.
  - Die zweite Gruppe (gerade im Einsatz) wird zum Zeitpunkt t1 zusätzlich hinzugeschaltet.

- Der Erweiterte Betrieb mit Leistungsreduzierung:

  - Die erste Gruppe (nicht im Einsatz) wird zum Zeitpunkt t1 gemäß der Beladung im Standardbetrieb eingesetzt, wobei sich nicht der üblichen Standardlastgang ergibt, da Anlagen der zweiten Gruppe „fehlen".
  - Die zweite Gruppe (gerade im Einsatz) wird zum Zeitpunkt t1 abgeschaltet und die entsprechenden Energiemengen werden im Erweiterten Betrieb anderweitig verwendet.

In Abbildung 4-22 ist der Lastverlauf aller UVE am Beispieltag 18. Januar 2005 für die prognostisierte Tagesmitteltemperatur von 3°C dargestellt (gestrichelte Linie, „TMZ 14/3°C (Wert für 18.01.2005)"). Die dünne grüne durchgezogene Linie gibt den entsprechenden Lastverlauf der technisch ertüchtigten Anlagen im Standardbetrieb wieder. Diese ist im Prinzip identisch mit der ersten Linie, nur dass die Leistungswerte aufgrund der geringeren Anzahl der (technisch ertüchtigten) UVE geringer ist. Im Rahmen der erweiterten Betrieb wird nun ein geänderter Fahrplan erstellt (dicke orange Linie, „Lastgand erweiterter Betrieb").

Um nun vom „normalen" Lastgang der technisch ertüchtigten Anlagen (Standardbetrieb) zu dem des erweiterten Betriebs zu kommen, werden die entsprechenden Deltaflächen durch Ab- bzw. Zu-Schalten von UVE (bzw. von in Gruppen zusammengefassten Anlagen) ausgeglichen (Abbildung 4-23). Es ergibt sich für die technisch ertüchtigten Anlagen damit der „neue" sich aus dem erweiterten Betrieb ergeben Fahrplan. Entgegen der Befüllung im Standardbetrieb (Abbildung 4-21) ergibt sich für die Anlagen bzw. Gruppen ein zeitlich versetzter Betrieb (Abbildung 4-23).

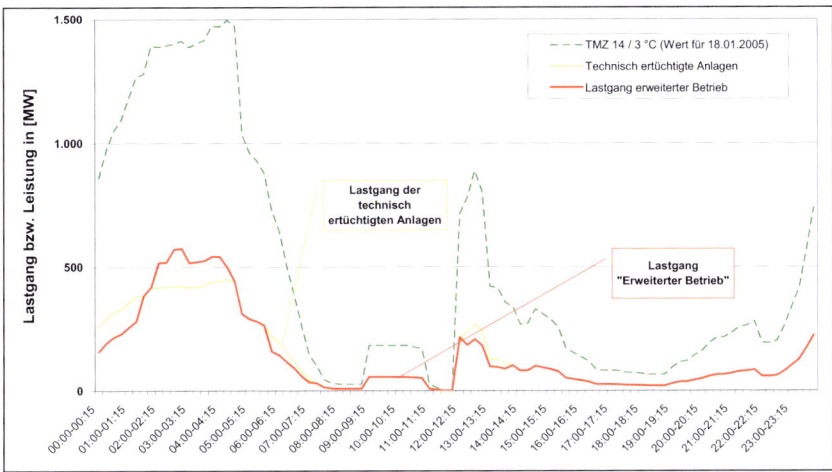

Abbildung 4-22:   Prinzip der Einsatzfahrplanerstellung der unterbrechbaren Verbrauchseinrichtungen im erweiterten Betrieb

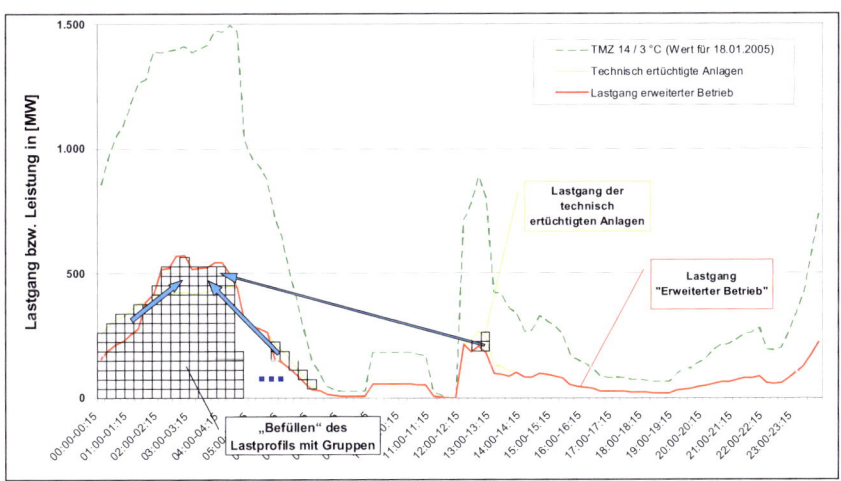

Abbildung 4-23:   Prinzip der Einsatzfahrplanerstellung der unterbrechbaren Verbrauchseinrichtungen im erweiterten Betrieb – Detail Befüllung der Gruppen

4.8 Modul 8: Sendebefehle und Betrieb

Nachdem der Fahrplan bzw. der Einsatzfahrplan der zu Gruppen zusammengefassten UVE erstellt ist (Modul 7), kann der eigentliche Betrieb der Anlagen erfolgen.

Hierzu werden die UVE mit entsprechenden Signalen gesteuert, d. h. an- oder abgeschaltet. Jede einzelne unterbrechbare Verbrauchseinrichtung hat ihre individuelle Kennung, so dass je Anlage ein Signal erforderlich wird. Ein Schaltvorgang besteht grundsätzlich aus zwei Signalen (1. Signal z. B. „Einschalten"; 2. Signal „Ausschalten").

Da im ¼-stündlichen Zeitrhythmus große Datenmengen anfallen, ist es zum Entzerren der zu sendenden Datenmengen denkbar, auch fest eingestellte Zeitverzögerungen nach dem Eintreffen des Signals von beispielsweise wenigen Minuten einzurichten. So wäre ein (mehr oder minder) kontinuierlicher Datenfluss möglich, der die Datenmengenspitzen vermeidet.

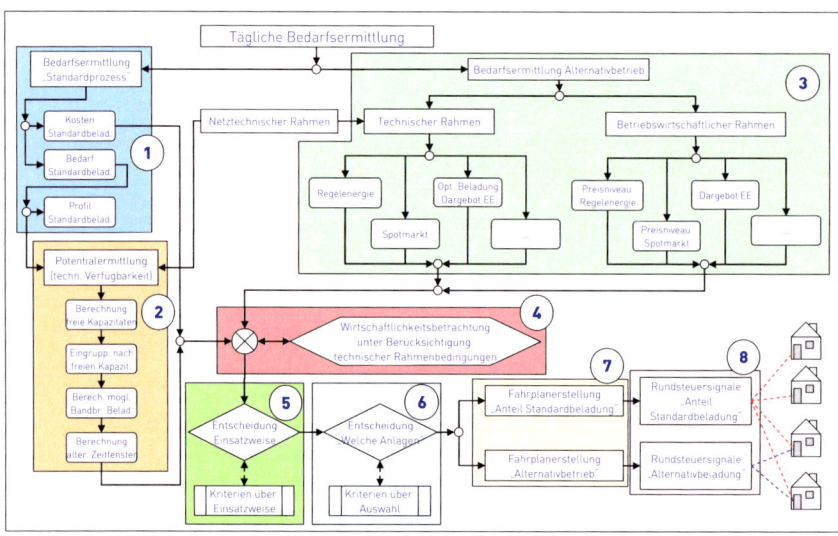

Abbildung 4-24:   Modellskizze des Gesamtprozesses

In Abbildung 2-24 ist zusammenfassend noch einmal schematisch in einem Prozessschaubild der modulare Gesamtaufbau des Betriebsmodells zur Potentialermittlung und Auswahl der geeigneten neuartigen Betriebsführungsstrategien dargestellt.

5. Annahmen und Ergebnisse der Modellrechnungen

Maßgeblich für das vorgestellte Betriebsmodell ist neben der potentiellen Verbesserung der Netzstabilität dessen betriebswirtschaftlicher Nutzen. Im Folgenden werden exemplarisch am Referenzszenario einige Ergebnisse der Modellrechnungen vorgestellt. Aus ihnen geht hervor, dass sich grundsätzlich ein wirtschaftlicher Betrieb erzielen lässt.

5.1 Allgemeine Annahmen und Anlagenkennzahlen für Modellrechnungen

Die Modellrechnungen basieren im wesentlichen auf allgemein zugänglichen Angaben wie Börsen- oder Regelenergiepreisen sowie durch getroffenen Annahmen.

In den Tabellen farblich (gelb) hinterlegte Felder sind im Modell Eingabefelder, die grundsätzlich variiert werden können.

Die bereits in Kapitel 3.1.2 vorgestellten Eckdaten sind in Tabelle 5-1 noch einmal zusammengefasst. Basierend auf den dortigen Angaben wird die Anzahl der Haushalte bzw. Wohnungen mit UVE auf 2,2 Mio. Haushalte angesetzt. Die installierte Leistung wird anhand der vorgestellten Werte mit 40.000 MW geschätzt (gemittelt). Es wird ein Jahresabsatz von 35,1 TWh angesetzt, so dass hier nur Heizenergieverbräuche und keine für die Warmwasserbereitung betrachtet werden.

Tabelle 5-1:   Allgemeine Angaben

Wohnungen mit Stromheizungen in D	2.000.000	Stück
Alle Anlagen in D (2005)	40.000	MW
Jahresabsatz (Stand 2005)	35,1	TWh/a
Annahme mittlere Anlagengröße	20	kW
Mittlerer Jahresverbrauch je Anlage	17.550	kWh/a

Wird die Summe der installierten Leistung aller UVE von 40.000 MW zugrunde gelegt, so ergibt sich eine mittlere installierte Leistung von 20 kW je Anlage. Ein vergleichbarer Wert lässt sich aus den Daten der Anlagen in einem ausgewählten größeren Versorgungsgebiet ableiten. Im Modell wird mit einer durchschnittlichen Anlagengröße von 20 kW gerechnet, was bei einer geeigneten Auswahl der Anlagen einen realistischen Wert darstellt.

Der durchschnittliche Jahresenergieverbrauch aller UVE in Deutschland liegt bei rund 35 TWh bzw. bei rund 17.500 kWh/a je Anlage. Eine Verifizierung dieses Wertes anhand der Anlagen im betrachteten Versorgungsgebiet ist möglich.

Da die installierte Leistung als auch der Jahresabsatz von Anlage zu Anlage stark variieren, wird in den Modellrechnungen von einem mittleren Jahresenergieverbrauch von 20.000 kWh/a ausgegangen, d. h. es werden vorrangig verbrauchsstarke Kunden ausgewählt. Anhand der Kundenanlagen im betrachteten Versorgungsgebiet lässt sich ein entsprechender Anlagenpark zusammenstellen. In Tabelle 5-2 sind die für die Modellrechnungen angesetzten Annahmen zusammengefasst.

In den nachfolgenden Rechnungen wird von 50.000 technisch ertüchtigten Anlagen ausgegangen. Bei einer durchschnittlichen Anlagengröße von 20 kW ergibt sich eine installierte Leistung von insgesamt 1.000 MW. Die angesetzten 50.000 Anlagen stellen etwa 2,32 % aller deutschen Anlagen bzw. grob geschätzt 20 % der installierten Anlagen im Netzgebiet des beispielhaft betrachteten Unternehmens dar. Eine deutliche Leistungserweiterung wäre somit realisierbar.

Unter den in Kapitel 4.2.5 getroffenen Annahmen zum Verfügbarkeitsfaktor $V_{Verfüg}$, dass jeweils 25 % der Anlagen in einem roulierend im erweiterten Betrieb eingesetzt werden (können), errechnet sich ein technisches Leistungspotential von 250 MW.

Tabelle 5-2:   Anlagenkennzahlen für Modellrechnungen

Anzahl (technisch ertüchtigter) Anlagen	50.000	Anlagen
Durchschnittliche installierte Leistung je Anlage	20	kW
Durchschnittlicher jährlicher Energieverbrauch	20.000	kWh/a
Durchschnittlicher Strombezugspreis (netto)	7,76	Ct/kWh
Installierte Leistung aller Anlagen	1.000	MW
Jahresverbrauch aller Anlagen	1.000.000	MWh
Umsatz "Standardbetrieb"über alle Anlagen (netto)	77.586.207	€/a
Umsatz "Standardbetrieb" je Anlage (netto)	1.552	€/a
Prozentualer Anteil der maximal teilnehmenden Anlagen	25	%
Max. der installierten Leistung der einzusetzenden Anlagen	250	MW

Informativ ist noch angegeben, dass sich im „Normalbetrieb" für der technisch ertüchtigten 50.000 Anlagen ein Nettoumsatz von etwa 77,5 Mio. € (Stand Ende 2006) ergibt.

Neben den für die Modellrechnungen wichtigen Anlagenkennzahlen sind die betriebswirtschaftlichen Eckdaten der technisch ertüchtigten Anlagen von Bedeutung.

Es werden pauschal jährliche Fixkosten in Höhe von 200.000 € angesetzt (siehe Tabelle 5-3). Hierunter fallen Aufwendungen für das IT-System (ein PC), die Sendeeinrichtung (leistungsfähiges Modem) sowie weitere Kostenpositionen beispielsweise für Miete, Büroausstattung, Börsenzulassung oder das Händlerdesk. Als Personalkosten sind 0,5 Mitarbeiterkapazitäten zugrunde gelegt. Da bei einer Realisierung bei einem Energieversorger einerseits auf die bereits existierende Handelplattform des Unternehmens aufgesetzt und andererseits auf einen bestehenden Kundenstamm der Heizstromkunden zurückgegriffen würde, ist eine detailliertere Betrachtung einzelner Kostenpositionen wie Beispielsweise Büromiete von untergeordneter Bedeutung und für das grundsätzliche Funktionieren des Modellansatzes nicht von Relevanz.

In der Kostenposition „zusätzliche Fixkosten pro Jahr und Anlage" in Höhe von 20 €/a sind die zusätzlichen Kosten für die aufgerüstete Steuerung (Sender/Empfänger bzw. anteilige Kosten DSL-Zugang) sowie (über mehrere Jahre abgeschrieben) der Einbau und die Einrichtung der Steuerung zusammengefasst. Der Aufschlag von 20 €/a wurde geschätzt und orientiert sich an den mittleren Kosten (inkl. Messung und Abrechnung) von „normalen" Drehstromzählern bei Haushaltskunden eines effizienten Netzbetreibers. Es wird mithin von den doppelten Zählerkosten im Vergleich zu den nicht technisch aufgerüsteten Anlagen (inkl. Zähl- und Messkosten) ausgegangen.

Tabelle 5-3:   Betriebswirtschaftliche Kennzahlen der Anlagen für den erweiterten Betrieb

Zentrale Fixkosten pro Jahr	200.000 €/a
Zusätzliche Fixkosten pro Jahr und Anlage	20 €/a Anlage
Kosten für 2 Signale pro Anlage	0,01 Ct/Signal Anlage
Anzahl Doppelsignale im Normalbetrieb (200 d Winter)	15 Signale/d Anlage
Anzahl Doppelsignale im Normalbetrieb (165 d Sommer)	8 Signale/d Anlage
Signalkosten für Standardbetrieb (Winter, 200 Tage)	0,15 Ct/d Anlage
Signalkosten für Standardbetrieb (Sommer, 165 Tage)	0,08 Ct/d Anlage
Signalkosten für Standardbetrieb pro Anlage	0,43 €/a Anlage
Signalkosten pro Jahr über alle Anlagen	21.600 €/a
Fixkosten pro Jahr über alle Anlagen	1.221.600 €/a
Fixkosten (inkl. Signalkosten) pro Jahr und Anlage	24,43 €/a Anlage

Sollte es – wie seit einiger Zeit im politischen Umfeld diskutiert[45] – zu einer gesetzlichen Verpflichtung zum Einbau von fernauslesbaren Zählern kommen, um beispielsweise besser Energieeffizienzziele überprüfen zu können, zusätzliche (Informations-)Dienstleistungen für Kunden anzubieten, Abwicklungsprozesse wie Zählerablesungen prozessual zu verbessern oder sonstige politische Ziele beispielsweise zur Verbrauchstransparenz zu erreichen, so würden sich die aufgeführten zusätzlichen Kosten für die technische Aufrüstung hinsichtlich der Funktionalitäten des erweiterten Betriebs beträchtlich reduzieren. Ein Großteil der für eine Fernauslesbarkeit von Zählern notwendigen Systemvoraussetzungen und technischen Infrastrukturen sind mit den technischen Belangen für den erweiterten Betrieb identisch und würden über die allgemeinen Zähl- und Messkosten finanziert (s. a. Kapitel 5.9.2).

Um mögliche laufende Kosten für den Signalbetrieb abzudecken, ist zusätzlich eine geringe Kostenposition in Höhe von 0,01 Ct je Doppelsignal für die Signalbereitstellung angesetzt. Unter dem Begriff „Doppelsignal" ist jeweils ein „Einschalt"- und „Ausschalt"-Signal, d. h. zwei Schaltvorgänge zu verstehen. Grundsätzlich dürfte jedoch die Übermittlung von Signalen kostenfrei sein (z. B. vorhandene DSL-Flatrate beim Kunden, die von diesem sowieso bezahlt wird bzw. pauschal in den „zusätzlichen Fixkosten pro Jahr und Anlage" bereits enthalten ist). Um dem Modellansatz robuster zu gestalten, wird dennoch ein Aufwand hierfür eingestellt.

Da im Winter der (Heiz-)Energiebedarf ungleich höher ist als im Sommer, werden täglich 15 Schaltvorgänge im Winter- und 8 im Sommerbetrieb angenommen. Es ergeben sich Signalbetriebskosten von jährlich 0,43 € je Anlage. Diese Anzahl der Schaltvorgänge gilt für den ertüchtigten „Normalbetrieb", da bereits im „Normalbetrieb" oder Standardbetrieb diese Signalkosten für die Steuerung der UVE zum Erreichen des einzuspeisenden Lastprofils anfallen. Zusätzliche Signalkosten, die sich aus dem erweiterten Betrieb ergeben, werden dort berücksichtigt.

Es ergeben sich Signalkosten in Höhe von jährlich 21.600 €. Im Verhältnis zu den zusätzlichen anlagenspezifischen Fixkosten in Höhe von 1 Mio. € liegen sowohl die Signalkosten als auch Kosten für die zentrale Infrastruktur und Hardware deutlich darunter. Bei einer Variation von Kostenpositionen sollten daher vorrangig – und wie bereits oben angedeutet – die

---

anlagenspezifischen Kosten im Vordergrund stehen. Insgesamt summieren sich die jährlichen Fixkosten auf rund 1,22 Mio. €, was zu spezifischen Kosten je Anlage von jährlich 24,43 € führt.

Weitere Kosten, beispielsweise Transaktionskosten für Handelsgeschäfte an der Börse, sind direkt den erweiterten Betriebsweisen zugeordnet.

In den folgenden Kapiteln werden für die unterschiedlichen erweiterten Betriebsweisen die Modellrechnungen so durchgeführt, als ob der betrachtete erweiterte Betrieb im einem „stand alone"-Einsatz umgesetzt würde.

5.2 Modellergebnisse „Teilnahme Minutenreserve"

5.2.1 Kosten „Teilnahme Minutenreserve"

Nachdem die Systemvoraussetzungen für die Teilnahme am Regelenergiemarkt geschaffen sind (was durch die technische Ertüchtigung der Anlagen erfolgt und in den in Kapitel 5.1 dargestellten Fixkosten erfasst ist), fallen keine weiteren Kosten für eine Teilnahme am Minutenreservemarkt an. Auch nach einem erhaltenen Zuschlag bei einer Auktion ergeben sich nur beim tatsächlichen Abrufen von Minutenreserve Kosten (bzw. Erlöse). Das „Vorhalten" von Minutenreserveleistung mit den UVE ist nicht mit weiteren über den Normalbetrieb hinausgehenden Kosten verbunden. Ein tatsächlicher Abruf von Minutenreserve kommt in der Praxis (bislang) nur sporadisch vor; teilweise wird über Monate hinweg keine positive oder negative Minutenreserve abgerufen und wenn, dann i. d. R. nur Teilmengen der ausgeschriebenen Kapazitäten über wenige Stunden. Zur Gewährleistung der Netzstabilität, ist das Vorhalten von Minutenreservekapazitäten aber unerlässlich.

Wird tatsächlich Minutenreserve abgerufen, so fallen neben den Transaktionskosten der Börse für das durchzuführende Gegengeschäfts lediglich Signalkosten an (Tabelle 5-4). Signalkosten ergeben sich sowohl beim Abrufen der Minutenreserve (Zu- bzw. Abschalten von Anlagen) als auch beim entsprechenden Gegengeschäft zum Ausgleich der Energiemengendeltas. Darüber hinaus fallen für das Gegengeschäft Transaktionskosten im Rahmen der Börsengebühren in Höhe von knapp 9 € an. Wie beispielhaft dargestellt summieren sich die Kostenpositionen auf etwa 10 € je 25 MW Handelsgeschäft.

Um die Höhe der ab- bzw. zuzuschaltenden Kapazitäten sicher gewährleisten zu können, wird – bei allen erweiterten Betrieben – ein Sicherheitsaufschlag bei der Anzahl der Anlagen von 2,5 % bzw. 1,025 aufgeschlagen. Für die angenommene Leistung von 25 MW für ein (tatsächlich abgerufene) Minutenreservegeschäft werden rechnerisch 1.250 UVE mit einer spezifischen Leistung von jeweils 20 kW benötigt. Wird der Sicherheitsaufschlag von 2,5 % mit berücksichtigt erhöht sich die Anlagenanzahl um 32 auf 1.282.

Tabelle 5-4:   Kosten Gegengeschäfte Minutenreserve

Transaktionskosten je Handelsgeschäft	0,35 €/MWh
Durchschn. Leistung je Minutenreserveeinsatz ("Geschäft")	25 MW
Durchschn. Leistung je Handelsgeschäft ("Gegengeschäft")	25 MW
Durchschn. Dauer je Handelsgeschäft ("Gegengeschäft")	1 h
Volumen je Handelsgeschäft ("Gegengeschäft")	25 MWh
Transakt.-Kosten je Handelsgeschäft ("Gegengesschäft")	8,75 €/Handelsgesch.
Sicherheitsaufschlag bei Anlagenanzahl im erw. Betrieb	1,025
Teilnehmende Anlagen je Handelsgeschäft	1.282 Anlagen
Doppel-Signale je Handelsgeschäft und 1/4-Stunde (Ein, Aus)	*1.282 Stück/1/4-h*
Doppelsignale je Handelsgeschäft	5.128 Signale
Doppelsignale je Minutenreserveeinsatz	5.128 Signale
Kosten für 2 Signale pro Anlage	0,01 Ct
Signalkosten je Handelsgeschäft	1,03 €/Handelsgesch.
Var. Kosten je Handelsgeschäft (Transaktionsk. + Signalk.)	9,78 €/Handelsgesch.

5.2.2 Erlöse „Teilnahme Minutenreserve"

Wie weiter oben bereits einmal dargestellt, wird in der EnBW-Regelzone eine Leistung von 510 MW an positiver bzw. 330 MW an negativer Minutenreserve ausgeschrieben. Bei der positiven Minutenreserve lag in 2006 der mittlere tägliche Leistungspreis bei 67,44 €/MW und bei der negativen Minutenreserve bei 60,80 €/MW (Tabelle 5-5). Somit lassen sich beispielsweise pro Tag bei einer „erfolgreichen" Teilnahme (ganzer Tag) am negativen Minutenreservemarkt mit 10 MW im Mittel 608,- € erzielen. Ein Tag ist in sechs 4-Stundenblöcke aufgeteilt. Es wird angenommen, dass sich die mittleren Erlöse für einen 4-Stundenblock nicht von denen des ganzen Tages unterscheiden. Für einen 4-Stundenblock ergibt sich bei der positiven Minutenreserve ein Erlös von 11,24 €/MW und bei der negativen Minutenreserve von 10,13 €/MW. Die Arbeitspreise variieren je nach Angebot zwischen 14 Ct/kWh und 160 Ct/kWh bei der positiven Minutenreserve sowie 0 Ct/kWh und -0,2 Ct/kWh bei der negativen Minutenreserve.

Anzumerken ist, dass Ende 2006 das Ausschreibungsverfahren für die Minutenreserve auf tägliche Ausschreibungen umgestellt wurde. Die Ausschreibungen erfolgen dabei auf einer gemeinsamen Internet-Plattform für alle deutschen Regelzonen. In der Folge der Umstellung auf tägliche Auktionen haben sich die durchschnittlich erzielbaren Leistungspreise deutlich reduziert. Teilweise erreichen die Leistungspreise nur noch ein Zehntel der Werte aus den Jahren 2005 oder 2006. Ein Grund dafür könnte aber darin liegen, dass seit Einführung der täglichen Ausschreibung alle Monate weit überdurchschnittlich windreich waren. Dies hat zur Folge, dass ein „ungeplantes" Überangebot an kurzfristigen Spotmarktmengen vorhanden ist, was auch Preis senkend auf die Reserveenergiemärkte wirkt. Es ist daher schwierig zu sagen, ob die Gründe der offensichtlichen Preissenkungen nun in der Umstellung des Ausschreibungsverfahrens oder „nur" in zeitlich begrenzten Wetterphänomenen zu suchen sind. Aufgrund des geringen zeitlichen Bestehens der täglichen Ausschreibungen kann nicht von einem etablierten Markt ausgegangen werden, so dass in den Modellrechnungen die höheren mittleren Leistungspreise aus dem Jahr 2006 zugrunde gelegt worden sind.

Tabelle 5-5:   Rahmendaten Minutenreservemarkt am Beispiel einer Regelzone

Positive Minutenreserve	
Bedarf positive Minutenreserve EnBW-Regelzone	510 MW
Mittlerer Leistungspreis: positive Minres.	67,44 €/MW
Mittlerer Erlös je 4-Stundenblock (pos. Minres.)	*11,24 €/MW 4h*
Untere Bandbreite Arbeitspreis: positive Minres.	14,00 Ct/kWh
Obere Bandbreite Arbeitspreis: positive Minres.	160,00 Ct/kWh
Negative Minutenreserve	
Bedarf negative Minutenreserve EnBW-Regelzone	330 MW
Mittlerer Leistungspreis: negative Minres.	60,80 €/MW
Mittlerer Erlös je 4-Stundenblock (neg. Minres.)	*10,13 €/MW 4h*
Untere Bandbreite Arbeitspreis: negative Minres.	-0,20 Ct/kWh
Obere Bandbreite Arbeitspreis: negative Minres.	0,00 Ct/kWh

In Tabelle 5-6 sind die Annahmen zur Anzahl der jährlichen Minutenreservegeschäfte zusammengefasst. Angesetzt werden – wie auch später bei der Teilnahme an den Intraday- und Spotmarktgeschäften – 150 jährliche Handelstage mit durchschnittlichen Teilnahmen von vier 4-Stundenblöcken bei der positiven Minutenreserve und sechs 4-Stundenblöcken (d. h. ganztägig) bei der negativen Minutenreserve. Eine andere zeitliche Verteilung der Geschäfte auf das Jahr ist möglich, wobei an 150 Tagen ein ausreichender Tagesenergiebedarf bei den UVE (Heizbedarf aufgrund geringer Außentemperatur) unterstellt wird.

Tabelle 5-6:   Anzahl der jährlichen Minutenreservegeschäfte

Handelstage pro Jahr	150 d
Erfolgsquotient bei Ausschreibungen	95 %
Positive Minutenreserve	
Teilnahme an	4 4-Stundenblöcken
Mittlere Leistung Teilnahme positive Minutenreserve	50 MW
Anzahl 4-Stundenblock-Geschäfte positive Minutenreserve	570 Stück/a
Negative Minutenreserve	
Teilnahme an	6 4-Stundenblöcken
Mittlere Leistung Teilnahme negative Minutenreserve	150 MW
Anzahl 4-Stundenblock-Geschäfte negative Minutenreserve	855 Stück/a

Die Annahme, dass 95 % der Ausschreibungen zur Teilnahme am Minutenreservemarkt zum Erfolg führen, ist sehr konservativ, da nur durchschnittliche Erlöse bzw. mittlere Leistungspreise zum Ansatz gebracht werden. Ziel ist, bestmögliche Erlöse zu erzielen, so dass bei einer geeigneten Staffelung der Ausschreibungslose mit (teilweisen) Preisen oberhalb des Mittelwerts höhere Erlöse erreichbar sein sollten. Nach dem hier gewählten Ansatz ergeben sich 570 4-Stundenblock-Geschäfte bei der positiven Minutenreserve und 855 bei der negativen Minutenreserve.

In den in Tabelle 5-7 dargestellten Erlösen aus den Ausschreibungen sind nur die Einnahmen aus den Leistungspreisen dargestellt. Weiter unten werden Annahmen zur Abrufwahrscheinlichkeit von Minutenreserveprodukten getroffen, so dass sich die Gesamterlöse insgesamt noch leicht erhöhen.

Unter der Berücksichtigung obiger Annahmen lassen sich Erlöse aus den Leistungspreisen in Höhe von 320.000 € bei positiven Minutenreserve-Produkten und knapp 1,3 Mio. € bei den für negativen Minutenreserve erzielen. Die hohe Anzahl von Anlagen bzw. die Vielzahl der Geschäfte relativieren diesen Wert wieder und der jährliche Erlös liegt bei jährlich etwa 1,6 Mio. € bzw. gut 32 € je Anlage.

Tabelle 5-7:   Erlöse der Leistungspreise aus Minutenreservegeschäften

Positive Minutenreserve	
Spezifischer Erlös je 4-Stundenblock-Geschäft	562 €
Erlöse LP positive Minutenreserve	320.340 €/a
Erlöse LP positive Minutenreserve	2.248 €/d
Negative Minutenreserve	
Spezifischer Erlös je 4-Stundenblock-Geschäft	1.520 €
Erlöse LP negative Minutenreserve	1.299.600 €/a
Erlöse LP negative Minutenreserve	9.120 €/d
Summe Jahreserlöse Ausschreibung Minutenreserve	1.619.940 €/a

Neben den Leistungspreisen können bei tatsächlichen Abrufen der Minutenreserve durch den ÜNB über den Arbeitspreis weitere Erlöse erzielt werden. So liegt die Bandbreite bei den Arbeitspreisen bei der positiven Minutenreserve zwischen 14 und 160 Ct/kWh, d. h. für diesen Preis wird die Energie an den ÜNB geliefert (s. Tabelle 5-5). Bei der negativen Minutenreserve kann teilweise kostenlos (0 Ct/kWh) Energie aufgenommen werden.

Da in der Praxis das Abrufen von Minutenreserveprodukten nur punktuell erfolgt – teilweise monatelang gar nicht –, ist eine Abschätzung vergleichsweise schwierig. Betriebswirtschaftlich sind die Auswirkungen auf das Gesamtergebnis entsprechend gering, egal ob damit ein Verlust oder Gewinn erwirtschaftet werden kann. Angenommen wird, dass an zehn der 150 Handelstage für jeweils eine Stunde 25 MW an Reserveleistung abgerufen wird (Tabelle 5-8). Bei den Geschäften wird von einer mittleren Marge von 35 €/MWh ausgegangen, was eine konservative Schätzung sein dürfte. Kommt es beispielsweise zum Abrufen von negativer Minutenreserve, so müssten die UVE zusätzliche Energie aufnehmen oder andere Anbieter mit Kraftwerken diese drosseln. Im aktuellen Minutenreservemodell würden die Strombezugskosten bei 0 €/MWh liegen (obere Bandbreite des Arbeitspreises, s. Tabelle 5-5). Die aufgenommenen Energiemengen sind zu einem späteren Zeitpunkt wieder zu veräußern und zwar zu einem angenommenen mittleren Preis von 35 €/MWh. Für die positive Minutenreserve gilt ein vergleichbarer Ansatz. Der Erlös der als positiver Minutenreserve „abgegebenen" Mengen liegt bei 140 €/MWh (untere Bandbreite des Arbeitspreises, s. Tabelle 5-5) und geht bis 1.600 €/MWh. Auch hier muss die Annahme der Marge von 35 €/MWh als konservativ angesehen werden, da eine Wiederbeschaffung der zu ersetzenden Energiemengen zu mittleren Preisen von 105 €/MWh möglich sein sollte. Es lassen sich jährliche Erlöse von 8.750 € realisieren. Dieser Wert ist – wie bereits erwähnt – im Vergleich zu den Ausschreibungserlösen fast zu vernachlässigen.

Tabelle 5-8:   Tatsächlich abgerufenen Minutenreserve

Jährliche Handelstage insgesamt	150 d/a
Davon mit tatsächlichem Regelenergieeinsatz	10 d/a
Dauer des Regelenergieeinsatzes je Handelstag	1 h/d
Mittlerer Leistungsabruf bei Regelenergieeinsatz	25 MW
Mittlere Marge bei Gegengeschäft	35 €/MWh
Summe Energiemengen beim Regelenergieeinsatz	250 MWh
Summe Marge aus Gegengeschäften	8.750 €/a

5.2.3 Ergebnis „Teilnahme Minutenreserve"

Wird der Saldo zwischen Kosten und Erlösen aus den tatsächlichen Minutenreservegeschäf-ten gebildet (8.652 €/a), so liegt dieser fast auf Höhe der Erlöse, da die korrespondierenden Kostenpositionen aus Handelsgebühren und Signalkosten mit insgesamt knapp 100 € für 10 tatsächliche Minutenreserveeinsätze nicht ins Gewicht fallen (Tabelle 5-9).

Würde der Arbeitspreis in den Angeboten zur positiven Minutenreserveausschreibung aus-reichend hoch gelegt, so kämen bei einem tatsächlichen Abruf von Minutenreserve erst an-dere Anbieter zum Zug. Vergleichbares gilt auch bei der negativen Minutenreserve, bei der die angebotenen Arbeitspreise nur ausreichend gering sein müssten. Es gibt aktuell Anbie-ter, die dieses strategische Verhalten verfolgen. Ein tatsächlicher Einsatz kann so i. d. R. vermieden werden. Dieses strategische Verhalten wird sowohl von der BNetzA als auch eini-gen ÜNB kritisch gesehen.

Tabelle 5-9:   Erlöse aus tatsächlichen Minutenreservegeschäften

Variable Kosten je Handelsgeschäft	9,78 €/Handelsgesch.
Anzahl jährlicher Handelsgeschäfte	10 Stück/a
Summe Kosten	98 €/a
Summe Marge aus Gegengeschäften	8.750 €/a
Ergebnis (ohne Fixkosten)	8.652 €/a

Aus der Summe der Erlöse (1,63 Mio. €/a) und der Kosten (1,22 Mio. €/a) ergibt sich ein posi-tives Gesamtergebnis von rund 400.000 € jährlich (Tabelle 5-10). Es wurden erneut die ge-samten Fixkosten aus der Systemertüchtigung zugrunde gelegt (s. Kapitel 5.1). Es fällt auf, dass beispielsweise im Vergleich zum erweiterten Betrieb mit Intraday- und Spotmarktge-schäften so gut wie keine Transaktionskosten für den „operativen Betrieb" anfallen (s. Kapi-tel 5.3). Der Grund liegt darin, dass das Vorhalten von Minutenreserveprodukten nicht mit Kosten verbunden ist.

Das spezifische jährliche Ergebnis je unterbrechbarer Verbrauchseinrichtung liegt bei 8 € und je Minutenreservegeschäft bei 286 €.

Tabelle 5-10:   Gesamtergebnis aus Minutenreservegeschäft

Fixkosten pro Jahr über alle Anlagen	1.221.600 €/a
Kosten aus Gegengeschäften	98 €/a
Summe Kosten	1.221.698 €/a
Spezifische Kosten je Minutenreservegeschäft	*857 €/Geschäft*
Spezifische Kosten je Anlage	*24,43 €/a Anlage*
Summe Erlöse aus Teilnahme an Minutenreserve	1.619.940 €/a
Summe Erlöse aus Gegengeschäften	8.750 €/a
Summe Gesamterlöse	1.628.690 €/a
Spezifische Erlöse je Minutenreservegeschäft	*1.143 €/Geschäft*
Spezifische Erlöse je Anlage	*32,57 €/a Anlage*
Ergebnis aus Minutenreservegeschäft	406.992 €/a
Ergebnis je Minutenreservegeschäft	*286 €/Geschäft*
Ergebnis je Anlage	*8,14 €/a Anlage*

5.3 Modellergebnisse „Intraday- und Spotmarktgeschäfte"

5.3.1 Kosten „Intraday- und Spotmarktgeschäfte"

Für Handelgeschäfte an der deutschen Strombörse verlangt die EEX 0,35 €/MWh an Transaktionsgebühren (Stand Anfang 2007). Da zu jedem Geschäft (Kauf oder Verkauf) jeweils ein korrespondierendes Gegengeschäft zu tätigen ist, fallen diese Kosten zweimal an. So ergeben sich für das in Tabelle 5-11 dargestellte Beispiel (150 MW) Transaktionskosten in Höhe von 105 €.

Tabelle 5-11:   Spezifische Kosten „Intraday- und Spotmarktgeschäfte"

Transaktionskosten je Handelsgeschäft	0,35 €/MWh
Durchschn. Leistung je Handelsgeschäft	150 MW
Durchschn. Dauer je Handelsgeschäft	1 h
Volumen je Handelsgeschäft	150 MWh
Transakt.-Kosten je Handelsgeschäft (Geschäft + Gegenges.)	105,00 €/Handelsgesch.
Sicherheitsaufschlag bei Anlagenanzahl im erw. Betrieb	1,025
Teilnehmende Anlagen am Handelsgeschäft je Viertelstunde	7.688 Anlagen/0,25 h
Doppel-Signale je Handelsgeschäft und 1/4-Stunde (Ein, Aus)	*7.688 Stück/1/4-h*
Insgesamt Teilnehmende Anlagen	30.752 Anlagen
Doppelsignale je Handelsgeschäft (Geschäft + Gegenges.)	61.504 Signale
Kosten für 2 Signale pro Anlage	0,01 Ct
Signalkosten je Handelsgeschäft	6,15 €/Handelsgesch.
Var. Kosten je Handelsgeschäft (Transaktionsk. + Signalk.)	111,15 €/Handelsgesch.

Neben den Börsengebühren sind erneut Signalkosten aufgeführt. Da von Schaltperioden im ¼-Stundenrhythmus ausgegangen wird, fallen – zuzüglich eines geringen Risikoaufschlags bei den Anlagen – je ¼-Stunde jeweils 7.688 Einschalt- und 7.688 Ausschalt-Vorgänge an.

Für ein einstündiges Handelsgeschäft ergeben sich somit 30.752 Doppelsignale. Deren Kosten liegen mit etwa 6 € je Handelsgeschäft im Vergleich zu den Handelsgebühren deutlich darunter.

Insgesamt summieren sich die variable Kosten für ein einstündiges Börsengeschäft mit 150 MW auf 111,15 €. Es macht dabei keinen Unterschied, ob es sich um ein Intraday- oder Spotmarktgeschäft handelt. Die Gebührensätze unterscheiden sich nicht.

5.3.2 Erlöse „Intraday- und Spotmarktgeschäfte"

Für die Erlösseite lassen sich folgende Positionen ermitteln: Dreh- und Angelpunkt ist die Rohmarge je Handelsgeschäft. In den Modellrechnungen wird von einer mittleren spezifischen Marge von 15 €/MWh ausgegangen (siehe Kapitel 2.1.4).

Wie die Auswertung der täglichen Spotmarktpreise der EEX in Kapitel 2.1.4 zeigt, liegen die Mittelwerte zwischen Minimum und Maximum der EEX-Einzelstunden mit 37,5 €/MWh deutlich über dem Wert, der im Modell für die mittlere Marge aus den Börsengeschäften angenommen wurde. Der in den Modellrechnungen im Falle des erweiterten Betriebs „Intraday- und Spotmarktgeschäfte" angesetzte Wert von 15 €/MWh leitet sich aus dem halbierten und auf 15 €/MWh abgerundeten Delta zwischen den Mittelwerten des Maximums und des Minimums der EEX-Einzelstunden ab (0,5 * 37,5 €/MWh) und kann – aufgrund der Abrundung und Halbierung – als eine konservative Schätzung angesehen werden.

Tabelle 5-12: Spezifische Rohmarge „Intraday- und Spotmarktgeschäfte"

Durchschnittliche Rohmarge je Handelgeschäft	15 €/MWh
Durchschn. Leistung je Handelsgeschäft	150 MW
Durchschn. Dauer je Handelsgeschäft	1 h
Volumen je Handelsgeschäft	150 MWh
Rohmarge je Handelsgeschäft	2.250 €/Handelsgesch.
Netto-Marge je Handelgeschäft (ohne Fixkostenbetrachtung)	2.139 €/Handelsgesch.
Netto-Marge je Anlage (alle Anlagen)	*4,28 Ct/Handelsgesch.*

In Tabelle 5-12 ist die erzielbare Rohmarge von 2.250 € dargestellt, die sich aus einem einstündigen 150 MW-Handelsgeschäft ergibt. Abzüglich der in Kapitel 5.3.1 dargelegten Kosten von 111 € folgt eine Netto-Marge von etwa 2.140 € je Handelsgeschäft. Umgerechnet auf alle 50.000 technisch ertüchtigten Anlagen werden gut 4 Ct je Handelsgeschäft und Anlage als Marge verdient.

Diese auf den ersten Blick sehr geringe spezifische Marge je Anlage und Handelsgeschäft relativiert sich, wenn eine Vielzahl von Geschäften je Tag bzw. im Jahr angenommen wird. In einer konservativen Abschätzung sind 900 Handelsgeschäften im Jahr zugrunde gelegt (Tabelle 5-13). Angenommen wird dabei, dass an 150 Handelstagen ein ausreichender Tagesenergiebedarf bei den UVE (Heizbedarf aufgrund geringer Außentemperatur) besteht und an diesen Tagen durchschnittlich sechs Handelsgeschäfte getätigt werden können. Eine andere Verteilung auf mehr Tage mit jeweils weniger täglichen Handelsgeschäften ist möglich.

Tabelle 5-13: Anzahl der Handelsgeschäfte „Intraday- und Spotmarktgeschäfte"

Handelstage pro Jahr	150 d/a
Handelsgeschäfte je Tag	6 Stück/d
Anzahl Handelsgeschäfte pro Jahr	900 h-Stück/a

5.3.3 Ergebnis „Intraday- und Spotmarktgeschäfte"

Werden alle Kostenblöcke aufsummiert (Tabelle 5-14), so ergeben sich bei 900 jährlich angenommenen Handelsgeschäften jährliche Gesamtkosten von rund 1,32 Mio. €. Die spezifischen Kosten je Anlage betragen bei 26,43 €, d. h. diese Aufwendungen müssen mindestens erwirtschaftet werden, um ein ausgeglichenen Ergebnis zu erreichen.

Den Kosten steht eine Netto-Rohmarge aus den 900 Handelsgeschäften von 2 Mio. € bzw. 40,50 € je Anlage gegenüber. Mithin ergibt sich aus den Börsengeschäften unter Berücksichtigung der gesamten Fixkosten ein positives Ergebnis von 700 T€.

Tabelle 5-14:   Ergebnis aus „Intraday- und Spotmarktgeschäften"

Fixkosten pro Jahr über alle Anlagen	1.221.600 €/a
Variable Kosten alle Handelsgeschäfte	100.035 €/a
Summe Kosten	1.321.635 €/a
Spezifische Kosten je Handelsgeschäft	*1.468 €/Handelsgesch.*
Spezifische Kosten je Anlage	*26,43 €/a Anlage*
Roh-Marge über alle Handelsgeschäfte (o. Fixkosten)	2.025.000 €/a
Spezifische Roh-Marge je Handelsgeschäft	*2.250 €/Handelsgesch.*
Spezifische Roh-Marge je Anlage	*40,50 €/a Anlage*
Ergebnis über alle Handelsgeschäfte	703.365 €/a
Ergebnis je Handelsgeschäft	*782 €/Handelsgesch.*
Ergebnis je Anlage	*14,07 €/a Anlage*

Zur besseren Vergleichbarkeit der Einzelergebnisse der unterschiedlichen erweiterten Betriebe sind auch die spezifischen variablen Kosten, die spezifische Roh-Marge und das Ergebnis je Handelsgeschäft angegeben. Aus der spezifischen Roh-Marge von 2.250 € und den spezifischen Kosten von 1470 € bemisst sich ein Ergebnis von 780 € je Handelsgeschäft. Mit einer Anlage kann ein Ergebnis von 14,07 €/a erzielt werden.

Die anlagenspezifischen Erlöse liegen mit 40,50 €/a also um gut 50 % über den entsprechenden Kosten von 26,43 €/a. Bezogen auf die in Tabelle 5-2 angegebenen jährlichen Umsätze je Anlage von 1.552 €/a verbessert sich die Umsatzrendite um knapp 1 %-Punkt. Üblicherweise liegen die Margen aus Vertriebstätigkeiten bei 1-2 %, so dass diese Steigerung als nennenswert anzusehen ist.

Anzumerken ist, dass oftmals Energieversorger wegen ihrer sehr hohen Gewinne kritisiert werden. Das mag berechtigt sein oder auch nicht. Diese hohen Gewinne „entstehen" aufgrund der Marktpreisverrechnungssystematik allerdings nur in den seltensten Fällen bei den Vertrieben. Die hohen Margen werden in der Erzeugung, im Handel oder – im abnehmenden Maße – bei den Netzen erzielt. Anschaulich wird dies bei einem Blick auf die Liberalisierung der Strommärkte. Im Zuge der ersten Liberalisierungswelle sind viele neue Vertriebe im Kleinkundensegment aktiv geworden. Fast alle haben ihren Betrieb wieder eingestellt, weil die erzielbaren Vertriebsmargen zu gering waren bzw. es auch zu Diskriminierungen neuer Anbieter gekommen ist. Aber gerade auch die – mittlerweile weitgehend abgestellten – Diskriminierungen zeigen, dass die erzielbaren Vertriebsmargen vielfach nicht auskömmlich waren. D. h. jede Margenverbesserung und seien es nur 1 %-Punkt kann für einen Vertrieb der entscheidende Vorteil sein.

5.4 Modellergebnisse „Ausgleich Fahrplanabweichungen"

Wird eine Abweichung im Bilanzkreis festgestellt bzw. in einigen Stunden erwartet, so ist der Bilanzkreisverantwortliche verpflichtet Gegenmaßnahmen zu ergreifen. Technische Probleme in thermischen Kraftwerken kündigen sich oftmals einige Stunden vorher an, so dass Abweichungen vom ursprünglich eingestellten Fahrplan absehbar werden. Es kann daher für den Bilanzkreisverantwortlichen von Interesse sein, eine Kostenoptimierung über den erweiterten Betrieb „Ausgleich Fahrplanabweichungen" zu erzielen. Die Prinzipien dieses erweiterten Betriebs sind in den Kapiteln 3.3.3 und 4.3.3 näher beschrieben.

Müssten aufgrund der Unterspeisung im Bilanzkreis zu einem Zeitpunkt X Ausgleichenergiemengen bezogen werden und zum Zeitpunkt der Inanspruchnahme dieser Ausgleichsenergiemengen lägen die Börsenpreise (und damit auch die Ausgleichsenergiepreise) relativ hoch, so wären die Kosten für den Bilanzkreisverantwortlichen ebenfalls hoch. Darüber hinaus hat der Bilanzkreisverantwortliche innerhalb von fünf ¼-Stunden wieder für einen ausgeglichenen Bilanzkreis zu sorgen. Es muss also entweder entsprechende Kraftwerkskapazitäten aus Reservekraftwerken ans Netz bringen, eine Lastreduzierung bei Kunden durchführen oder über Intraday-Geschäfte Ersatzmengen beschaffen – mithin seinen Fahrplan irgendwie anpassen. Das kurzfristige Anfahren von Reservekraftwerken ist i. d. R. sehr teuer und auch bei den hier angenommenen hohen Intraday-Börsenpreisen wäre eine direkte Ersatzbeschaffung von Energiemengen am Intraday-Markt vergleichsweise ungünstig. Mit einem zeitlichen Puffer von einigen Stunden könnten entweder aufgrund des längeren zeitlichen Vorlaufs betriebswirtschaftlich günstiger Reservekapazitäten betriebsbereit gemacht werden oder handelbare Intraday-Energiemengen wären zu einem späteren Zeitpunkt X+n in ihrer Beschaffung günstiger als zum Zeitpunkt X der Unterspeisung im Bilanzkreis.

Der Einsatz des erweiterten Betriebs „Ausgleich Fahrplanabweichungen" ermöglicht eine zeitliche Verlagerung der Ausgleichsmaßnahmen bzw. einer möglichst großen Teilmenge[46]. Durch den zeitlichen Versatz werden für Ersatzbeschaffungen günstigere Börsenpreise möglich oder/und es kann auf die Aktivierung von Reservekraftwerken verzichtet werden. Energiemengen, die aus Abschaltungen von UVE frei werden und auf diesem Wege den (erwarteten) Leistungsmangel im Bilanzkreis ausgleichen können, müssen wirtschaftlich so bewertet werden, als ob ein Verkauf am Intradaymarkt bzw. als abgerufene Regelenergie erfolgt wäre. Diesen fiktiven Erlösen stehen entsprechende – zeitlich später liegende – Aufwendungen für Gegengeschäfte zur Ersatzbeschaffung für die UVE gegenüber. Aus dem Saldo ergibt sich das Ergebnis dieser erweiterten Betriebsweise.

Kann auf den Einsatz von Reservekraftwerken nicht verzichtet werden, wäre zumindest durch eine optimierte Betriebsführung ein verbesserter Anfahrprozess möglich (s. erweiterte Betriebsweise „Optimierter Kraftwerkseinsatz", Kapitel 5.6). Im folgenden wird von einem mittleren Leistungsdelta von 200 MW je Fahrplanabweichung mit einer Dauer von zwei Stunden ausgegangen (Tabelle 5-15). Es werden 50 Fahrplanabweichungen pro Jahr, bei denen der erweiterte Betrieb zum Einsatz kommt, angesetzt. Dieser Ansatz unterstellt einmal wöchentlich eine Kraftwerksstörung, wobei hierunter nicht nur komplette Kraftwerksausfälle, sondern auch ungeplante Lastreduzierungen aufgrund von Probleme bei Kraftwerkskomponenten wie beispielsweise Kohlemühlen fallen.

---

[46] Große thermische Kraftwerksblöcke erreichen installierte Leistungen von über 1.400 MW. Dem gegenüber stehen im Modellansatz „lediglich" 250 MW an schaltbarer Leistung aus den technisch ertüchtigten unterbrechbaren Verbrauchseinrichtungen, so dass in diesem Fall nur Teilmengen verschoben werden können.

Tabelle 5-15: Allgemeine Angaben zu den Modellergebnissen „Ausgleich Fahrplanabweichungen"

Leistungsdelta und Anzahl der Fahrplanabweichungen	
Leistungsdelta der Fahrplanabweichung (Leistungsmangel)	200 MW
Dauer der Fahrpanabweichung	2 h
Anzahl der jeweiligen jährlichen Fahrplanabweichungen	50 Stück/a
Kosten Ausgleichsenergie bei Überspeisung der Regelzone	
Mittlerer Preis für Ausgleichsenergie (Januar 2005)	5,32 €/MWh
Mittlerer Preis für Ausgleichsenergie (April 2007)	10,07 €/MWh
Kosten Ausgleichsenergie bei Unterspeisung der Regelzone	
Mittlerer Preis für Ausgleichsenergie (Januar 2005)	63,23 €/MWh
Mittlerer Preis für Ausgleichsenergie (April 2007)	90,06 €/MWh
Preise Ersatzbeschaffung an der Börse	
Mittelwert aus Monatswerten (Januar 2005)	34,28 €/MWh
Mittelwert aus Monatswerten (April 2007)	50,07 €/MWh

Im Januar 2005 lag beispielsweise der mittlere Preis für Ausgleichsenergie bei Überspeisung in der betrachteten Regelzone bei 5,32 €/MWh. Dieser Wert hat sich am Beispielsmonat April 2007[47] auf 10,07 €/MWh in etwa verdoppelt. Die entsprechenden Werte für die unterspeiste Regelzone liegen bei 63,23 €/MWh (Januar 2005) bzw. 90,06 €/MWh ([EnBW Netz]).

Vereinfachend wird angenommen, dass die Preise für die zeitlich verschobene notwendige Ersatzbeschaffung am Intraday-Markt sich jeweils aus dem arithmetischen Mittel der beiden Ausgleichsenergiepreise für Über- bzw. Unterspeisung ergeben; mithin bei 34,28 €/MWh (Januar 2005) und 50,07 €/MWh (April 2007) liegen ([EEX]). Im Falle des im weiteren betrachteten Beispielmonat April 2007 (weil aktueller) lässt sich ein mittleres Delta zwischen Ausgleichsenergiekosten (10,07 €/MWh bzw. 90,06 €/MWh) und Ersatzbeschaffungskosten (50,07 €/MWh) in Höhe von 40 € ermitteln.

Das Leistungsdelta ist mit 200 MW relativ gering angesetzt, da bei der Anzahl der angenommenen 50.000 technisch ertüchtigten Anlagen maximal 250 MW für den erweiterten Betrieb zur Verfügung stehen. In der Praxis dürften die Fahrplanabweichungen aufgrund der Größe von heutigen Kraftwerksblöcken meist deutlich darüber liegen. Andererseits führt bereits eine Teilmengenbetrachtung zu einer potentiellen Kostenentlastung durch den erweiterten Betrieb.

Entsteht aufgrund einer ungeplanten, aber kurzfristig mitgeteilten Lastreduzierung bei einem Großkunden ein gegenläufiger Effekt mit einem Leistungsüberschuss im Bilanzkreis, so ist theoretisch ein umgekehrter Ansatz möglich. Die überschüssigen Energiemengen werden durch die UVE aufgenommen und zu einem späteren Zeitpunkt am Intradaymarkt wieder verkauft. Entscheidend ist, dass zum Zeitpunkt der Leistungsüberschusses die Börsenpreise

---

[47] Die Auswahl fiel auf die Monate Januar 2005 und April 2007, weil sie am ehesten als repräsentativ angesehen werden. Der Januar ist (meist) ein laststarker und kühler Monat. In der Übergangszeit (April) liegen die Windenergieeinspeisungen auf hohem Niveau bei gleichzeitig mittel hoher Last. Aufgrund einer Änderung im Ausschreibungsverfahren über eine gemeinsame Plattform der ÜNB ab Dezember 2006 sind die Ausgleichsenergiepreise insgesamt volatiler geworden.

niedriger sein müssen als zum Zeitpunkt des Verkaufs im Rahmen des erweiterten Betriebs. Andererseits könnte – bei einem ausreichenden zeitlichen Vorlauf (fünf ¼-Stunden) – diese Energiemenge direkt am Intradaymarkt verkauft oder eine Inanspruchnahme von Regelenergie (als an den Börsenpreisen orientierter Ausgleichsenergie) günstiger werden. Da hier jedoch eine Leistungsreduzierung bei einem Kraftwerk üblicherweise wirtschaftlicher sein sollte und somit umgesetzt würde, wird dieser Fall nicht weiter betrachtet.

Das Verfahren ist im Prinzip vergleichbar mit dem des erweiterten Betriebs „Intraday- und Spotmarktgeschäfte". Die „verkauften" Energiemengen werden allerdings nicht physikalisch verkauft, sondern lediglich im Bilanzkreis umgebucht.

5.4.1 Kosten „Ausgleich Fahrplanabweichungen"

Wie bei den vorherigen erweiterten Betriebsweisen fallen auch beim „Ausgleich Fahrplanabweichungen" Transaktionskosten der Börse sowie Signalkosten an. Der mit Abstand größte Kostenblock, der für die Ersatzstrombeschaffung, wird aufgrund des pauschalen Ansatzes zur Marge zwischen vermiedenen Kosten der Ausgleichsenergie und den Kosten für die Ersatzstrombeschaffung bei den Betrachtungen zu den Erlösen im nächsten Kapitel mit berücksichtigt.

Unter Zugrundelegung der angenommenen durchschnittlichen Leistung von 200 MW und der zeitlichen Dauer von 2 Stunden folgt eine Energiemenge von 400 MWh, die die UVE bei einem möglichen Kraftwerksaufall kompensieren müssen. Mit spezifischen Transaktionskosten an der Börse von 0,35 €/MWh ergeben sich je erweiterten Betriebsfall 140 € an Gebühren für das später zu tätigende Gegengeschäft. Die Signalkosten in Höhe von 16,40 € je Geschäft fallen erneut vergleichsweise gering aus. Insgesamt ergeben sich je erweiterten Betrieb Kosten von gut 156 € bzw. jährliche Aufwendungen in Höhe von rund 7.800 € (s. Tabelle 5-16).

Tabelle 5-16:　Spezifische variable Kosten je „Ausgleich Fahrplanabweichung"

Durchschn. Leistung je Fahrplanabweich. (Übersch./Mangel)	200 MW
Durchschn. Dauer je Anfahrt	2 h
Strommenge je Fahrplanabweichung	400 MWh
Sicherheitsaufschlag bei Anlagenanzahl im erw. Betrieb	1,025
Transaktionskosten	
Spezifische Transaktionskosten je Handelsgeschäft	0,35 €/MWh
Transaktionskosten je Handelsgeschäft (Gegenges.)	140,00 €/Handelsgesch.
Signalkosten	
Teilnehmende Anlagen je Anfahrt je Viertelstunde	10.251 Anlagen/0,25 h
Doppel-Signale je Handelsgeschäft und 1/4-Stunde (Ein, Aus)	*10.251 Stück/1/4-h*
Insgesamt teilnehmende Anlagen	82.008 Anlagen
Doppelsignale je Handelsgeschäft (Fahrplanabw. + Gegenges	164.016 Signale
Kosten für 2 Signale pro Anlage	0,01 Ct
Signalkosten je Fahrplanabweichung	16,40 €/Fahrplanabw.
Summe variable Kosten je Fahrplanabweichung	156,40 €/Fahrplanabw.
Summe Kosten über alle Fahrplanabweichungen	7.820 €/a

Bei den Betrachtungen zu den einzusetzenden UVE wird ein Sicherheitsaufschlag von 1,025 erhoben, um die Gewährleistung der vorzuhaltenden Leistungen zu verbessern. Auch dies geschieht in Analogie zum bisherigen Vorgehen.

5.4.2 Erlöse „Ausgleich Fahrplanabweichungen"

Die durchschnittliche Marge aus dem Delta zwischen mittleren Preis für Ausgleichsenergie bei Unterspeisung bzw. Überspeisung und dem arithmetischen Mittel der beiden Ausgleichsenergiepreisen (für Unter- bzw. Überspeisung) liegt – wie dargestellt – bei 40 €/MWh (Datenbasis April 2007). Daraus errechnet sich eine spezifische Rohmarge von 16.000 € je erweiterten 2-stündigen Betriebsfall bzw. Handelsgeschäft (Tabelle 5-17). Die spezifische Rohmarge je Handelsgeschäft über alle technisch ertüchtigten UVE (50.000 Stück) beträgt 32 Ct/Anlage.

Unter Berücksichtigung des obigen Ansatzes, dass sich die durchschnittliche Marge aus dem Delta zwischen mittleren Preis für Ausgleichsenergie bei Unterspeisung bzw. Überspeisung und dem arithmetischen Mittel der beiden Ausgleichsenergiepreisen (für Unter- bzw. Überspeisung) ergibt und bei 40 €/MWh liegt (Datenbasis April 2007), errechnet sich eine spezifische Rohmarge von 16.000 € je erweiterten 2-stündigen Betriebsfall bzw. Handelsgeschäft (Tabelle 5-17). Die spezifische Rohmarge je Handelsgeschäft über alle technisch ertüchtigten UVE (50.000 Stück) beträgt 32 Ct/Anlage.

Tabelle 5-17:   Spezifische Rohmarge je „Ausgleich Fahrplanabweichung"

Datenbasis Aprilwerte 2007	
Durchschnittliche Marge je Fahrplanabw. und Gegengesch.	40 €/MWh
Strommenge je Fahrplanabweichung	400 MWh
Rohmarge je Handelsgeschäft "Fahrplanabweichung"	15.999 €/Fahrplanabw.
Spez. Rohmarge je Anlage (alle Anlagen)	*32,00 Ct/Fahrplanabw.*

5.4.3 Ergebnis „Ausgleich Fahrplanabweichungen"

Wird die spezifische Rohmarge von 16.000 € je Handelsgeschäft mit allen jährlich angenommenen 50 Fahrplanabweichungen multipliziert, errechnet sich eine jährliche Rohmarge von 800.000 €. Umgerechnet auf jede der einzelnen 50.000 UVE beträgt die anlagenspezifische Rohmarge 16 €/a (Tabelle 5-18).

Tabelle 5-18:   Ergebnis „Ausgleich Fahrplanabweichung"

Fixkosten pro Jahr über alle Anlagen	1.221.600 €/a
Variable Kosten alle Geschäfte "Ausgl. Fahrplanabw."	7.820 €/a
Summe Kosten	1.229.420 €/a
Spezifische Kosten je "Ausgleich Fahrplanabweichung"	*24.588 €/a Fahrplanabw.*
Spezifische Kosten je Anlage	*24,59 €/a Anlage*
Roh-Marge über alle optimierten Betriebe (o. Fixkosten)	799.968 €/a
Spezifische Roh-Marge je "Ausgl. Fahrplanabw."	*15.999 €/a Fahrplanabw.*
Spezifische Roh-Marge je Anlage	*16,00 €/a Anlage*
Ergebnis über alle Geschäfte	-429.452 €/a
Ergebnis je "Ausgleich Fahrplanabweichung"	*-8.589 €/a Fahrplanabw.*
Ergebnis je Anlage	*-8,59 €/a Anlage*

Unter Berücksichtigung der Kostenpositionen in Höhe von insgesamt 1,23 Mio. €, die sich aus den bereits bekannten jährlichen Fixkosten über alle Anlagen (1,22 Mio. €/a) und den variablen Kosten der 50 jährlichen Geschäfte zum Ausgleich der Fahrplanabweichungen (7.800 €/a) kalkuliert, ergibt sich ein negatives Ergebnis von -439.000 €/a. Das spezifische Ergebnis je Geschäft „Ausgleich Fahrplanabweichung" beträgt -8.600 €/a und bezogen auf je einzelne unterbrechbare Verbrauchseinrichtung -8,60 €/a.

Die Rohmarge in Höhe von 800.000 €/a stehen also Kosten von 1,23 Mio. €/a gegenüber, was zum Ergebnis führt, dass sich dieser erweiterte Betriebsfall als „stand alone"-Lösung nicht wirtschaftlich darstellen lässt. Erst bei knapp 80 jährlichen Fahrplanabweichungen wird der Break Even erreicht. Es wird angenommen, dass diese Anzahl von Fahrplanabweichungen aufgrund von Störungen der Kraftwerke im „eigenen" Bilanzkreis unrealistisch hoch und damit für nicht robust ist.

Da die spezifische Roh-Marge des erweiterten Betriebs „Ausgleich Fahrplanabweichung" mit 16.000 € je Einzelgeschäft im Vergleich zu den anderen bislang vorgestellten Modellergebnissen der erweiterten Betriebsweisen „Teilnahme Minutenreserve" mit 1.140 € und „Intraday- und Spotmarktgeschäfte" mit 2.250 € hoch ist, sollte sie dennoch weiter berücksichtigt werden. In weiteren Betrachtungen (s. Kapitel 5.7) werden verschiedene erweiterte Betriebsweisen miteinander kombiniert. Hierbei kommt dem erweiterten Betrieb „Ausgleich Fahrplanabweichung" eine wichtige Rolle zu.

5.5 Modellergebnisse „Dargebot EE"

Die Ermittlung der Wirtschaftlichkeit beim erweiterten Betrieb „Dargebot EE" ist mehrschichtiger als bei den anderen Betriebsweisen. Da ein Mehrwert über ein Ökostrom- bzw. EE-Stromprodukt verkauft wird, ist eine reduzierte Betrachtung auf erzielte Arbitragen beispielsweise an der Börse unangebracht. Neben einem zusätzlichen Erlös aus dem EE-Stromtarif sollen zusätzliche Einnahmen aufgrund der Orientierung am Dargebot von erneuerbaren Energien erzielt werden. Beide Ansätze stehen offensichtlich erst einmal im Widerspruch. Wieso soll etwas zusätzlich bezahlt werden, wenn dem (angeblichen) Mehraufwand keine Kosten, sondern Erlöse gegenüber stehen? Je nach Tarifgestaltung könnten erzielte Gewinne (soweit vorhanden) den Kunden im Rahmen der Jahresabrechnung wieder (teilweise) gutgeschrieben werden. Dies könnte den vermeintlichen Widerspruch wieder auflösen .

Technisch betrachtet soll sich beim erweiterten Betrieb „Dargebot EE" die Stromnachfrage der Kunden stärker am tatsächlichen Angebot von EE-Mengen orientieren. Es muss dabei aber eine ausreichende und sichere Energieversorgung gewährleistet bleiben. Eine zu starke Orientierung am Dargebot, beispielsweise von der Windenergie, erweist sich – wie in Kapitel 3.3.4 kurz angerissen – als nicht praktikabel, da die Windmenge nicht nur kurzfristig (innerhalb eines Tages), sondern auch mittelfristig stark schwankt und eine ausreichende Bereitstellung von durch Windkraft erzeugten Strommengen nicht gewährleistet ist.

Eine weitere Frage ist, inwieweit Kunden grundsätzlich bereit sind, einen EE-Stromtarif „nur" über Teilmengen abzuschließen[48]. Diese Frage muss an dieser Stelle nicht beantwortet werden, da sie mit dem Modell an sich nichts zu tun hat, sondern „lediglich" über die Vermarktbarkeit bei den Kunden – also eine marketingtechnische Fragestellung ist.

---

[48] Wird teilweise so von Stadtwerke angeboten und auch das Gasangebot des Ökostromanbieters [LichtBlick] basiert auf einer Teilmengenlieferung von einem Ökoprodukt (hier Biogas).

Zwei Ansätze zur tariflichen Lösung könnten wie folgt aussehen:

* Tarifansatz 1: „Erweitertes Stromangebot mit EE-Stromteilmengen": Es würde beispielsweise garantiert, dass 20 % oder 30 % der verbrauchten Strommenge über regenerative Energiequellen gedeckt werden. Es würde dabei ein Kauf von (günstigen und zertifizierten) EE-Mengen zu Zeiten hoher Windeinspeisung an der Börse erfolgen und gleichzeitig zeitlich versetzt ein Verkauf (Idealerweise zu höheren Preisen) der korrespondierenden „Normalstrommengen", die ursprünglich im Rahmen der Fahrplanlieferung eingestellt worden sind, durchgeführt. Die Zertifizierung der EE-Mengen könnte über einem
Direktvermarkter von EE-Mengen an der Börse erfolgen. Den potentiellen Erlösen aus
den Arbitragegeschäften stehen ggf. zusätzlichen Kosten wegen der notwendigen Zertifizierung sowie negative Ergebnisse aus Geschäften zur Erreichung der versprochenen
EE-Strommengenziele gegenüber. Darüber hinaus wird angenommen, dass für die bezogenen Ökostrommengen ein Aufschlag von den Kunden gezahlt wird.

* Tarifansatz 2: „Neuer am Dargebot von EE-Mengen orientierter unterbrechbarer Lastgang mit entsprechendem Tarif": Hierbei wird der Lastgang der UVE temperaturabhän-
gig am durchschnittlichen zeitlichen Dargebot von EE-Mengen angenähert. Mit anderen
Worten: Das verwendete Standardlastprofil ist – unter Einbeziehung des Netzbetreibers
– ein anderes als bei den normalen Heizstromkunden. Die Strombeschaffung würde über
eine EE-strombasierte Erzeugungsbasis erfolgen, deren Konditionen teurer sein dürften
als bei einer vergleichbaren „Normalstrombeschaffung". Die Jahresbilanz der Strommengen erfolgt vollständig oder je nach Tarifgestaltung teilweise auf Basis von zertifi-
ziertem EE-Strom. Die Mehrkosten der Strombeschaffung werden im Tarif entsprechend
berücksichtigt. Arbitragegeschäfte wären theoretisch weiterhin möglich, da die Strombeschaffung der Strommengen bereits im Vorfeld erfolgt.

Als Basis für die hier vorgestellten Modellergebnisse wurde Tarifansatz 1 gewählt, da dieser
einen abgewandelten Ansatz für die Arbitragegeschäfte an der Börse im Vergleich zu den
bisher vorgestellten erweiterten Betriebsweisen beinhaltet. Im Gegensatz dazu würde der
zweite Tarifansatz keine neuen Erkenntnisse liefern, da dieser vom Handlungsprinzip vollständig auf den anderen Betriebsweisen aufsetzt. Die bedeutet aber nicht, dass der zweite
Tarifansatz daher ungünstiger wäre als der erste.

Zunächst wird wieder von einem durchschnittlichen Jahresenergieverbrauch der UVE von
20.000 kWh ausgegangen (Tabelle 5-19). Zur besseren Vergleichbarkeit mit den anderen
erweiterten Betriebsweisen wird dabei vereinfachend angenommen, dass alle 50.000 Anlagen bzw. die dahinter stehenden Kunden der UVE die EE-Stromtariferweiterung gewählt haben.

Tabelle 5-19:   Allgemeine Angaben zum erweiterten Betrieb „Dargebot EE"

Preisaufschlag EE-Sromtarif	1,00 Ct/kWh
EE-Strommengenanteil am Gesamtabsatz	20 %
Durchschnittlicher jährlicher Energieverbrauch	20.000 kWh/a
Realisierter EE-Stromanteil am Gesamtverbrauch	4.000 kWh/a
Mehrerlös durch EE-Stromtarif auf EE-Stromanteil	40 €/a

Der Anteil der EE-Strommenge soll (mindestens) 20 % betragen, wobei auch höhere bzw.
niedrigere Sätze denkbar wären. Die im Rahmen des aktuellen EEG-Gesetzes zu beziehen-
den „Ökostrommengen" sind in diesem Wert nicht enthalten. Wird von diesem 20 %-tigen
Ökostromanteil ausgegangen, liegt der realisierte bzw. vertraglich vereinbarte Ökostroman-

teil bei 4.000 kWh/a. Mit einem angenommenen Tarifaufschlag von 1 Ct/kWh ergeben sich Mehrerlöse bzw. Mehrkosten bei den Kunden in Höhe von 40 € jährlich.

Wenn die vertraglich zugesicherte EE-Stromquote (hier 20 %) vollumfänglich über Börsen-geschäfte und nicht bereits (teilweise) im Rahmen der normale Strombeschaffung erreicht werden soll, so ergibt sich basierend auf dem jährlichen geplanten Stromabsatz in Höhe 1.000 GWh ein notwendiges jährliches Handelsvolumen über die Börse von 200 GWh (Tabelle 5-20). Dabei wird der Verbrauch aller 50.000 UVE berücksichtigt.

Tabelle 5-20:   Anzahl Handelsgeschäfte aus erweiterten Betrieb „Dargebot EE"

Anzahl Anlagen	50.000	Stück
Spez. Verbrauch je Anlage und Jahr	20.000	kWh/a
Summe Verbrauch über alle Anlagen	1.000.000	MWh/a
Vertraglich zugesicherter spez. EE-Stromanteil	4.000	kWh/a
Summe EE-Strom über alle Anlagen	200.000	MWh/a
Durchschn. Dauer je Handelsgeschäft	1	h
Arbeitsvolumen je Handelsgeschäft	150	MWh
Theoretisch notwendige Anzahl Handelsgeschäfte		
Notwendige Anzahl Handelsgeschäfte	1.334	Stück/a
Angenommene Anzahl Geschäfte pro Tag	7	Stück/d
--> Notwendige Anzahl Handelstage	191	Tage
Tatsächlich (realisierbare) Anzahl Handelsgeschäfte		
Angenommene Anzahl Handelsgeschäfte	600	Stück/a
Angenommene Anzahl Geschäfte pro Tag	6	Stück/d
--> Angenommene Anzahl Handelstage	100	Tage
Summe tatsächlicher EE-Strom über alle Anlagen	90.000	MWh/a
Anteil am vertraglich zugesicherten am EE-Strom	45	%

Mit einer durchschnittlichen Leistung je Handelsgeschäft von 150 MWh – analog zum erwei-terten Betrieb „Intraday- und Spotmarktgeschäfte" – und der Annahme einer Dauer je Han-delsgeschäft von einer Stunde wären 1.334 jährliche Geschäfte erforderlich. Wird angenom-men, dass 7 Handelsgeschäfte pro Tag möglich sind, dann folgen daraus 191 jährliche Han-delstage.

Im Vergleich zu den Ansätzen zum erweiterten Betrieb „Intraday- und Spotmarktgeschäfte" mit angenommenen 900 jährlichen Handelsgeschäften erscheint die resultierende theore-tisch notwendig Anzahl von 1.334 Geschäften im Rahmen des erweiterten Betriebs „Darge-bot EE" unrealistisch hoch. Zu Bedenken ist dabei, dass nicht an allen Tagen mit an-nehmbaren Heizenergiebedarf der UVE ausreichend Windenergieeinspeisungen bzw. Ein-speisungen von erneuerbaren Energien zur Verfügung stehen. In der Modellrechnung für den erweiterten Betrieb „Dargebot EE" wird daher von einer geringeren Anzahl von (mögli-chen) jährlichen Handelsgeschäften – nämlich 600 Stück – ausgegangen (Abschlag von 33 % im Vergleich zum erweiterten Betrieb „Intraday- und Spotmarktgeschäfte"). Mit dieser redu-zierten Anzahl von Handelsgeschäften lässt sich ein Arbeitsvolumen von 90 GWh jährlich erzielen, was – unter der Annahme, dass es sich um zertifizierten EE-Strom handelt – 45 % der vertraglich vereinbarten Menge von 200 GWh/a ausmacht. Die restlichen 55 % wären (also doch) im Rahmen der allgemeinen Strombeschaffung als zertifizierte EE-Strommmenge ggf. unter Einbeziehung der EEG-Strommengen[49] zu beschaffen.

5.5.1 Kosten „Dargebot EE"

In Analogie zum erweiterten Betrieb „Intraday- und Spotmarktgeschäfte" stellt sich die Kostenbasis wie folgt dar (Tabelle 5-21): Für Handelgeschäfte an der deutschen Strombörse verlangt die EEX 0,35 €/MWh an Transaktionsgebühren (Stand Anfang 2007). Da zu jedem Geschäft (Kauf oder Verkauf) jeweils ein korrespondierendes Gegengeschäft zu tätigen ist, fallen diese Kosten zweimal an. Es ergeben sich für die angenommene durchschnittliche Leistung je Handelsgeschäft von 150 MW Transaktionskosten in Höhe von 105 €. Die durchschnittliche Leistung ist identisch mit dem Ansatz zum erweiterten Betrieb „Intraday- und Spotmarktgeschäfte".

Neben den Börsengebühren fallen Signalkosten an. Da von Schaltperioden im ¼-Stundenrhythmus ausgegangen wird, ergeben sich – zuzüglich des geringfügigen Risikoaufschlags bei den Anlagen – je ¼-Stunde jeweils 7.688 Einschalt- und 7.688 Ausschalt-Vorgänge. Für ein einstündiges Handelsgeschäft sind dies 30.752 Doppelsignale. Deren Kosten liegen bei etwa 6 € je Handelsgeschäft.

Insgesamt summieren sich die variable Kosten für ein einstündiges Börsengeschäft mit 150 MW auf 111,15 €.

Tabelle 5-21:   Spezifische Kosten aus erweiterten Betrieb „Dargebot EE"

Transaktionskosten je Handelsgeschäft	0,35 €/MWh
Durchschnittliche Leistung je Handelsgeschäft	150 MW
Durchschnittliche Dauer je Handelsgeschäft	1 h
Volumen je Handelsgeschäft	150 MWh
Transakt.-Kosten je Handelsgeschäft (Geschäft + Gegenges.)	105,00 €/Handelsgesch.
Sicherheitsaufschlag bei Anlagenanzahl im erw. Betrieb	1,025
Teilnehmende Anlagen am Handelsgeschäft je Viertelstunde	7.688 Anlagen/0,25 h
Doppel-Signale je Handelsgeschäft und 1/4-Stunde (Ein, Aus)	*7.688 Stück/1/4-h*
Insgesamt teilnehmende Anlagen	30.752 Anlagen
Doppelsignale je Handelsgeschäft (Geschäft + Gegenges.)	61.504 Signale
Kosten für 2 Signale pro Anlage	0,01 Ct
Signalkosten je Handelsgeschäft	6,15 €/Handelsgesch.
Var. Kosten je Handelsgeschäft (Transaktionsk. + Signalk.)	111,15 €/Handelsgesch.

Da im Rahmen des erweiterten Betrieb „Dargebot EE" nicht alle vertraglich zugesagten EE-Strommengen dargestellt werden können, muss eine Beschaffung bzw. Zertifizierung der noch notwendigen offen Positionen erfolgen. Auf die Thematik wird in Kapitel 5.5.3 näher eingegangen.

---

[49] Im Rahmen der großen EEG-Novelle 2007/2008 wird über eine Systemumstellung der Weiterverrechnung der durch die ÜNB aufgenommenen EEG-Strommengen über eine (teilweise) direkte Vermarktung an der Börse nachgedacht. Lieferanten würden dann nicht mehr „automatisch" alle EEG-Strommengen in ihren Bilanzkreis eingestellt bekommen bzw. es stünden entsprechende Mengen von EE-Einspeisern zur Verfügung.

5.5.2 Erlöse „Dargebot EE"

Für die Erlösseite lassen sich folgende Positionen ermitteln: Neben den bereits oben zitierten zusätzlichen Erlösen von 40 €/a wegen des Tarifaufschlags durch den Ökostromtarif (s. Tabelle 5-19), stellt in Analogie zum erweiterten Betrieb „Intraday- und Spotmarktgeschäfte" die erreichbare Rohmarge, die bei jedem Handelsgeschäft durchschnittlich erzielt werden kann, den zentralen Punkt der Betrachtungen dar.

In den Modellrechnungen wird von einer mittleren spezifischen Marge von 10 €/MWh ausgegangen. Diese ist geringer als beim erweiterten Betrieb „Intraday- und Spotmarktgeschäfte" mit angenommenen 15 €, da neben dem Erzielen einer möglich hohen Marge auch eine vertraglich garantierte Mindestmenge an Ökostrombezug über Handelsgeschäfte erreicht werden muss, was potentiell margensenkend wirkt. Wie in Tabelle 5-22 dargestellt ergibt sich für die durchschnittlichen einstündigen 150 MW-Handelsgeschäfte eine spezifische Rohmarge von 1.500 €. Unter Berücksichtigung der variablen Kosten errechnet sich eine Netto-Marge von rund 830.000 €/a.

Tabelle 5-22: Spezifische Rohmarge aus erweiterten Betrieb „Dargebot EE"

Anzahl Handelsgeschäfte pro Jahr	600 Stück/a
Durchschn. Leistung je Handelsgeschäft	150 MW
Durchschn. Dauer je Handelsgeschäft	1 h
Durchschnittliche Marge je Handelgeschäft	10 €/MWh
Volumen je Handelsgeschäft	150 MWh
Rohmarge je Handelsgeschäft	*1.500 €/Handelsgesch.*
Var. Kosten je Handelsgeschäft (Transaktionsk. + Signalk.)	*111,15 €/Handelsgesch.*
Netto-Marge je Handelgeschäft (mit var. Kosten; o. Fixkosten	1.389 €/Handelsgesch.
Netto-Marge über alle Handelsgeschäfte (o. Fixkosten)	833.310 €/a
Netto-Marge je Anlage (alle Anlagen)	*16,67 €/a Anlage*

5.5.3 Ergebnis „Dargebot EE"

Die Summe der Kostenpositionen (Fixkosten von 1,22 Mio. € und variable Kosten 67.000 €) beträgt knapp 1,3 Mio. € pro Jahr. Diese Summe ist mindestens zu erwirtschaften, um eine Kostendeckung erreichen zu können. Umgerechnet auf ein Handelsgeschäft sind dies 2.150 € bzw. je Anlage 25,77 € jährlich (Tabelle 5-23).

Demgegenüber stehen jährliche „Erlöse" (= Zusatzerlös + Roh-Marge) von insgesamt 2,9 Mio. €. Diese setzen sich aus den Zusatzeinnahmen des höheren EE-Stromtarifs in Höhe von 2 Mio. € sowie der 900.000 € Roh-Marge aus den Handelsgeschäften zusammen. Es ergibt sich ein anlagenspezifischer Erlös von 58 € im Jahr.

Aus der Differenz zwischen Erlösen und Kosten errechnet sich das jährliche Zwischenergebnis von 1,6 Mio. € bzw. gut 32 € je Anlage und Jahr. Die Netto-Marge liegt bei etwa 1.390 € je Geschäft.

Tabelle 5-23: Zwischenergebnis aus erweiterten Betrieb „Dargebot EE"

Fixkosten pro Jahr über alle Anlagen	1.221.600 €/a
Variable Kosten alle Handelsgeschäfte	66.690 €/a
Summe Kosten	1.288.290 €/a
Spezifische Kosten je Handelsgeschäft	*2.147 €/Handelsgesch.*
Spezifische Kosten je Anlage	*25,77 €/a Anlage*
Zusatzerlöse EE-Stromtarif	2.000.000 €/a
Spezifische Roh-Marge je Anlage	*40 €/a*
Roh-Marge über alle Handelsgeschäfte (o. Fixkosten)	900.000 €/a
Spezifische Roh-Marge je Handelsgeschäft	*1.500 €/Handelsgesch.*
Spezifische Roh-Marge je Anlage	*18,00 €/a Anlage*
Summe Zusätzerlöse + Roh-Marge	2.900.000 €/a
Spezifischer Wert je Anlage	*58,00 €/a Anlage*
Zwischenergebnis über alle Handelsgeschäfte	1.611.710 €/a
Zwischenergebnis je Handelsgeschäft	*2.686 €/Handelsgesch.*
Zwischenergebnis je Anlage	*32,23 €/a Anlage*

In diesem Zwischenergebnis fehlen die Aufwendungen für die Beschaffung der restlichen 55% EE-Strommengen. Zur Ermittlung der Aufwendungen für die Beschaffung der restlichen EE-Strommengen (2.200 kWh/a pro Anlage) sind zwei Ansätze denkbar. Zum einen lässt sich aus dem Zwischenergebnis in Höhe von gut 32 €/a je Anlage ein spezifischer Betrag ermitteln (1,47 Ct/kWh), der als zusätzlicher Beitrag über die sowieso im Rahmen der Strombeschaffung zur Verfügung stehende Summe für den EE-Strom eingesetzt werden kann. Diese 1,47 Ct/kWh dürften allerdings nicht überschritten werden, da ansonsten ein negatives Gesamtergebnis erzielt würde (Tabelle 5-24).

Tabelle 5-24: Endergebnis aus erweiterten Betrieb „Dargebot EE"

Vertraglich zugesicherter spez. EE-Stromanteil	4.000	kWh/a
Ökostrommengenanteil am Gesamtabsatz	20	%
Davon im Rahmen des erweiterten Betriebs bereitgestellt	1.800	kWh/a
Anteil am vertraglich zugesicherten EE-Stromanteil	*45*	*%*
Noch zu beschaffende EE-Strommenge	2.200	kWh/a
Dafür maximal zu Verfügung stehende Erlöse	32,23	€/a Anlage
Sich ergebender maximaler Preisaufschlag	1,47	Ct/kWh
Verbleibendes Endergebnis aus erweiterten Betrieb	0,00	€/a Anlage
Im EE-Tarif angesetzter Preisaufschlag	1,00	Ct/kWh
Zusatzkosten für noch zu beschaffene EE-Strommenge	22,00	€/a Anlage
Verbleibendes spez. Endergebnis aus erweiterten Betrieb	10,23	€/a Anlage
Endergebnis über alle Anlagen	511.710	€/a

Werden jedoch, basierend auf dem beispielhaft für einen EE-Stromanteil angenommenen Tarifaufschlag, diese 1 Ct/kWh als Basis für die restlichen 55 %ige EE-Strombeschaffung angesetzt (d. h. in diesem Falle kostet der EE-Strom in der Beschaffung 1 Ct/kWh mehr als der „Normalstrom"), so verbleibt ein zusätzliches positives Endergebnis von gut 10 € je Anlage bzw. von insgesamt von etwa 510.000 € jährlich aus den über die Börse beschafften anderen 45 % des EE-Stroms.

5.6 Modellergebnisse „Optimierter Kraftwerkseinsatz"

Als letzter der hier vorgestellten Ansätze werden die Ergebnisse aus der erweiterten Betriebsweise des optimierten Kraftwerkeinsatzes vorgestellt.

5.6.1 Kosten „Optimierter Kraftwerkseinsatz"

Wie bereits in Kapitel 3.3.5 erläutert sind An- und Abfahrten von thermischen Kraftwerken mit zusätzlichen Kosten verbunden. Neben einem erhöhten Brennstoffverbrauch wegen Wirkungsgradverlusten stellen kalkulatorisch angesetzte erhöhte Instandhaltungsaufwendungen wesentliche Kostenbestandteile dar.

Bei An- und Abfahrten von thermischen Kraftwerksblöcken ist grundsätzlich zwischen einem Kalt- und Warmstart zu unterscheiden. Steht ein Kraftwerk über einen „längeren" Zeitraum still (z. B. Wochenende oder länger), so kühlen Kessel und Wasserdampfkreisläufe aus. Wird ein solcher Kraftwerksblock wieder in Betrieb genommen, so ist der Aufwand (Kosten, Zeit) relativ hoch und es wird von einem Kaltstart gesprochen. Steht hingegen ein Kraftwerk nur für wenige Stunden still, ist ein Anfahren schneller möglich und der Aufwand (Kosten, Zeit) reduziert sich signifikant. Kesseltemperatur und Wasserdampfkreisläufe weisen noch ein vergleichsweise betriebsnahes Temperaturniveau auf. Es wird von einem Warmstart gesprochen. In Tabelle 5-25 sind durchschnittliche Kosten für den Warmstart von mittelgroßen Kohlekraftwerken (500-700 MW) bzw. mittelgroßen GuD-Anlagen (400-600 MW) in Höhe von 20.000 € abgeschätzt. Die Abschätzung erfolgt auf Basis von Expertenbefragungen[50]. Ausgewiesene Grundlastkraftwerke (z. B. Braunkohle-KW) weisen höhere Kosten auf. In diesen Kosten sind auch die Brennstoffkosten enthalten. Mit einem optimierten Betrieb lassen sich nach Expertenaussagen mindestens 10 Prozent einsparen.

Da die Kosten für ein Abfahren eines vergleichbaren Kraftwerks geringer sind, wird auf eine gesonderte Betrachtung verzichtet.

Tabelle 5-25:   Allgemeine Angaben zu Betriebskosten von Kraftwerken

Anfahrbetrieb eines Kraftwerks	
Warmstart eines mittelgroßen therm. KW (inkl. Brennstoffe)	20.000 €/Anfahrt
Kostenersparnis bei optimierter Fahrweise	10 %
	2.000 €/Anfahrt
Anzahl jährliche Anfahrten mit optimierter Fahrweise	600 Stück/a
Wechsel Teillast/Volllast	
Schneller Wechsellastbetrieb	2.000 €/Wechsellast
Kostenersparnis bei optimierter Fahrweise	10 %
Kosten optimierter Wechsellastbetrieb	200 €/Wechsellast
Anzahl jährliche "Wechsel" mit optimierter Fahrweise	2.000 Stück/a

Neben dem Betrieb von Kraftwerken unter Volllast sind – soweit technisch möglich und betriebstechnisch erforderlich – Betriebszustände im Teillastbereich üblich. Auch der Wech-

---

[50] Auf die Darstellung von detaillierten Angaben muss aufgrund von Geschäftsgeheimnissen verzichtet werden.

sellastbetrieb ist mit zusätzlichen Kosten verbunden. Diese werden auf 10 Prozent der Anfahrtkosten geschätzt – mithin mit 2.000 € je Wechsel Teillast zu Volllast. Von diesen Kosten lassen sich wiederum 10 Prozent einsparen, so dass der erweiterte Betrieb je Lastwechsel eines thermischen Kraftwerks zu einer Kostenentlastung von 200 € führen kann (Tabelle 5-25).

Tabelle 5-26: Spezifische Kosten je Anfahrt eines Kraftwerks (Warmstart)

Durchschnittliche Leistung je Anfahrt	240 MW/Anfahrt
Durchschnittliche Dauer je Anfahrt	2 h
Volumen je Anfahrt	480 MWh/Anfahrt
Durchschnittliche Leistung je Wechsellastbetrieb	150 MW/Wechsellast
Durchschnittliche Dauer je Wechsellastbetrieb	0,5 h
Volumen je Wechsellastbetrieb	75 MWh/Wechsellast
Sicherheitsaufschlag bei Anlagenanzahl im erw. Betrieb	1,025
Anfahrbetrieb (Warmstart)	
Teilnehmende Anlagen je Anfahrt je Viertelstunde	12.301 Anlagen/0,25 h
Doppel-Signale je Handelsgeschäft und 1/4-Stunde (Ein, Aus)	*12.301 Stück/1/4-h*
Insgesamt Teilnehmende Anlagen	98.408 Anlagen
Doppelsignale je Handelsgeschäft (Geschäft + Gegenges.)	98.408 Signale
Kosten für 2 Signale pro Anlage	0,01 Ct
Signalkosten je Anfahrt	9,84 €/Handelsgesch.
Summe Signalkosten über alle Anfahrten	5.904 €/a
Wechsellastbetrieb	
Teilnehmende Anlagen je Wechsellastbetrieb je Viertelstunde	7.688 Anlagen/0,25 h
Doppel-Signale je Handelsgeschäft und 1/4-Stunde (Ein, Aus)	*7.688 Stück/1/4-h*
Insgesamt Teilnehmende Anlagen	31.521 Anlagen
Doppelsignale je Handelsgeschäft (Geschäft + Gegenges.)	31.521 Signale
Kosten für 2 Signale pro Anlage	0,01 Ct
Signalkosten je Wechsellastbetrieb	3,15 €/Handelsgesch.
Summe Signalkosten über alle Wechsellastbetriebe	6.304 €/a

Im Modell wird von jährlich 600 Kraftwerkanfahrten und 2.000 Wechsellastbetrieben ausgegangen, bei denen der erweiterte Betrieb zur Anwendung kommen kann.

Unter Zugrundelegung eines angenommenen durchschnittlichen Leistungsbedarfs von 240 MW der UVE über einen Zeitraum von 2 Stunden während der Startphase eines Kraftwerks (Warmstart) ergeben sich Signalkosten von knapp 10 € je Start (Tabelle 5-26). Börsenkosten oder andere Kosten fallen nicht an, da lediglich eine zeitliche Umschichtung (Mengenswap) zwischen UVE und Kraftwerk stattfindet und im Falle eines gemeinsamen Bilanzkreises noch nicht einmal Fahrplanänderungen notwendig werden.

Im Wechsellastbetrieb sind die Kosten (gut 3 €) geringer, da neben einem angenommenen geringeren mittleren Leistungsbedarf der UVE (150 MW) die Dauer der Inanspruchnahme mit einer halben Stunde kürzer ist. Jährlich fallen zusammen etwa 12.200 € an Signalkosten an.

Kaltstarts von Kraftwerken werden nicht gesondert betrachtet, sondern sind in den Warmstart-Fällen mitberücksichtigt. Auch wenn deren Kostenbasis um etwa den Faktor 2 darüber liegt, sind diese Fälle aus einem konservativen Ansatz den Warmstarts zugeordnet. Darüber hinaus dauert ein Kaltstart eines Kraftwerks oftmals sechs bis acht Stunden, so dass eine zeitliche Energiemengenverschiebung bei den UVE an deren technische bzw. versorgungssicherheitstechnische Grenze stößt.

Neben den in Tabelle 5-26 dargestellten Kosten fallen die in Kapitel 5.1.2 (Tabelle 5-3) hergeleiteten jährlichen Fixkosten in Höhe von rund 1,2 Mio. € an.

5.6.2 Erlöse „Optimierter Kraftwerkseinsatz"

Den Kosten im Rahmen des optimierten Kraftwerkseinsatzes stehen Erlöse in Höhe von 1,2 Mio. € bzw. 400.000 €, d. h. insgesamt 1,6 Mio. € gegenüber (Tabelle 5-27). Der große Vorteil an diesen Erlösen liegt darin, dass sie nicht von Börsenpreisen bzw. Ausschreibungsergebnissen abhängig sind, sondern sich auf Basis von kalkulierbaren Einsparungen ergeben. Die angenommenen spezifischen Erlöse von 2.000 € bzw. 200 € je Anfahrt werden den UVE zugerechnet.

Tabelle 5-27:   Erlöse „Optimierter Kraftwerkseinsatz"

Anfahrbetrieb eines Kraftwerks	
Spezifischer Erlös je Anfahrt	2.000 €/Stück
Gesamterlös über alle jährlichen Anfahrten	1.200.000 €/a
Wechsel Teillast/Volllast	
Spezifischer Erlös je Wechsellastbetrieb	200 €/Stück
Gesamterlös über alle jährlichen Wechsellastbetriebe	400.000 €/a
Summe Gesamterlöse	1.600.000 €/a

5.6.3 Ergebnis „Optimierter Kraftwerkseinsatz"

Die Nettomarge (d. h. ohne Berücksichtigung der Fixkosten und unter Vernachlässigung der Signalkosten) weist mit gut 600 € je optimiertem Kraftwerkseinsatz und 32 € je unterbrechbarer Verbrauchseinrichtung eine signifikante Größenordnung auf. Nach Abzug aller Kosten ergibt sich ein jährliches Ergebnis von 366.000 € (Tabelle 5-28). Gemittelt über jeden optimierten Kraftwerkseinsatz kann ein Ergebnis von 141 € pro Jahr und je unterbrechbarer Verbrauchseinrichtung von 7,32 € erzielt werden.

Tabelle 5-28:   Ergebnis „Optimierter Kraftwerkeinsatz"

Fixkosten pro Jahr über alle Anlagen	1.221.600 €/a
Variable Kosten alle Geschäfte	12.209 €/a
Summe Kosten	1.233.809 €/a
Spezifische Kosten je opt. Kraftwerkseinsatz	*475 €/a Einsatz*
Spezifische Kosten je Anlage	*24,68 €/a Anlage*
Netto-Marge über alle optimierten Betriebe (o. Fixkosten)	1.600.000 €/a
Spezifische Netto-Marge je opt. Kraftwerkseinsatz	*615 €/a Einsatz*
Spezifische Netto-Marge je Anlage	*32,00 €/a Anlage*
Ergebnis über alle Handelsgeschäfte	366.191 €/a
Ergebnis je opt. Kraftwerkseinsatz	*141 €/a Einsatz*
Ergebnis je Anlage	*7,32 €/a Anlage*

In diesem Ergebnis sind – wie in den vorherigen Kapiteln auch – die Fixkosten zur Systemertüchtigung enthalten (1,22 Mio. €). Hierbei wird unterstellt, dass „nur" der erweiterte Betrieb „optimierter Kraftwerksbetrieb" („stand alone" Betrieb) und keine weiteren erweiterten Betriebe zum Einsatz kommen. Wie eine Ergebnisteilung zwischen Kraftwerk und UVE aussehen könnte wird hier nicht weiter betrachtet. Es wird angenommen, dass das Ergebnis von 366.000 € vollständig den UVE zugeordnet wird.

5.7 Zusammenfassung der Modellergebnisse

Im Weiteren erfolgt eine Gegenüberstellung der Ergebnisse der Modellrechnungen. Aufbauend auf diesem Vergleich werden mehrere unterschiedliche erweiterte Betriebe so miteinander kombiniert, dass eine weitere Ergebnissteigerung erzielbar ist. Hierzu werden entsprechende Annahmen getroffen.

5.7.1 Gegenüberstellung der Kosten der Modellrechnungen

Neben den für alle erweiterten Betriebe im „stand alone"-Betrieb zu tragenden jährlichen Fixkosten in Höhe von insgesamt 1,22 Mio. €/a stehen in Tabelle 5-29 die variablen Kosten im Vordergrund. Diese reichen von knapp 100 € jährlich beim erweiterten Betrieb „Teilnahme Minutenreserve" bis zu 100.000 € jährlich beim Betrieb „Intraday- und Spotmarktgeschäfte".

Da auch der erweiterte Betrieb „Dargebot EE" in Analogie zum Betrieb „Intraday- und Spotmarktgeschäfte" auf reinen Swap-Geschäften an der Börse basiert, sind die variablen Kosten aufgrund der Transaktionskosten (Börsengebühren) vergleichsweise hoch (knapp 67.000 €/a). Zu beachten ist, dass in den dargestellten Kosten für den erweiterten Betrieb „Dagebot EE„, noch nicht die Aufwendungen für die nicht im Rahmen des erweiterten Betriebs beschafften aber vertraglich zugesicherten EE-Mengen enthalten sind (s. a. Betrachtungen in Kapitel 5.3.3 dazu). Hier sind nur die Kosten, die im Rahmen des erweiterten Betriebs anfallen, aufgeführt.

Demgegenüber fallen beim erweiterten Betrieb „Optimierter Kraftwerkseinsatz" keine Börsengebühren an, da Swap-Geschäfte mit den Kraftwerken erfolgen. Die Signalkosten belaufen sich auf 12.200 € jährlich. Eine Kombination aus Börsengeschäften (mit Börsengebühren) und Umbilanzierungen von Strommengen (nur Signalkosten) stellt der erweiterte Betrieb „Ausgleich Fahrplanabweichungen" mit jährlichen variablen Kosten in Höhe von 7.800 € dar.

Ein identischen Bild ergibt sich bei den jährlichen spezifischen variablen Kosten je Anlage. Auch hier liegen diese beim erweiterten Betrieb „Teilnahme Minutenreserve" am geringsten (0,002 €/Anlage) und beim Betrieb „Intraday- und Spotmarktgeschäfte" am höchsten (2 €/Anlage). Dies muss auch so sein, da die jährlichen variablen Kosten lediglich durch die Anzahl der technisch ertüchtigten Anlagen (50.000 Stück) dividiert worden sind. Für die entsprechenden anderen erweiterten Betriebe gilt Vergleichbares.

Werden die jährlichen spezifischen Kosten durch die Anzahl der angenommenen Geschäfte geteilt, so verändert sich das Bild. Auch hier sind die variablen Kosten je Geschäft beim erweiterten Betrieb „Teilnahme Minutenreserve" am geringsten (0,07 €/Geschäft); die höchsten variablen Kosten je Geschäft sind beim erweiterten Betrieb „Ausgleich Fahrplanabweichung" zu finden. Dies liegt daran, dass die angenommene Anzahl mit 50 Stück pro Jahr geringer ist, als bei den anderen erweiterten Betrieben. Identische spezifische Kosten in Höhe von 111 € je Geschäft ergeben bei den Betrieben „Intraday- und Spotmarktgeschäfte" und „Dargebot EE", da beide vollständig auf Swap-Geschäfte an der Börse basieren. Äußerst ge-

ringe Kosten (5 €/Geschäft) sind beim erweiterten Betrieb „Optimierter Kraftwerkseinsatz"
zu finden, was daran liegt, dass nur Signalkosten anfallen und keine Börsengebühren.

Tabelle 5-29:   Gegenüberstellung der Kosten aller erweiterten Betriebe

Fixkosten	
Fixkosten pro Jahr über alle Anlagen	1.221.600 €/a
Fixkosten pro Jahr und Anlage	24,43 €/a
Gegenüberstellung der variablen Kosten	
Variable Kosten "Teilnahme Minutenreserve"	98 €/a
Variable Kosten "Intraday- bzw. Spotmarktgeschäfte"	100.035 €/a
Variable Kosten "Ausgleich Fahrplanabweichungen"	7.820 €/a
Variable Kosten "Dargebot EE"	66.690 €/a
Variable Kosten "Optimierter Kraftwerkseinsatz"	12.209 €/a
Variable Kosten "Teilnahme Minutenreserve"	0,07 €/Geschäft
Variable Kosten "Intraday- bzw. Spotmarktgeschäfte"	111 €/Geschäft
Variable Kosten "Ausgleich Fahrplanabweichungen"	156 €/Geschäft
Variable Kosten "Dargebot EE" *)	111 €/Geschäft
Variable Kosten "Optimierter Kraftwerkseinsatz"	5 €/Geschäft
Spez. var. Kosten je Anlage "Teilnahme Minutenreserve"	0,002 €/Anlage
Spez. var. Kosten je Anlage "Intraday- bzw. Spotmarktgesch	2,00 €/Anlage
Spez. var. Kosten je Anlage "Ausgleich Fahrplanabw."	0,16 €/Anlage
Spez. var. Kosten je Anlage "Dargebot EE"	1,33 €/Anlage
Spez. var. Kosten je Anlage "Optimierter Kraftwerkseinsatz"	0,24 €/Anlage
*) Angabe auf Basis von 600 getätigten Geschäfte inkl. Tarifaufschlag	

5.7.2 Gegenüberstellung der Erlöse der Modellrechnungen

In Tabelle 5-30 sind die Erlöse der unterschiedlichen erweiterten Betriebe gegenübergestellt. Wie die variablen Kosten variieren auch diese stark. Aufgrund des tariflichen Auf-
schlages von 1 Ct/kWh und der vergleichsweise hohen Anzahl von Geschäften (600 Stück)
sind die Erlöse beim erweiterten Betrieb „Dargebot EE" mit 2,9 Mio. € jährlich am höchsten.
Die gesicherten Erlöse aus dem Tarifaufschlag begrenzen zudem das Risiko. Die 900 angenommenen jährlichen Geschäfte bei erweitertem Betrieb „Intraday- und Spotmarktgeschäfte" führen zu Erlösen von rund 2 Mio. €, die jedoch vollständig möglichen Börsenpreis-
schwankungen unterliegen. Mit jeweils 1,6 Mio. € liegen die Erlöse der Betriebe „Teilnahme
Minutenreserve" bzw. „Optimierter Kraftwerkseinsatz" auf gleichem Niveau. Auch die Einnahmen im Rahmen der Minutenreserveausschreibungen unterliegen gängigen Marktregeln
mit einem entsprechenden Risiko. Dem gegenüber sind die Einnahmen aus dem Betrieb
„Optimierter Kraftwerkseinsatz" vergleichsweise sicher, da sie festen Kalkulationen unterliegen und nicht börsenpreisabhängig sind. Die Einnahmen aus dem erweiterten Betrieb
„Ausgleich Fahrplanabweichungen" sind mit 800.000 € am geringsten, was an der vergleichsweise geringen Anzahl an Geschäftsfällen liegt (50 Stück pro Jahr). Auch hier liegt ein
vergleichsweise geringes Risiko vor, da ein „gesicherter" Spread zwischen Ausgleichsener-
giepreis und börsenbasierten Marktpreisen besteht.

Tabelle 5-30:　　Gegenüberstellung der Erlöse aller erweiterten Betriebe[51]

Gegenüberstellung Erlöse pro Jahr	
Erlös "Teilnahme Minutenreserve"	1.628.690 €/a
Erlös "Intraday- bzw. Spotmarktgeschäfte"	2.025.000 €/a
Erlös "Ausgleich Fahrplanabweichungen"	799.968 €/a
Erlös "Dargebot EE" *)	2.900.000 €/a
Erlös "Optimierter Kraftwerkseinsatz"	1.600.000 €/a
Gegenüberstellung spez. Erlöse je Geschäft	
Spezifischer Erlös "Teilnahme Minutenreserve"	1.143 €/Geschäft
Spezifischer Erlös "Intraday- bzw. Spotmarktgeschäfte"	2.250 €/Geschäft
Spezifischer Erlös "Ausgleich Fahrplanabweichungen"	15.999 €/Geschäft
Spezifischer Erlös "Dargebot EE" *)	4.833 €/Geschäft
Spezifischer Erlös "Optimierter Kraftwerkseinsatz"	615 €/Geschäft
Gegenüberstellung spez. Erlöse je Anlage	
Spezifischer Erlös "Teilnahme Minutenreserve"	32,57 €/Anlage
Spezifischer Erlös "Intraday- bzw. Spotmarktgeschäfte"	40,50 €/Anlage
Spezifischer Erlös "Ausgleich Fahrplanabweichungen"	16,00 €/Anlage
Spezifischer Erlös "Dargebot EE"	58,00 €/Anlage
Spezifischer Erlös "Optimierter Kraftwerkseinsatz"	32,00 €/Anlage
*) Angabe auf Basis von 600 getätigten Geschäfte inkl. Tarifaufschlag	

Auf der anderen Seite weisen beim erweiterten Betrieb „Ausgleich Fahrplanabweichungen" die spezifischen Erlöse je Geschäft in Höhe von 16.000 € den mit Abstand höchsten Wert auf. Die spezifischen Erlöse der Betriebe „Intraday- und Spotmarktgeschäfte" (2.250 €) und „Dargebot EE" (4.833 €) sind ebenfalls vergleichsweise hoch. Im Rahmen der Minutenreservegeschäfte sind spezifische Einnahmen von gut 1.100 € je Geschäft zu erzielen. Beim erweiterten Betrieb „Optimierter Kraftwerkseinsatz" werden lediglich etwas über 600 € je Geschäft erreicht, wobei diese Einnahmen jedoch vergleichsweise sicher sind.

Das Verhältnis der Verteilung der spezifischen Erlöse je Anlage ist aufgrund des gemeinsamen Teilers von jeweils 50.000 Anlagen mit dem der gesamten Erlöse identisch.

5.7.3 Gegenüberstellung der Ergebnisse der Modellrechnungen

In Tabelle 5-31 sowie in Abbildung 5-1 werden die Ergebnisse der Modellrechnung dargestellt. Gegenübergestellt sind einerseits die Ergebnisse für den „stand alone"-Betrieb der einzelnen erweiterten Betriebe unter Einbeziehung der jährlichen variablen Kosten inklusive der gesamten jährlichen Fixkosten sowie andererseits ohne Berücksichtigung der jährlichen Fixkosten (rechte Spalte in Tabelle 5-31).

Bei den Ergebnissen unter Einbeziehung der Fixkosten (mittlere Spalte) fällt auf, dass der erweiterte Betrieb „Intraday- und Spotmarktgeschäfte" mit rund 700.000 €/a das höchste

---

[51] Unter dem in der Tabelle angegebenen Begriff „Erlös" sind im Falle der erweiterten Betriebe „Intraday- und Spotmarktgeschäfte" als auch „Dargebot EE" begrifflich auch die Roh-Margen zusammengefasst, die sich aus den Börsengeschäften ergeben, d. h. der Saldo aus Erlösen und Kosten für die Börsengeschäfte (Geschäft und Gegengeschäft).

Ergebnis und der Betrieb „Ausgleich Fahrplanabweichung" ein negatives Ergebnis von -430.000 €/a aufweist. Wie bereits im entsprechenden Kapitel mit den Modellrechnungen dargestellt, ist damit der „stand alone"-Betrieb „Ausgleich Fahrplanabweichung" für sich betrachtet betriebswirtschaftlich unwirtschaftlich. In einer vergleichbaren Größenordnung von 350.000 bis 510.000 €/a liegen die anderen drei erweiterten Betriebe. Bei der Gegenüberstellung der spezifischen Ergebnisse je Geschäft sehen die Resultate etwas anders aus. Mit -8.590 € je Geschäft ergibt sich ein deutlich negatives Ergebnis beim erweiterten Betrieb „Ausgleich Fahrplanabweichung". Die Betriebe „Optimierter Kraftwerkseinsatz" und „Teilnahme Minutenreserve" liegen mit 141 € bzw. 286 € je Geschäfts auf einem vergleichbaren relativ niedrigen positiven Niveau. Diese relativ geringen Ergebnissen erklären sich vor allem in der hohen Anzahl an jährlichen Geschäften (2.600 bzw. 1425 Stück). Die höchsten spezifischen Ergebnisse finden sich bei den Betrieben „Dargebot EE" und „Intraday- und Spotmarktgeschäfte" (853 € bzw. 782 € je Geschäft). Beide Ansätze nutzen Arbitragen an der Börse sowie im Falle des Betriebs „Dargebot EE" zusätzliche Einnahmen aus einem teuren Tarif. Die Ergebnisse je Anlage stellen sich (erneut) im Verhältnis zu den Gesamtergebnissen aufgrund des gemeinsamen Teilers von jeweils 50.000 Anlagen dar.

Darüber hinaus sind in Tabelle 5-31 (rechte Spalte) die Ergebnisse ohne Berücksichtung der jährlichen Fixkosten dargestellt. In weiter unten vorgestellten Überlegungen, bei denen es um eine Kombination mehrerer erweiterter Betriebe geht, ist dies von Relevanz.

Tabelle 5-31:   Gegenüberstellung der Ergebnisse der erweiterten Betriebe

		inkl. jährl. Fixkosten	ohne jährl. Fixkosten
Gegenüberstellung Ergebnis pro Jahr			
Ergebnis "Teilnahme Minutenreserve"	€/a	406.992	1.628.592
Ergebnis "Intraday- bzw. Spotmarktgeschäfte"	€/a	703.365	1.924.965
Ergebnis "Ausgleich Fahrplanabweichungen"	€/a	-429.452	792.148
Ergebnis "Dargebot EE"	€/a	511.710	1.733.310
Ergebnis "Optimierter Kraftwerkseinsatz"	€/a	366.191	1.587.791
Gegenüberstellung spez. Ergebnis je Geschäft			
Spezifisches Ergebnis "Teilnahme Minutenreserve"	€/Geschäft	286	1.143
Spezifisches Ergebnis "Intraday- bzw. Spotmarktgeschäfte"	€/Geschäft	782	2.139
Spezifisches Ergebnis "Ausgleich Fahrplanabweichungen"	€/Geschäft	-8.589	15.843
Spezifisches Ergebnis Dargebot EE" *)	€/Geschäft	*853*	*2.889*
Spezifisches Ergebnis "Optimierter Kraftwerkseinsatz"	€/Geschäft	141	611
Gegenüberstellung spez. Ergebnis je Anlage			
Spezifisches Ergebnis "Teilnahme Minutenreserve"	€/Anlage	8,14	32,57
Spezifisches Ergebnis "Intraday- bzw. Spotmarktgeschäfte"	€/Anlage	14,07	38,50
Spezifisches Ergebnis "Ausgleich Fahrplanabweichungen"	€/Anlage	-8,59	15,84
Spezifisches Ergebnis "Dargebot EE"	€/Anlage	10,23	34,67
Spezifisches Ergebnis "Optimierter Kraftwerkseinsatz"	€/Anlage	7,32	31,76
*) Angabe auf Basis von 600 getätigten Geschäfte inkl. Tarifaufschlag			

Unter Außer-Acht-Lassung der jährlichen Fixkosten weisen alle Zwischenergebnisse einen positiven Deckungsbeitrag auf. An der Reihenfolge ändert sich nichts, da lediglich jeweils die gleiche Kostenposition von 1,22 Mio. €/a weggelassen wird. Die Zwischenergebnisse reichen von knapp 800.000 €/a („Ausgleich Fahrplanabweichung") bis hin zu 1,92 Mio. €/a („Intraday- und Spotmarktgeschäfte"). Die spezifischen Zwischenergebnisse je Anlage weisen wieder die gleichen Verhältnisse wie die der gesamthaften Zwischenergebnisse auf und reichen von

15,84 € bis zu 38,50 € je Anlage. Von wesentlicher Bedeutung sind hier jedoch die spezifischen Zwischenergebnisse je Geschäft. Hier ändert sich die Reihenfolge der Ergebnisse beträchtlich im Vergleich zu den Ergebnissen unter Einbeziehung der jährlichen Fixkosten.

Aufgrund der vergleichsweise geringen Anzahl von Geschäften und Nicht-Betrachtung der jährlichen Fixkosten liegt das spezifische Zwischenergebnis beim erweiterten Betrieb „Ausgleich Fahrplanabweichung" mit gut 15.800 € je Geschäft mit Abstand am höchsten. Es folgen mit großen Abstand die beiden „börsenbasierten" erweiterten Betriebe „Dargebot EE" mit 2.890 € und „Intraday- und Spotmarktgeschäfte" mit 2.140 € je Geschäft. Am Ende des Rankings und mit vielen jährlichen Geschäften befinden sich die Betriebe „Teilnahme Minutenreserve" (1.140 €) und „Optimierter Kraftwerkseinsatz" (610 €). Die Reihenfolge der Zwischenergebnisse weist einen direkten Zusammenhang mit der Anzahl der zugrunde gelegten Geschäfte auf.

Die in Tabelle 5-31 dargestellten spezifischen Ergebnisse je Geschäft geben zwar diese korrekt wieder, weisen jedoch eine Ungenauigkeit auf, da die zugrunde gelegte zeitliche Dauer je unterschiedlichem erweiterten Betrieb teilweise verschieden ist. Werden die Ergebnisse je Geschäft und Gegengeschäft auf eine Stunde normiert, so ergibt sich ein leicht geändertes Bild. Strukturell ändert sich jedoch nichts (Tabelle 5-32).

Tabelle 5-32:   Normierte Ergebnisse je Geschäft

		inkl. jährl. Fixkosten	ohne jährl. Fixkosten
Bisheriger Ansatz: Spezifisches Ergebnis je Geschäft			
Spezifisches Ergebnis "Teilnahme Minutenreserve"	€/a	286	1.143
Spezifisches Ergebnis "Intraday- bzw. Spotmarktgeschäfte"	€/a	782	2.139
Spezifisches Ergebnis "Ausgleich Fahrplanabweichungen"	€/a	-8.589	15.843
Spezifisches Ergebnis "Dargebot EE"	€/a	853	2.889
Spezifisches Ergebnis "Optimierter Kraftwerkseinsatz"	€/a	141	611
Zeitliche Dauer je Geschäft + Gegengeschäft *			
Zeitl. Dauer "Teilnahme Minutenreserve"	h/Geschäft	4 (+ 1 bei ggf. tats. Abruf, wird vernachlässigt)	
Zeitl. Dauer "Intraday- bzw. Spotmarktgeschäfte"	h/Geschäft	1 + 1	
Zeitl. Dauer "Ausgleich Fahrplanabweichungen"	h/Geschäft	2 + 2	
Zeitl. Dauer "Dargebot EE"	h/Geschäft	1 + 1	
Zeitl. Dauer "Optimierter Kraftwerkseinsatz"	h/Geschäft	2 bzw. 0,5 (Verhältnis ca. 1 zu 4)	
Gegenüberstellung spez. Ergebnis je Anlage			
Spezifisches Ergebnis "Teilnahme Minutenreserve"	€/1 h Geschäft	71,40	286
Spezifisches Ergebnis "Intraday- bzw. Spotmarktgeschäfte"	€/1 h Geschäft	390,76	1.069
Spezifisches Ergebnis "Ausgleich Fahrplanabweichungen"	€/1 h Geschäft	-2.147,26	3.961
Spezifisches Ergebnis "Dargebot EE"	€/1 h Geschäft	426,42	1.444
Spezifisches Ergebnis "Optimierter Kraftwerkseinsatz"	€/1 h Geschäft	166,45	722
*) Annahme, dass die Dauer des Gegengeschäftes gleich dem des Geschäftes ist			

Der vergleichsweise erlösschwache erweiterte Betrieb „Teilnahme Minutenreserve" (71,40 € / 286 €) ist auf Stundenbasis noch schwächer. Der ebenfalls relativ erlösschwache erweiterte Betrieb „Optimierter Kraftwerkseinsatz" (166,45 € / 722 €) wird hingegen – aufgrund der kurzen Zeiten – auf Stundenbasis ertragsstärker und tauscht die Reihenfolge mit dem erweiterten Betrieb „Teilnahme Minutenreserve". Darüber hinaus viertelt sich das spezifische Ergebnis (Verlust bzw. Gewinn) beim erweiterten Betrieb „Ausgleich Fahrplanabweichung", bleiben aber je nach Ansatz (mit oder ohne Fixkosten) mit Abstand entweder der schwächste (-2.147,26 €) oder stärkste Wert (+3.961 €). Bei den verbleibenden beiden erweiterten Betrieben „Intraday- und Spotmarktgeschäfte" sowie „Dargebot EE" halbieren sich die Ergebnisse, da hier die Dauer je Geschäft/Gegengeschäft bei insgesamt zwei Stunden liegt.

In Abbildung 5-1 sind die Ergebnisse der Jahresbetrachtung noch einmal zur besseren Veranschaulichung graphisch dargestellt.

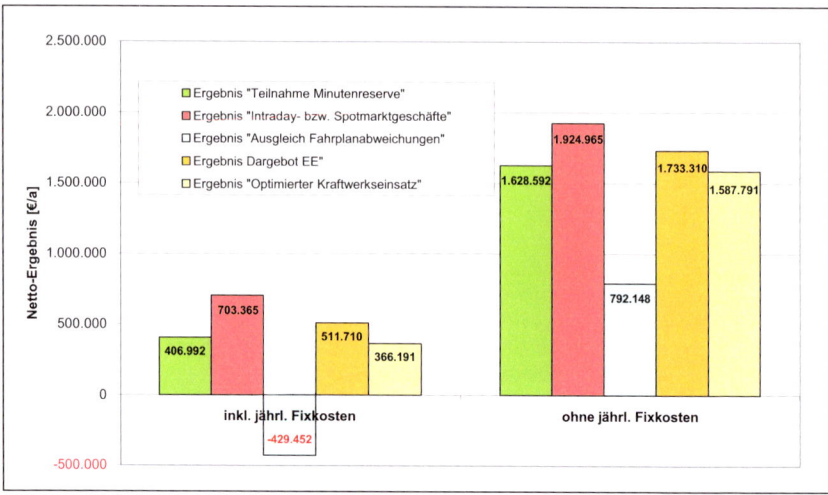

Abbildung 5-1: Gegenüberstellung der Ergebnisse

5.8 Ergebnisoptimierung durch Kombination mehrerer erweiterter Betriebe

Wie bereits angedeutet, soll durch eine Kombination von mehreren erweiterten Betrieben eine Ergebnisverbesserung im Vergleich zu den „stand alone"-Ansätzen erzielt werden. Folgende Ansätze sind den Überlegungen zugrunde gelegt:

- Ein zeitgleicher Einsatz mehrerer erweiterter Betriebe in ausgewählten Zeitperioden ist anzustreben. Beispiel: Die Kombination von einer Teilnahme am Regelenergiemarkt für positive Minutenreserve (potentielle Leistungsabschaltung) und gleichzeitigem Kauf von Strommengen im Rahmen von Spotmarktgeschäften (Gegengeschäft zeitlich früher oder später). Oder die erweiterten Betriebe „Optimierung Kraftwerkseinsatz" und „Intraday- und Spotmarktgeschäfte" lassen sich unter entsprechenden Rahmenbedingungen gemeinsam einsetzen und erweitern somit die Handlungsoptionen.

- Ein zeitversetztes Handeln ermöglicht eine „Aufsummierung" von mehreren Erweiterten Betrieben. Beispiel: Am Vortag X-1 werden für den Folgetag X Spotmarktgeschäfte abgeschlossen. Am Tag X bei einer entsprechenden Änderung der Börsenpreise (inverse Preisstellung) können im Rahmen von Intradaygeschäften erneut für die gleichen Stunden die am Vortag getätigten Spotmarktgeschäfte sozusagen erneut getätigt werden unter Erzielung einer weiteren Arbitrage getätigt werden.

- Zur Maximierung der Marge sind die erweiterten Betriebe miteinander zu kombinieren, die die höchsten spezifischen Zwischenergebnisse bzw. summierten Ergebnisse je Geschäft aufweisen.

Ausgangspunkt des Optimierungsansatzes sind die spezifischen Erlöse je Geschäft ohne Fixkostenblock sowie die Anzahl der jährlich geplanten Geschäfte der jeweiligen erweiterten Betriebe (siehe Tabellen 5-31 bzw. 5-32). Sowohl die spezifischen Erlöse als auch die Anzahl der geplanten jährlichen Geschäfte variieren stark. Bei der Anzahl der Geschäfte reicht die

Bandbreite von 50 („Ausgleich Fahrplanabweichungen") bis 2.600 Stück pro Jahr („Optimierter Kraftwerkseinsatz"). In Tabelle 5-33 sind die Eckdaten zur zeitlichen Dauer von den erweiterten Betrieben noch einmal zusammengefasst. Aus der Anzahl der Geschäfte und Gegengeschäfte sowie der spezifischen Dauer lassen sich die jährlichen Benutzungsstunden ermitteln. Angenommen wird hierbei, dass die Dauer der Gegengeschäfte identisch mit der Dauer der Geschäfte ist. Dies ist eine Vereinfachung, da ein Gegengeschäft sowohl länger als auch kürzer sein kann (solange die entsprechende Arbeitsmenge ausgeglichen wird). Die jährlichen Benutzungsstunden gehen von 200 h beim erweiterten Betrieb „Ausgleich Fahrplanabeichung" bis hin zu 3.420 h bei der „Teilnahme Minutenreserve" für negative Minutenreserve.

Tabelle 5-33: Übersicht über die zeitliche Dauer der erweiterten Betriebe

		Geschäft	Gegengeschäft
Spezifische Dauer je Geschäft + Gegengeschäft *			
Spez.Dauer "Teilnahme Minutenreserve"	h	4	1 Annahme bei tats. Abruf (wird vernachl.)
Spez.Dauer "Intraday- bzw. Spotmarktgeschäfte"	h	1	1
Spez.Dauer "Ausgleich Fahrplanabweichungen"	h	2	2
Spez.Dauer "Dargebot EE"	h	1	1
Spez.Dauer "Optimierter Kraftwerkseinsatz"	h	2 bzw. 0,5 (Verhältnis ca. 1 zu 4)	keine Gegengeschäft notwendig
Anzahl der Geschäfte			
"Teilnahme Minutenreserve"	Anzahl/a *	1.425	0
"Intraday- bzw. Spotmarktgeschäfte"	Anzahl/a *	900	900
"Ausgleich Fahrplanabweichungen"	Anzahl/a *	50	50
"Dargebot EE"	Anzahl/a *	600	600
"Optimierter Kraftwerkseinsatz"	Anzahl/a *	2.600	0
Zeitliche Dauer alle Geschäfte + Gegengeschäfte *			
"Teilnahme Minutenreserve" **)	h/a	Negative Minres.: 3.420	Positive Minres.: 2.280
"Intraday- bzw. Spotmarktgeschäfte"	h/a	1.800	
"Ausgleich Fahrplanabweichungen"	h/a	200	
"Dargebot EE"	h/a	1.200	
"Optimierter Kraftwerkseinsatz"	h/a	2.200	
*) Annahme, dass die Dauer des Gegengeschäftes gleich dem des Geschäftes ist			
**) Geschäfte können teilweise gleichzeitig erfolgen			

Um höhere Gesamterlöse zu erzielen, werden verschiedenen erweiterte Betriebe mit möglichst hohen spezifischen Ertrag je Geschäft miteinander kombiniert. Aufgrund der höchsten spezifischen Erlöse beim erweiterten Betrieb „Ausgleich Fahrplanabweichung" werden diese vorrangig berücksichtigt und daher – wie beim „Stand alone"-Betrieb – vollumfänglich mit 50 jährlichen Geschäften angesetzt. Um diese Einsätze herum („Ausgleich Fahrplanabweichung") werden weitere gruppiert.

Es wird von folgenden Annahmen von realisierbaren Kombination ausgegangen:

* 50 erweiterten Betrieben „Ausgleich Fahrplanabweichung"

* 600 erweiterten Betrieben „Teilnahme Minutenreserve" als Summe aus positiven und negativen Minutenreservegeschäften

* 450 ereiterten Betrieben „Intraday- und Spotmarktgeschäften" und

* 200 erweiterten Betrieben „Optimierter Kraftwerkseinsatz"

aus (Tabelle 5-34). Wegen der Besonderheit der Tarifgestaltung beim erweiterten Betrieb „Dargebot EE" wird auf diesen bei der kombinierten Betrachtung verzichtet.

Tabelle 5-34:   Ergebnisvergleich bei Kombination mehrerer erweiterter Betriebe

		Kombination mehrerer erweiterter Betriebe	Anzahl Geschäfte im "Stand alone"-Betrieb
Anzahl jeweiliger Geschäfte			
Erweiterter Betrieb "Teilnahme Minutenreserve"	Stück	600	1.425
Erweiterter Betrieb "Intraday- bzw. Spotmarktgeschäfte"	Stück	450	900
Erweiterter Betrieb "Ausgleich Fahrplanabweichungen"	Stück	50	50
Erweiterter Betrieb "Dargebot EE"	Stück	0	600
Erweiterter Betrieb "Optimierter Kraftwerkseinsatz"	Stück	200	2.600
Summe Anzahl Geschäfte	Stück	1.300	-
Jeweiliges Ergebnis pro Jahr (ohne Fixkosten)			
Ergebnis "Teilnahme Minutenreserve"	€/a	685.723	1.628.592
Ergebnis "Intraday- bzw. Spotmarktgeschäfte"	€/a	962.482	1.924.965
Ergebnis "Ausgleich Fahrplanabweichungen"	€/a	792.148	792.148
Ergebnis Dargebot EE"	€/a	0	1.733.310
Ergebnis "Optimierter Kraftwerkseinsatz"	€/a	122.138	1.587.791
Zwischensumme	€/a	2.562.491	-
Abzüglich Fixkosten	€/a	1.221.600	1.221.600
Gesamtergebnis	€/a	1.340.891	-
Maximales Ergebnis im "stand alone"-Betrieb	€/a	-	703.365
Ergebnissteigerung im Vergleich zum "stand alone"-Betrieb	%	90,64	
Spezifisches Ergebnis je Geschäft	€/Geschäft	1.031	782

Neben dem Ergebnis aus dem erweiterten Betrieb „Ausgleich Fahrplanabweichungen" in Höhe von 790.000 €/a – wie beim „Stand alone"-Betrieb – sind weitere Ergebnisbeiträge aus den anderen erweiterten Betrieben anzusetzen. Der höchste Ergebnisbeitrag von 960.000 €/a kommt aus dem erweiterten Betrieb „Intraday- und Spotmarktgeschäfte" und liegt noch über dem Ergebnis „Ausgleich Fahrplanabweichungen". Mit 685.000 €/a ist auch der Ergebnisbeitrag aus dem erweiterten Betrieb „Teilnahme Minutenreserve" nennenswert. Aufgrund der relativ geringen Anzahl von jährlichen Geschäften ergibt sich aus dem erweiterten Betrieb „Optimierter Kraftwerkseinsatz" mit 120.000 €/a ein vergleichsweise geringer Ergebnisbeitrag.

Unter den oben getroffenen Annahmen verbessert sich insgesamt das Gesamtergebnis um rund 640.000 € auf 1,34 Mio. € jährlich. Als Vergleichsmaßstab dient der erweiterte Betrieb mit dem besten Ergebnis im „stand alone"-Betrieb. Die Ergebnissteigerung liegt bei 90 %, was fast einer Ergebnisverdopplung gleich kommt.

Die anlagenspezifischen Erlöse bei den betrachteten 50.000 technisch ertüchtigten Anlagen zwischen dem besten „Stand alone"-Betrieb und dem Kombi-Betrieb liegen bei 14,07 €/a bzw. 26,80 €/a (Ergebnissteigerung wie gesagt 90 %; Tabelle 5-35). Bereits in Kapitel 5.3.3 wurde gezeigt, dass sich aus den 14,07 €/a eine Verbesserung der Umsatzrendite von knapp 1 %-Punkt (exakt 0,91 %-Punkte) ergibt, wenn der mittlere Umsatz je Anlage 1.552 €/a beträgt. Beim Kombi-Betrieb verbessert sich die Marge um 1,73 %-Punkte. Bei den üblicherweise erzielbaren Margen aus Vertriebstätigkeiten (1-2 %) stellt dieser Wert annähernd eine Ergebnisverdoppelung dar.

Tabelle 5-35:   Berechnung der Ergebnisverbesserung im Vergleich zum normalen Standardbetrieb

		Kombi-Betrieb	"Stand alone"-Betrieb
Allgemeine Angaben			
Anzahl Anlagen	Stück	50.000	
Durchschnittlicher Verbrauch je Anlage	kWh/a	20.000	
Umsatz je Anlage (Standardbetrieb)	€/a Anlage	1.552	
Gesamtergebnis erweiterter Betrieb	€/a Anlage	1.340.891	703.365
Maximales Ergebnis je Anlage	€/a	26,82	14,07
Spezifisches Ergebnis je Anlage	Ct/kWh	0,13	0,07
Ergebnisverbesserung je Anlage	%	1,73	0,91

5.9 Sensitivitätsanalyse zu den Annahmen im Modellansatz

Zur Verifizierung der Annahmen des Referenzszenarios im Modellansatz werden im Folgen-den die essentiellen ergebnisrelevanten Eingabeparameter variiert und hinsichtlich ihrer Auswirkungen auf das Ergebnis diskutiert. Zu den Hauptergebnistreibern zählen:

- die Höhe der spezifischen Rohmarge der Börse im Rahmen der erweiterten Betriebe „Intraday- und Spotmarktgeschäften", „Dargebot EE" und „Ausgleich Fahrplanabwei-chungen",

- die Höhe des Leistungspreises beim erweiterten Betrieb „Teilnahme Minutenreserve",

- die Höhe der spezifischen Kostenersparnis beim erweiterten Betrieb „Optimierung Kraft-werkeinsatz"

sowie

- das Senkungspotential der Fixkosten und

- die Anzahl der Geschäfte.

5.9.1 Variation der spezifischen Rohmarge an der Börse

In den Ansätzen zum erweiterten Betrieb „Intraday- und Spotmarktgeschäften" sowie „Dar-gebot EE" wurde eine mittlere Rohmarge je Geschäft und Gegengeschäft in Höhe von 15 €/MWh bzw. 10 €/MWh angesetzt. Die Höhe der Rohmarge hat einen signifikanten Ein-fluss auf das Ergebnis.

Die Variation der mittleren Marge von 10 bis 30 €/MWh zeigt eine überproportionale Auswir-kung auf das Ergebnis (Abbildung 5-2). Im sog. „Stand alone"-Betrieb unter Einbeziehung der jährlichen Fixkosten („inkl. jährl. Fixkosten") steigt bzw. fällt das Ergebnis 2,9 mal schneller als die Margenänderung („Durchschnittliche Marge je Handelgeschäft"), d. h. bei einer Verdopplung der Marge auf 30 €/MWh kann sich das Ergebnis 2,9 mal verbessern.

Auch bei der Betrachtung des „Stand alone"-Betriebs ohne Berücksichtigung der jährlichen Fixkosten steigt bzw. fällt das Ergebnis geringfügig schneller (Faktor 1,05) als die Margen-änderung.

Demgegenüber ist die Ergebnisentwicklung im Kombi-Betrieb unterdurchschnittlich. Wird die Marge verdoppelt, so verbessert sich das Ergebnis nur um den Faktor 0,76. Dies liegt daran, dass der erweiterte Betrieb „Intraday- und Spotmarktgeschäfte" nur einer von mehreren Einsatzweisen darstellt und deshalb nur einen anteiligen Einfluss auf das Ergebnis hat.

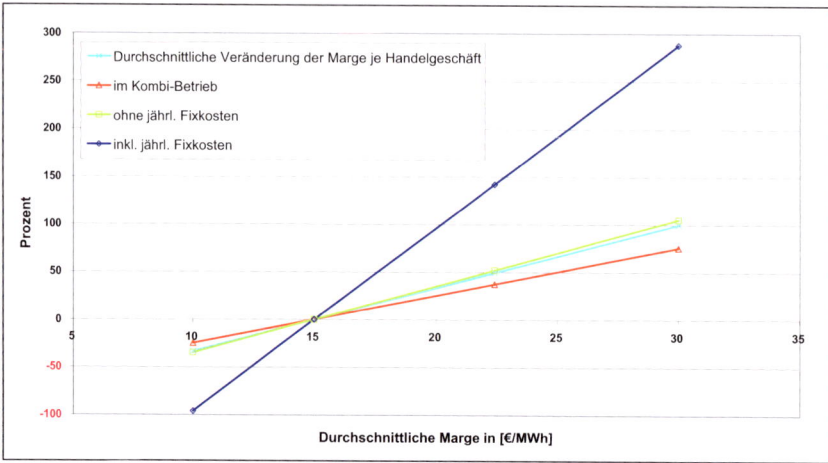

Abbildung 5-2:   Variation der durchschnittlichen Marge bei "Intraday- und Spotmarktgeschäften"

Die Bewertung der Variation dieses Parameters ergibt, dass eine Verbesserung der mittleren Marge um 50 % auf 22,4 €/MWh möglich sein sollte. Bei einer 30-prozentigen Gewichtung des Deltas zwischen Maximum und Minimum sowie einer 70-prozentigen Gewichtung des Deltas zwischen Mittelwert und Minimum ergibt sich ein Wert von 22,4 €/MWh.

Wie oben aufgeführt, verbessert sich in diesem Fall das Gesamtergebnis beim „Stand alone"-Betrieb inklusive der Fixkosten um 140 % von 700 T€ auf 1,7 Mio. € bzw. im Falle des Kombibetriebs von 960 T€ auf 1,46 Mio. € (+ 52 %, s. a. Tabelle 5-34).

In Analogie dazu ergibt sich für den erweiterten Betrieb „Dargebot EE" eine Ergebnisverbesserung im „stand alone"-Betrieb (inkl. Fixkosten um 450 T€ auf 960 T€), wenn hier der mittlere Preisspread um ebenfalls 50 % auf 15 €/MWh angehoben wird.

Entsprechendes gilt auch für den erweiterten Betrieb „Ausgleich Fahrplanabweichungen", bei dem das kalkulatorische Delta zwischen Ausgleichsenergiepreisen und Intraday-Börsenpreisen als Basis dient. Eine Variation des im Ansatz angesetzten Preisdeltas von 40 € um +/- 20 %-Punkte ergibt eine vergleichbare Abhängigkeit auf das Ergebnis wie beim erweiterten Betrieb „Intraday- und Spotmarktgeschäfte".

Wird die Variation des Parameters beim erweiterten Betrieb „Ausgleich Fahrplanabweichungen" bewertet, so sollte eine Verbesserung der mittleren Marge um 25 % auf 50 €/MWh umsetzbar sein. Die Ergebnisverbesserung läge bei 200 T€ auf -230 T€ beim „Stand alone"-Betrieb bzw. 1,54 Mio. € im Falle des Kombi-Betriebs. Da die Anzahl der Geschäfte im „Stand alone"-Betrieb als auch beim Kombibetrieb gleich sind, fällt die Ergebnisauswirkung gleich aus.

5.9.2 Variation des Leistungspreises am Minutenreservemarkt

Im Rahmen der Teilnahme am Minutenreservemarkt wurden Annahmen zu den mittleren erzielbaren Leistungspreisen mit 67,44 €/MW je Tag bei der positiven Minutenreserve und mit 60,80 €/MW bei der negativen Minutenreserve getroffen. Die Werte sind aus den Mittelwerten des Jahres 2006 gebildet. Die Erlöse aus den Leistungspreisen stellen den zentralen Erlösfaktor beim erweiterten Betrieb „Teilnahme Minutenreserve" dar.

In diesem Fall werden also die mittleren täglich erzielbaren Leistungspreise variiert. In Abbildung 5-3 sind die Ergebnisse dargestellt. Die Auswirkungen auf das Ergebnis ohne Einbeziehung der jährlichen Fixkosten im „Stand alone"-Betrieb („Ergebnis ohne jährl. Fixkosten") verändern sich im Gleichgang zu den Änderungen des gemittelten Leistungspreiserlöses („Gemittelter mittlerer täglicher Leistungspreiserlös pos. + neg. Minutenreserve"). Diese annäherungsweise Deckungsgleichheit liegt einerseits an den vergleichsweise sehr geringen – hier nicht variierten – zusätzlichen Erlösen aus den Geschäften bei tatsächlicher Inanspruchnahme von Minutenreserve sowie andererseits an den – ebenfalls nicht variierten – nur geringfügigen variablen Kosten für die Bereitstellung der Schaltsignale im Falle der tatsächlichen Inanspruchnahme der Minutenreserve.

Demgegenüber sind die Auswirkungen auf das Gesamtergebnis unter Einbeziehung der jährlichen Fixkosten im „Stand alone"-Betrieb („Ergebnis mit jährl. Fixkosten") überproportional stark ausgeprägt. Wird der mittlere tägliche Leistungspreiserlös um 25 % erhöht (pos. Minutenreserve auf 84,30 €/MW, neg. Minutenreserve auf 76,00 €/MW), so verbessert sich das Ergebnis um den Faktor 4 – d. h. 100 % – auf 812 T€/a. Der Grund dieser überproportionalen Auswirkung liegt darin, dass die Fixkostenposition unverändert bleibt. Bei einer Reduzierung der mittleren Leistungspreiserlöse um -25 % folgt ein ausgeglichenes Ergebnis, da entsprechend der Gewinn um (fast) 100 % auf 2.000 €/a zurückgeht.

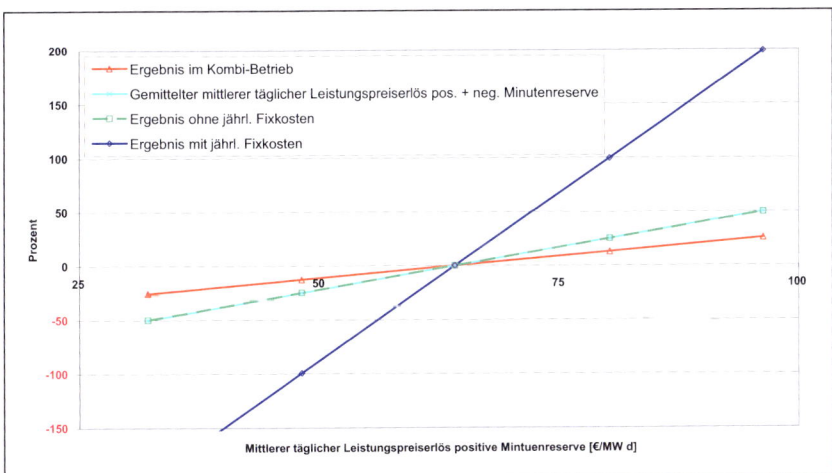

Abbildung 5-3:   Variation des Leistungspreises am Minutenreservemarkt

Im Rahmen des Kombi-Betriebs („Ergebnis im Kombi-Betrieb") ist die Auswirkung auf das Ergebnis unterdurchschnittlich. Wird der mittlere täglich erzielbar Leistungspreis um 50 % erhöht, so verbessert sich das Ergebnis nur um knapp 13 % bzw. um den Faktor 0,51. Dies liegt – ebenso wie beim im Kapitel 5.9.1 dargestellten erweiterten Betrieb „Intraday- und

Spotmarktgeschäfte" – daran, dass der erweiterte Betrieb „Teilnahme Minutenreserve" nur einer von mehreren Einsatzweisen darstellt und deshalb nur einen anteiligen Einfluss auf das Ergebnis hat.

Die Bewertung dieses Parameters hinsichtlich realistischer möglicher Variationen ist vergleichsweise schwierig, da die externen Einflüsse auf den Minutenreservemarkt relativ hoch sind. Auf der einen Seite möchte die Politik eine Zusammenlegung der vier deutschen Regelzonen zu einer (was zu einer allgemeinen Reduzierung des Regelenergiebedarfs und mithin auch einer Reduzierung des Minutenreservebedarfs gleichkommen würde). Dies dürfte tendenziell zu sinkenden Leistungspreisen führen. Auf der anderen Seite steigt der Bedarf an Regelenergie durch den Ausbau der Windenergie in den nächsten Jahren stark an, was Preis steigernd wirken dürfte. Als weiteres Element ist die seit Ende 2006 praktizierte gemeinsame Ausschreibung der Minutenreserve auf einer einheitlichen Internetplattform der Übertragungsnetzbetreiber. Seit Einführung sind die Leistungspreise teilweise erheblich gesunken. Da noch nicht von einem „eingeschwungenen Markt" gesprochen werden kann, ist unklar, ob der aktuelle Preis reduzierende Effekt nachhaltig ist. Aus der Summe dieser drei Faktoren lässt sich kein eindeutiges künftiges Preissignal ableiten, so dass auf eine Trendaussage oder Bewertung der Variation hinsichtlich ihrer Eintrittswahrscheinlichkeit verzichtet wird.

Der Arbeitspreis bei Teilnahme am Minutenreservegeschäfte ist von untergeordneter Bedeutung, da ein tatsächlicher Abruf von Minutenreserve nur sporadisch erfolgt und somit kein nennenswerter Umsatzanteil dadurch entsteht.

5.9.3 Variation der spezifischen Kostenersparnis im Rahmen der Kraftwerkeinsatzoptimierung

Der treibende Ergebnisfaktor beim erweiterten Betrieb „Optimierter Kraftwerkseinsatz" ist die Höhe der Kostenersparnis, die durch den optimierten Betrieb erreicht werden kann. Im Modell wurde eine Einsparfaktor von 10 %-Punkten angenommen.

Die Variation dieses Parameters führt zu folgenden Auswirkungen. Wie bereits bei den anderen variierten Parametern sind auch die Auswirkungen der „Veränderung der prozentualen Einsparung" auf das Ergebnis ohne Betrachtung der jährlichen Fixkosten im „Stand alone"-Betrieb („Ergebnis ohne jährl. Fixkosten") fast deckungsgleich (Abbildung 5-4). Dies liegt – erneut – daran, dass die Kostenbasis aufgrund der gleich bleibenden Anzahl der Geschäfte konstant bleibt und „nur" die Erlöse wegen des höheren berücksichtigten Einspareffekts ansteigen. Bei einer Erhöhung der spezifischen Kostenersparnis um beispielsweise 50 % steigt das Ergebnis ohne Betrachtung der jährlichen Fixkosten um gut 50 %.

Im Gegensatz dazu sind die Auswirkungen auf das Ergebnis unter Einbeziehung der jährlichen Fixkosten im „Stand alone"-Betrieb („Ergebnis inkl. jährl. Fixkosten") überdurchschnittlich. Bei einer 50 %igen Erhöhung der spezifischen Einsparung verbessert sich dieses Ergebnis um 225 % bzw. dem Faktor 4,5 von 354 T€ kommend auf 1,15 Mio. €. Da die Kostenbasis und die variablen Kosten unverändert bleiben, kommen die Mehreinnahmen vollständig der Ergebnisverbesserung zugute, so dass sich diese hohe Ergebnisverbesserung einstellen kann.

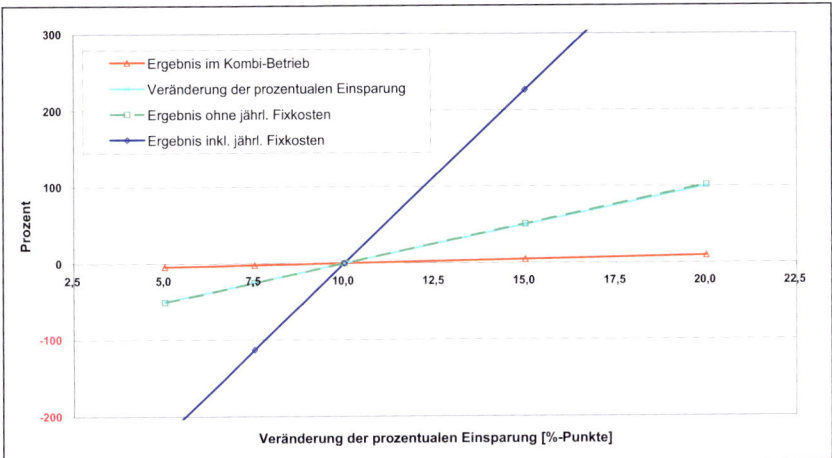

Abbildung 5-4: Variation der spezifischen Kostenersparnis im Rahmen der Kraftwerkeinsatzopti-
mierung

Im Rahmen des Kombi-Betriebs („Ergebnis im Kombi-Betrieb") ist die Auswirkung auf das
Ergebnis – wie bei den anderen Ergebnissen der Variationen auch – unterdurchschnittlich.
Wird die mittlere spezifische Kostenersparnis um 50 % erhöht, so verbessert sich das Er-
gebnis um gut 4,5 % bzw. um den Faktor 0,1, was vor allem an der geringen berücksichtigten
Anzahl der Geschäfte (200 Stück/a) des erweiterten Betriebs „Optimierter Kraftwerksein-
satz" liegt. Somit ist der Ergebnisanteil dieses erweiterten Betriebs am Gesamtergebnis des
Kombibetriebs vergleichsweise gering.

Bei der Bewertung der Variation dieses Parameters sollte eine Verdoppelung der mittleren
spezifischen Kostenersparnis auf 20 %-Punkte möglich sein (Ergebnisverbesserung 1,6 Mio.
€ (Stand alone) bzw. 123 T€ (Kombibetrieb)). Entscheidend ist hier, wie die Erlöse zwischen
erweitertem Betrieb und Kraftwerksbetreiber aufgeteilt werden.

5.9.4 Variation der Fixkosten

Den wesentlichen Bestandteil im Fixkostenblock stellen die zusätzlichen Kosten für die Aufrüstung der bisherigen Zähler sowie die Schalteinrichtung dar. Angenommen wurden jährliche Zusatzkosten von 20 €/a je Anlage.

Die technische Entwicklung von „intelligenten Zählern" im Kleinkundensegment (SLP-
Kunden) schreitet rasch voran. Erste Pilotprojekte mit neuartigen Zählern, die über eine ¼-
stündliche registrierende Datenerfassung, eine Fernauslesbarkeit der Zählwerte sowie teilweise über eine Fernschaltbarkeit verfügen, existieren seit Mitte 2007. Innovative Dienstleistungen zur besseren Verbraucherinformation werden entwickelt und Potentialabschätzun-
gen für Einspareffekte durch fernauslesbare Zähler abgeschätzt. Darüber hinaus gibt es
(politische) Diskussionen darüber, ob fernauslesbare Zähler nicht verpflichtend eingebaut
werden sollten, um nationale Einspar- und Effizienzziele erreichen zu können ([Bundesreg
2007], Ziffer 4, S.15; [Liberalisierung Messung 2007]).

Ein verpflichtender Einbau von fernauslesbaren Zählern würde einerseits zu einer allgemeinen Kostenerhöhung führen, aber andererseits könnten die im Rahmen der Arbeit zusätzlich
in Ansatz gebrachten Kosten reduziert werden, da die allgemeine Kostenerhöhung für alle

Zähler bzw. Kunden (und nicht nur für die UVE) gilt und die entsprechenden Kosten sowieso in Ansatz gebracht werden. Neuartige fernauslesbaren Zähler können zudem theoretisch auch individuell angesteuert Schaltvorgänge vornehmen, ohne dass dies – im Vergleich zu „Standardzählern" – mit zusätzlichen Kosten verbunden ist.

Eine Variation der Zusatzkosten durch die technische Aufrüstung der UVE zeigt, dass bei einer Halbierung der Zusatzkosten sich die gesamten Fixkosten um gut 40 % reduzieren (Abbildung 5-5). Da sich die Fixkosten neben den zusätzlichen Kosten der Anlagen auch aus zentralen Fixkosten sowie Signalkosten zusammensetzen (s. a. Tabelle 5-3) und diese Kostenposition unverändert bleiben, ändert sich die Gesamtposition der Fixkosten unterproportional.

Eine Halbierung der jährlichen Zusatzkosten um 10 € je Anlage führt zu einer Reduzierung der gesamten Fixkosten um 500 T€ von 1,2 Mio. € auf 720 T€.

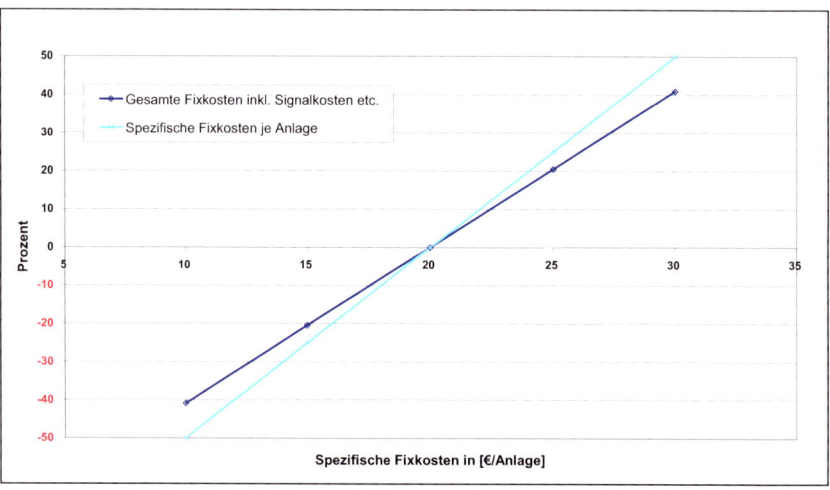

Abbildung 5-5: Variation der Zusatzkosten durch Aufrüstung der Anlagen

Die Bewertung der Variation dieses Parameters zeigt, dass sich die angenommenen jährlichen Zusatzkosten unter obigen Rahmenbedingungen auf die Hälfte reduzieren lassen sollten.

5.9.5 Variation der Anzahl der Geschäfte

In den Modellrechnungen wurde die Anzahl der verschiedenen Geschäfte bei den unterschiedlichen erweiterten Betrieben abgeschätzt (s. Kapitel 5.8). Exemplarisch wird die Anzahl der Geschäfte beim erweiterten Betrieb „Intraday- und Spotmarktgeschäfte" variiert.

Die Änderung der Anzahl der Geschäfte und die Auswirkungen auf die Erlöse im „Stand alone"-Betrieb haben einen deckungsgleichen Verlauf (Abbildung 5-6). Dies bedeutet, dass bei einer Erhöhung der Anzahl der Geschäfte um beispielsweise 50 % sich die Erlöse ebenfalls um 50 % verbessern.

Demgegenüber sind die Gesamtkosten des erweiterten Betriebs „Intraday- und Spotmarktgeschäfte" faktisch unabhängig von der Anzahl der Geschäfte. Dies liegt daran, dass als variable Kostenbestandteile lediglich die Signalkosten abhängig von der Anzahl der Geschäfte sind und die Kostenposition im Verhältnis zu dem Fixkosten nahezu vernachlässigbar ist (< 1 %).

Auf der anderen Seite sind die Auswirkungen auf das Gesamtergebnis im „Stand alone"-Betrieb überproportional groß. So verbessert sich das Gesamtergebnis beispielsweise um rund 90 %, wenn die Anzahl der Geschäfte um 50 % erhöht wird.

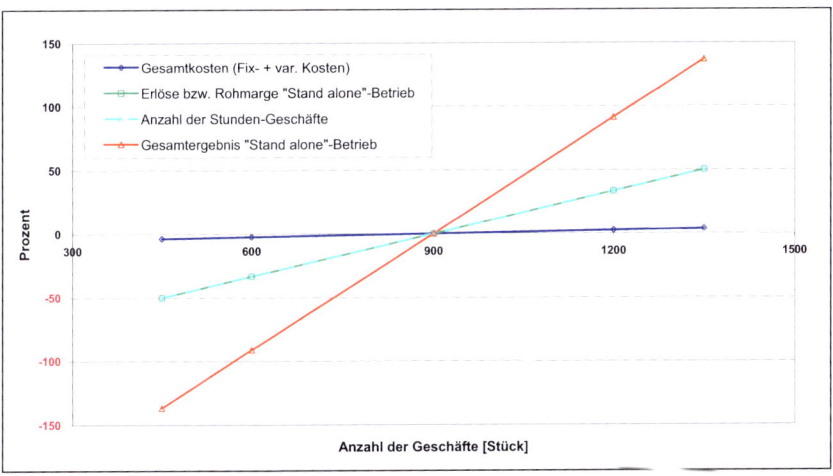

Abbildung 5-6:   Variation der Zusatzkosten durch Aufrüstung der Anlagen bei Intraday- und Spotmarktgeschäften

Eine vergleichbare Abhängigkeit zeigen die anderen erweiterten Betriebe wie beispielsweise beim erweiterten Betrieb „Ausgleich Fahrplanabweichungen". Die Variation der Anzahl der Geschäfte hat eine sehr große Auswirkung auf das Ergebnis.

In Tabelle 5-36 sind die Ergebnisse zur besseren Veranschaulichung noch einmal mit Zahlenwerten zusammenfassend dargestellt. Es ist erkennbar, dass im Falle des erweiterten Betriebs „Intraday- und Spotmarktgeschäfte" bei 600 jährlichen Geschäften ein nahezu ausgeglichenes Gesamtergebnis erreicht wird (+ 61 T€). Wird die Anzahl der Geschäfte weiter reduziert, so wird das Ergebnis negativ.

Tabelle 5-36:   Ergebnisauswirkungen bei Variation der Anzahl der Geschäfte

Variation der Anzahl der Geschäfte			
Anzahl der Stunden-Geschäfte	Gesamtkosten (Fix- + var. Kosten)	Erlöse bzw. Rohmarge "Stand alone"-Betrieb	Gesamtergebnis "Stand alone"-Betrieb
Stück	€/a	€/a	€/a
"Intraday- und Spotmarktgeschäfte"			
450	1.271.618	1.012.500	-259.118
600	1.288.290	1.350.000	61.710
900	1.321.635	2.025.000	703.365
1200	1.354.980	2.700.000	1.345.020
1350	1.371.653	3.037.500	1.665.847
"Ausgleich Fahrplanabweichungen"			
25	1.225.510	399.984	-825.526
50	1.229.420	799.968	-429.452
75	1.233.330	1.199.951	-33.379
78	1.233.799	1.247.949	14.150
100	1.237.240	1.599.935	362.695

Beim erweiterten Betrieb „Ausgleich Fahrplanabweichungen" ist das Ergebnis bei der ange-nommenen Anzahle der Geschäfte von 50 negativ. Als „Stand alone"-Betrieb wird erst bei 78 Geschäften ein ausgeglichenes Ergebnis erreicht.

In Kombination mit geänderten Lastprofilen (s. Kapitel 6.1) sollte eine Ausweitung der An-zahl der Geschäfte bzw. Erhöhung der durchschnittlichen Leistungswerte je Geschäft mög-lich sein. Eine Ausweitung der Anzahl der Geschäfte um 25 % sollte bei einer Bewertung diese Parameters unter Berücksichtigung geänderter Lastprofile realistisch sein.

5.9.6 Zusammenfassung bei Variation der Parameter

Bei der Zusammenfassung der einzelnen variierten Parameter kann unter optimistischen Annahmen das Gesamtergebnis um knapp 2 Mio. € auf 3,3 Mio. € pro Jahr gesteigert wer-den, wenn jeweils die für möglich gehaltenen Ergebnisverbesserungen erreicht werden (Ta-belle 5-37). Dies entspräche einer Ergebnissteigerung von +246 %.

Im einzelnen wurden die in den Kapiteln 5.9.1 bis 5.9.5 erzielbaren Ergebnisverbesserungen aufsummiert. Zu beachten ist, dass bei der Ermittlung der Ergebnisverbesserung bzgl. der Anzahl der Geschäfte, die jeweils im Kombi-Betrieb zum Einsatz kommen, alle pauschal um 25 % erhöht worden sind. Im der Praxis dürfte sich das Verhältnis der jeweils zum Einsatz gekommenen erweiterten Betriebe untereinander leicht verschieben, was aber am Grund-prinzip der Ergebnisverbesserung nichts ändert.

Aus dem verbesserten Ergebnis von 3,3 Mio. €/a folgt ein anlagenspezifisches Ergebnis von 66 €, wenn die 50.000 technisch ertüchtigten Anlagen betrachtet werden. Unter Berücksich-tigung des mittleren Umsatzes je Anlage (1.552 €/a) ergibt sich eine Verbesserung der Um-satzrendite bzw. Marge von 4,26 %-Punkten, was bezogen auf die üblicherweise erzielbaren Vertriebsmargen (1-2 %) eine signifikante Verbesserung darstellt. Wird das Ergebnis mit der Margenverbesserung aus dem Kombi-Betrieb mit 1,73 %-Punkte verglichen, so liegt der Verbesserungsfaktor bei 2,5, d. h. unter Ausschöpfung der unter optimistischen Bedingun-gen als realistisch anzusehenden Variationen der Eingabeparameter liegt das Ergebnis zweieinhalb mal höher.

Tabelle 5-37:   Zusammenfassung der Ergebnisverbesserung auf Kombi-Betrieb

Annahme der Umsetzung der spezifischen realistischen Potentiale		
	Variation	Ergebnisauswirkung
Variation der durchschnittlichen Marge "Intraday- und Spotmarktgeschäfte"	50%	500 T€
Variation der durchschnittlichen Marge "Ausgleich Fahrplanabweichungen"	50%	200 T€
Variation des Leistungs- und Arbeitspreises am Minutenreservemarkt	-	-
Variation des spezifischen Kostenersparnis im Rahmen der Kraftwerkseinsatzoptimierung	50%	123 T€
Variation der Fixkosten	-50%	500 T€
Variation der Anzahl der Geschäfte	25%	640 T€
Summe der Ergebnisauswirkung		1.963 T€
Ursprüngliches Gesamtergebnis Kombi-Betrieb		1.341 T€
Verbessertes Ergebnis		3.304 T€ 246 %

5.9.7 Variation der Anzahl der unterbrechbaren Verbrauchseinrichtungen

In einer weiteren „Variation" soll das Potential von UVE stärker ausgeschöpft bzw. weitere Anwendungen wie Kühlung und Klimatisierung hinzugenommen werden. Vereinfachend angenommen wird dabei, dass sich bei Erweiterung der Leistungsbasis für erweitere Betriebe die spezifische Struktur der Anzahl der Geschäfte nicht verändert, d. h. die angenommen Anzahl an Geschäften kann auch mit den höheren zur Verfügung stehenden Leistungen zu gleichen Konditionen umgesetzt werden. So übersteigt beispielsweise beim erweiterten Betrieb „Teilnahme Minutenreserve" das zur Verfügung stehende Leistungspotential nicht das Ausschreibungsvolumen an Minutenreserve und aufgrund des erweiterten Angebots ändert sich an der Kostenstruktur der Ausschreibungsergebnisse ebenfalls nicht.

Im Rahmen des hier vorgestellten erweiterten Betriebs werden 50.000 technisch ertüchtigte Anlagen angesetzt. Mit einer mittleren angenommen installierten Leistung von 20 kW sind dies 1.000 MW. Wie in Kapitel 5.1 dargestellt, stellen diese 50.000 Anlagen etwa 2,32 % aller deutschen UVE dar (insgesamt 39.000 MW installierter Leistung). Für das Netzgebiet eines großen ausgewählten Netzbetreibers bedeuten die 50.000 Anlagen etwa 20 % aller installierten UVE. In der Variation wird dieser 20 %ige Anteil auf alle bundesdeutschen Anlagen als obere Grenze angesetzt, was mithin einer Verachtfachung des Potentials auf rund 8.000 MW und damit einer Verachtfachung des Ergebnisses darstellt (Tabelle 5-38). Bezogen auf das Gesamtergebnis im Kombi-Betrieb ohne Variation der Parameter verbessert sich das Ergebnis von 1,3 Mio. € auf 11,5 Mio. €. Wird das Ergebnis im Kombi-Betrieb unter Berücksichtigung der Parametervariation nach Kapitel 5.9 betrachtet, so ist eine Ergebnisverbesserung von 3,3 Mio. € auf 28,5 Mio. € zu verzeichnen.

Tabelle 5-38: Variation der Anzahl der unterbrechbaren Verbrauchseinrichtungen

Gesamtergebnis Kombi-Betrieb (ohne Variation der Parameter)	1.341	T€
Gesamtergebnis Kombi-Betrieb mit Variation der Parameter	3.304	T€
unter Berücksichtigung des bundesweiten Anteils von unterbrechbaren Verbrauchseinrichtungen	2,32	%
Gesamtergebnis Kombi-Betrieb (ohne Variation der Parameter)	11.559	T€
Gesamtergebnis Kombi-Betrieb mit Variation der Parameter	28.482	T€
unter Berücksichtigung des bundesweiten Anteils von unterbrechbaren Verbrauchseinrichtungen	20	%
Faktor	8,6	%

Insgesamt besteht also ein erhebliches zusätzliches Potential für die Teilnahme an den neuartigen Betriebsführungsstrategien, das über das in den Modellrechnungen zugrunde gelegte Leistungspotential hinaus geht. Darüber hinaus gibt es weitere Stromanwendungen wie Klimatisierung und Kälteerzeugung, die sich grundsätzlich zur Lastverschiebung eignen und die Gesamterlöse weiter steigern könnten. Im folgenden Kapitel werden diese vorgestellt.

6. Ausblick und Schlussfolgerungen

Zusammenfassend zeigen die in Kapitel 5 angestellten Wirtschaftlichkeitsberechnungen, dass durch eine Umsetzung der neuartigen Betriebsführungsstrategien – trotz konservativer Annahmen – eine Steigerung der Umsatzrendite um rund 1,7 Prozentpunkte erreicht werden kann – mithin eine Realisierung betriebswirtschaftlich sinnvoll wäre. Ferner lassen sich weitergehende Ergebnisverbesserungen erzielen, wenn weniger konservative Eingangsparameter angesetzt werden. Das Ergebnis ließe sich mit ambitionierten Annahmen im Verhältnis zu den konservativen Vorgaben um knapp 430 % steigern. Der größte Hebel für größere Gesamterlöse bestünde jedoch in einer stärkeren Ausschöpfung des installierten technischen Potentials der UVE für die neuartigen Betriebsführungsstrategien. Eine Steigerung des Gesamtergebnisses um weitere 860 % wäre möglich, wenn 20 % aller installierten UVE im Rahmen der neuartigen Betriebsführungsstrategien beteiligt würden.

Aufbauend auf den Beschreibungen der neuartigen Betriebsführungsstrategien und den erzielbaren positiven Ergebnissen aus den Wirtschaftlichkeitsberechnungen werden im Folgenden weiterführende Überlegungen zum vorgestellten Modellansatz vorgestellt. Neben grundsätzlichen Möglichkeiten zum Ausbau oder Ergänzung des Einsatzspektrums im Rahmen der neuartigen Betriebsführungsstrategien für UVE bestehen auch einschränkende Faktoren, die sich ungünstig auf eine mögliche Umsetzung auswirken könnten. Abschließend erfolgt eine kritische Würdigung, was an dem Betriebsführungsansatz neu ist.

6.1 Weiterführende Überlegungen zur Erweiterung des Betriebsführungsansatzes

Über den im Modell konkret vorgestellten Ansatz mit neuartigen Betriebsführungsstrategien für UVE (Stromheizungen) hinaus werden nachfolgend verschiedene technische oder betriebstechnische Erweiterungen und Ergänzungen vorgeschlagen, die entweder das schaltfähige Potential erweitern und damit die spezifischen Erlöse steigern oder das Spektrum der Betriebsführungsansätze erweitern können (Abbildung 6-1).

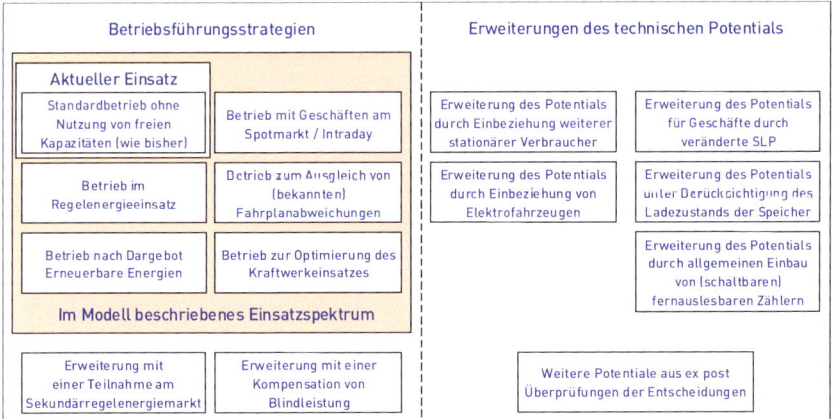

Abbildung 6-1:   Erweiterung des Betriebsführungsansatzes

Neben zwei zusätzlichen neuartigen Betriebsführungsstrategien (Teilnahme am Sekundärregelenergiemarkt und Kompensation von Blindleistung) befassen sich die Ergänzungsvor-

schläge mit Erweiterungen des technischen und wirtschaftlichen Potentials für die Betriebsführungsstrategien. Neben veränderten Standardlastprofilen können weitere stationäre e-
lektrische Verbraucher bzw. mobile Anwendungen (Einbeziehung von Elektrofahrzeugen)
und die Berücksichtigung der Ladezustände von Speichern (voll, halbvoll, leer) das technische Potential erweitern. Eine Erweiterung des wirtschaftlichen Potentials kann erreicht
werden, wenn der Einbau von fernauslesbaren Zählern verbindlich wird und die Kosten der
technischen Ertüchtigung sowieso aufgebracht werden müssen bzw. der Mehraufwand für
die Schaltfähigkeit von Zählern (bzw. von elektrischen Verbrauchern) nur noch marginal ist.
Darüber hinaus können regelmäßige Ex-post-Überprüfungen der getroffenen Entscheidungen zu besseren Ergebnissen bei künftigen Einsätzen führen.

Erweiterung des Potentials für Geschäfte durch veränderte Standardlastprofile

Die Entwicklung neuer temperaturabhängiger Lastprofile für UVE könnte neben der Vermeidung von Lastspitzen (wie die bisherige zeitliche Unterbrechung) auch andere Gesichtspunkte
wie verbesserte Preisstellungen der Beschaffung oder neuartige Betriebsführungsstrategien berücksichtigen.

Der Verlauf der aktuell im Normalbetrieb in Ansatz gebrachten temperaturabhängigen Standardlastprofile basiert auf relativ alten Annahmen zum allgemeinen Lastverlauf aller Nicht-
Heizstromanlagen und dem Ziel der Auffüllung von allgemeinen Verbrauchsreduzierungen
(„Lasttälern") in den Nachtstunden durch Heizstromanlagen. Inwieweit die aktuell angewendeten Lastprofile tatsächlich diesem alten Ansatz noch genügen oder ob nicht auch andere
Lastprofile für UVE möglich wären, die nicht zu einer Erhöhung der maximalen Lastspitzen
führen würden, wurde bislang kaum untersucht bzw. von der Energiebranche nicht weiter
verfolgt.

Es kann allerdings davon ausgegangen werden, dass die Entwicklung neuartiger temperaturabhängiger Lastprofile möglich ist, die neben der Vermeidung von Lastspitzen im Netz
auch das Potential zur Vermarktung von Energiemengen verbessern würden. Neue Lastprofile mit geänderten Beladezeiten könnten sich beispielsweise an den üblichen Preisschwan-
kungen der Strombörse orientieren.

Mit neuen verbesserten Lastprofilen wären somit sowohl eine preisgünstigere „normale"
Strombeschaffung für die UVE als auch eine Erweiterung des Handlungsrahmens für neuartige Betriebsführungsstrategien möglich.

Erweiterung des Potentials durch Einbeziehung weiterer (stationärer) Verbraucher

Wie bereits mehrfach angedeutet, bieten sich vor allem Heiz-, Kühl- und Klimatisierungsanwendungen sowie Drucklufterzeugung für das Betriebsmodell an. Bei all diesen Anwendungen ist eine (kurzfristige) Speicherung der „erzeugten Produkte" wie Wärme, Kälte, Druck
und somit eine zeitliche Verlagerung der Betriebszeiten denkbar. Vergleichbare Eigenschaf-
ten weisen beispielsweise Mühl- und Mahleinrichtungen auf. Auch hier sind die erzeugten
Produkte meist lagerfähig und – soweit es sich um Hilfsdienstleistungen handelt – es wird
nicht in den Kernprozess eines Unternehmens eingegriffen. Insofern bieten sich auch Hilfsdienstleistungen von industriellen Prozessen für neuartige Betriebsführungsstrategien an.
Bei Haushalten könnten beispielsweise Spülmaschinen, Waschmaschinen und Trockner
zeitversetzt betrieben und zentral gesteuert werden.

Zusammenfassend ist in Abbildung 6-2 der Stromverbrauch in Deutschland nach Bedarfar-
ten aufgegliedert, aus dem sich potentiellen Anwendungen für neuartige Betriebsführungsstrategien bzw. deren Bedeutung am Gesamtabsatz ablesen lassen. Wenn die Bedarfsarten
„Kühlen/Gefrieren", „Lüftung", „Raumwärme/Heizung", „Warmwasser", „Druckluft", „Spü-
len", „Waschen" und „Trocknen" zusammenaddiert werden, so stellen diese 36 % des ge-

samten Stromverbrauchs dar (im Bezugsjahr 2003). Die in diesem Zusammenhang stehende installierte Leistung wäre beträchtlich, auch wenn nicht jede praktische Anwendung zeitlich verlagerbar ist.

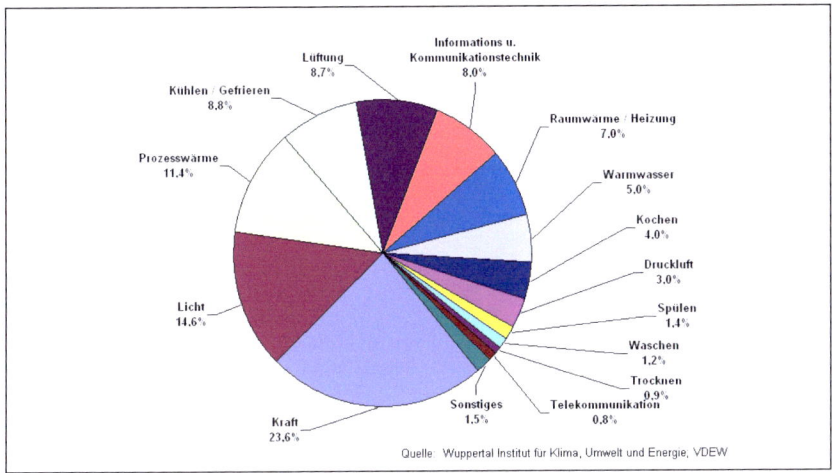

Abbildung 6-2:   Stromverbrauch nach Bedarfsarten in Deutschland 2003

Wissenschaftliche Studien, die sich indirekt auch mit dieser Fragestellung befasst haben, belegen dieses interessante Potential. Für das Industriesegment schätzt beispielsweise [Eichhammer, Wietschel et al. 2006] ein Lastverlagerungspotential von 2.900 MW ab. Der Leistungsbedarf für die Klimatisierung liegt nach [Gruber et al. 2007] im Sektor Gewerbe Handel Dienstleistungen in 2004 bei etwa 7.000 MW, von dem 75 % zeitlich verlagerbar sein sollen. Zusätzliche Untersuchungen wären zur Analyse von weiteren Potentialen notwendig.

Erweiterung des Potentials durch Einbeziehung von Elektrofahrzeugen in die neuartigen Betriebsführungsstrategien

Neben stationären Anwendungen, die hier bislang untersucht worden sind, wäre auch die Einbindung von mobilen Anwendungen in Form von Elektrofahrzeugen möglich. Bedingt durch die Tatsache, dass private Fahrzeuge zumeist stehen und im Falle von batteriegetriebenen Elektrofahrzeugen diese wieder aufgeladen werden müssen, sind intelligente Ladevorgänge notwendig. Beispielhaft ist in [Engel 2006] dieser Ansatz erwähnt. So könnten Fahrzeuge im Rahmen des erweiterten Betriebs eingesetzt werden. Lade- und auch Entladevorgänge zur Netzeinspeisung könnten beispielsweise im Rahmen der Minutenreservevorhaltung zur Netzstabilisierung oder für Arbitragegeschäfte an der Börse genutzt werden.

Das theoretische Potential wäre enorm. Laut Kraftfahrt-Bundesamt ([KBA 2007]) waren am 1. Januar 2007 rund 46,5 Mio. PKW in Deutschland zugelassen. Wenn von diesen 10 % über einen Elektroantrieb mit durchschnittlich 50 kW Batterieleistung verfügen und ein Viertel von diesen PKW im Rahmen des erweiterten Betriebs zum Einsatz kommen könnte, stünden rund 58.000 MW an regelbarer Leistung zur Verfügung.

Erweiterung des Potentials unter Berücksichtigung des Ladezustands der Speicher

Wäre der Ladezustand der Speicher von UVE bekannt, so vergrößert sich das Potential bzw. das Zeitfenster für die verschiebbaren Energiemengen erheblich. Die bislang in Ansatz gebrachte Verfügbarkeitsfaktor $V_{Verfüg}$ könnte reduziert werden, was zu einer Potentialerweiterung führen würde.

Erweiterung des Potentials durch Verbindlichkeit von (schaltbaren) fernauslesbaren Zählern

Sollte der Gesetzgeber eine technische Umrüstung aller bisherigen SLP-Zähler auf fernauslesbare Zähler vorschreiben – was z. Z. politisch diskutiert wird (s. [Bundesreg 2007]) und weiter oben bereits einmal angedeutet wurde (s. Kapitel 5.9.4) –, so könnten die jährlichen Fixkosten je Anlage reduziert werden, da eine allgemeine Umrüstung der Zähler erforderlich würde. Neue fernauslesbare Zähler, die momentan in Feldversuchen getestet werden (z. B. bei [EnBW 2007], [RWE 2007], [Yello Strom 2007]), ermöglichen grundsätzlich auch eine Schaltbarkeit bzw. weitere technische Aufrüstungen dahin wären vergleichsweise günstig erreichbar. Mit technisch aufgerüsteten Zählern könnten weitere Verbraucher „schaltbar" gemacht werden, wie beispielsweise Trockner oder Mühlen.

[digitalSTROM® 2007], eine Non-Profit-Organisation, die am 7. Juli 2007 an der Eidgenössisch Technischen Hochschule (ETH) Zürich gegründet wurde, will beispielsweise einen weltweiten Standard entwickeln, um elektrische Geräte im Sinne von Energieeffizienz, Nutzerkomfort und Sicherheit über die vorhandenen Stromleitungen zu vernetzen. Hiermit können neben einem hausinternen Energiemanagement auch gezielt Lasten zu- und abgeschaltet werden.

Ergänzung der Betriebsführungsstrategie mit der Teilnahme am Sekundärregelenergiemarkt

Neben der Teilnahme am Minutenreservemarkt kann auch der Sekundärregelenergiemarkt interessant sein. Das Prinzip zur Teilnahme ist mit dem der Minutenreserve vergleichbar, wobei es hier häufiger zu einer Leistungsanforderung kommt. Die Erlöse liegen auf dem Sekundärregelenergiemarkt über denen der Minutenreserve, wobei die technischen Anforderungen an das System höher sind. Das Ausschreibungsvolumen der Sekundärregelleistung ist vergleichbar dem der Minutenreserve (s. a. Tabelle 2-2). Weitergehende Untersuchungen wären allerdings notwendig.

Ergänzung der Betriebsführungsstrategie mit der Kompensation von Blindleistung

Es wäre technisch zu prüfen, inwieweit UVE bzw. andere Verbraucher wie Kühl- und Klimatisierungsanwendungen nicht auch für die technisch notwendige Blindleistungskompensation herangezogen werden können. Soweit dies technisch möglich sein sollte, eröffnet sich ein weiterer neuer Ansatz für eine Betriebsführungsstrategie.

Weitere Potentiale aus Ex-post-Überprüfungen der Entscheidungen

Die im Rahmen der neuartigen Betriebsführungsstrategien getätigten Geschäfte sollten regelmäßig überprüft werden. Bei konsequenten Ex-post-Überprüfungen von diesen Geschäften lässt sich klären, inwieweit das Gewinnmaximum erreicht worden ist oder nicht. Für die Zukunft sind daraus verbesserte Entscheidungsprozesse ableitbar.

Eine Vermarktung beispielsweise aller freien Kapazitäten am Minutenreservemarkt gene-
riert zwar Einnahmen, zeitlich später liegende Intraday-Geschäfte wären aber nicht mehr
oder nur in einem geringen Umfang möglich. Diese hätte – wie z. B. eine Ex-post-
Überprüfung ergeben könnte – jedoch zu höheren Gewinnen geführt.

6.2 Begrenzende Faktoren für das Modell

Neben den Ergänzungs- und Erweiterungspotentialen für das Betriebsmodell – wie oben
dargestellt – könnte es auf der anderen Seite auch begrenzende Faktoren geben. Auf den
Wichtigsten der begrenzenden Faktoren wird in Folgenden eingegangen.

Entscheidend für das Potential für den erweiterten Betrieb ist der Heizenergiebedarf der
UVE oder allgemein gesprochen der Strombedarf der Verbraucher bzw. die installierten
Leistungen der Anlagen. Nimmt der elektrische Heizenergie- und Warmwasserbedarf aufgrund von effizienzsteigernden Maßnahmen ab, so reduziert sich insgesamt das Potential für
den erweiterten Betrieb.

Neben dem Heizenergie- und Warmwasserbedarf eines Gebäudes an sich, ist in diesem Zusammenhang die zukünftige Beheizungsstruktur im Wohnbereich von Relevanz. Wie Abbildung 6-3 zeigt, verfügt Erdgas im Bestand und Neubau über einen großen Marktanteil
(knapp 50 % bzw. 66 %). Interessant ist aber, dass der Anteil der Wärmepumpen stark zugenommen und in 2007 rund 15 % beim Neubau erreicht hat. Der Anteil an Wärmepumpen wird
voraussichtlich weiter zunehmen, da sie als besonders effizient gelten.

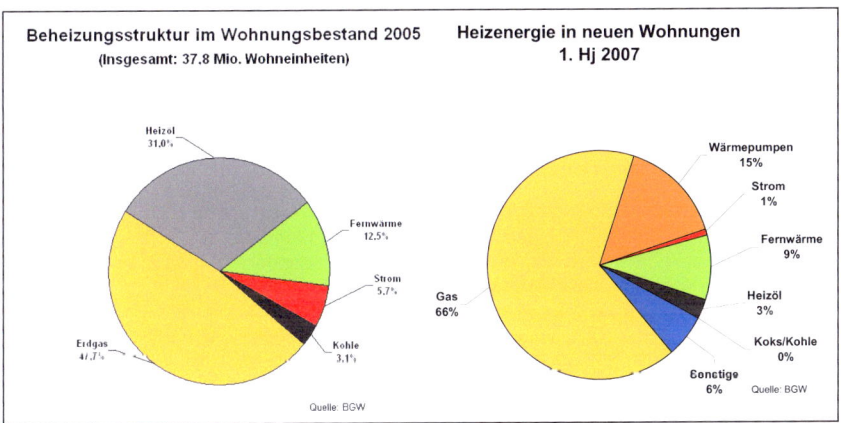

Abbildung 6-3:   Beheizungsstruktur im Wohnungsbereich Bestand 2005 und Neubau 1. Hj. 2007

Gleichzeitig möchte die Politik, dass die bestehenden Stromdirektheizungen bzw. Nachtspeicherheizungen (UVE) durch andere Heizungssysteme ersetzt sehen (s. [Bundesreg 2007]).
Um das aktuelle Strombedarfsniveau für den Heizenergiebedarf der Haushalte zu halten,
müssten anstelle der etwa 2,2 Mio. Wohnungen mit Stromheizungen (nach [WI 2005]), rund
8,8 Mio. Bestandswohnungen, d. h. etwa 23 % aller Wohnungen, mit Wärmepumpen ausge-
rüstet werden. Dies dürfte eher unrealistisch sein, so dass sich ein geringeres Potential ergeben dürfte.

Durch verschärfte Wärmeschutzanforderungen soll in den nächsten Jahren zudem der Heizenergiebedarf halbiert werden, so dass die Rechnung „man ersetze eine bestehende Stromheizung mit 4 Wärmepumpensysteme und der Absatz bleibt gleich" nicht aufgehen kann. Selbst der verstärkte Einsatz von Wärmepumpen im Neubau und bei Sanierungen im Bestand (Ersatz Ölheizung), dürfte nicht ausreichen, um den aktuellen Heizstrombedarf von rund 25 TWh/a vollständig auf dem aktuellen Bedarfsniveau halten zu können. So macht aber grundsätzlich bei (energetisch sanierten oder vielen neuen) Gebäuden mit einem sehr geringen Heizenergiebedarf der Einbau einer „klassischen" zentralen Heizungsanlage (Heizkessel, Verrohrung, Heizkörper) aufgrund des geringen Heizwärmebedarfs wirtschaftlich, umweltpolitisch und unter Ressourcenverbrauchsgesichtspunkten wenig Sinn. Diese Niedrigstenergiegebäude besitzen statt dessen wärmerückgewinnende Belüftungsanlagen und die geringe „Restheizmenge" sollte daher mit Stromdirektheizungen oder/und in den Belüftungsanlagen mit elektrischer Zusatzheizung / Kleinwärmepumpe abgedeckt werden.

Folglich verringert sich der klassische Heizstromabsatz (kWh). Allerdings könnten UVE neuer Bauarten in Belüftungsanlagen (Direktheizungen und Wärmepumpen) – bedingt durch die starke Senkung der allgemeinen Heizenergiebedarfs von Gebäuden – eine große Zukunft bekommen. Die installierten Leistungen der elektrischen Heizsysteme (kW) könnten deshalb möglicherweise insgesamt auf dem aktuellen Niveau gehalten oder bei einer sehr starken Marktdurchdringung sogar ausgebaut werden. Das aktuell installierte Potential von UVE (Stromheizungen) für die neuartigen Betriebsführungsstrategien könnte somit teilweise erhalten bleiben und in Bezug auf die installierten Leistungen sogar ausgebaut werden.

6.3 Schlussfolgerung und kritische Würdigung

Für das in den vorangegangenen Kapiteln ausführlich beschriebene Modell für unterbrechfähige Verbraucher mit seinen neuartigen Betriebsführungsansätzen gibt es – wie gezeigt – sowohl Möglichkeiten zum Ausbau oder Ergänzung des Einsatzspektrums als auch einen einschränkenden Faktor, der sich negativ auf das potentielle Vermarktungspotential auswirkt. Insgesamt konnte gezeigt werden, dass der Betrieb mit den neuartigen Betriebsführungsstrategien betriebswirtschaftlich tragfähig ist.

Abgesehen von der betriebswirtschaftlichen Betrachtungsebene (ist für sich wirtschaftlich) hat auch die volkswirtschaftliche eine wichtige Bedeutung (kann auf effiziente Art und Weise die Netzstabilität unterstützen und helfen erneuerbare Energien zu integrieren). So zeigen die aktuellen politischen Diskussionen um das Themenfeld Energieeffizienz, der Verknappung von verfügbaren Energierohstoffen und zunehmend öffentlichen Bekundungen auch von Unternehmenslenkern zur Notwendigkeit der Reduzierung der Treibhausgasemissionen, dass insbesondere die Volkswirtschaften der Industriestaaten vor großen Veränderungen stehen. Ein „Weiter so wie bisher" kann es und wird es so nicht geben.

Neben allgemeinen gesellschaftlichen und verhaltensorientierten Maßnahmen lassen sich für die Energiewirtschaften – hier etwas vereinfachend angenommen – aus obigen Herausforderungen drei technische Handlungsoptionen ableiten:

1. Aufbau einer an Nachhaltigkeitsgesichtspunkten orientierten Energieversorgung mit

   - einer weitgehenden Entcarbonisierung der Energiewirtschaft (weg von fossilen Kohlen-Wasserstoffen, CO_2-Speicherung),

   - einer Umstellung des Erzeugungsmixes auf regenerative Energieträger und

   - einer Hinführung zum Wasserstoffzeitalter.

2. Steigerung der Energieeffizienz auf allen Wertschöpfungsstufen und Reduzierung der (globalen) Endenergienachfrage.

3. Bessere Abstimmung von Verbrauch und Erzeugung insbesondere im Stromsektor aufgrund des zunehmenden Anteils an schlecht planbaren Stromeinspeisungen erneuerbarer Energien (v. a. Windenergie).

Die vorgestellten neuartigen Betriebsführungsstrategien können hierzu einen Beitrag zur Bewältigung der anstehenden Herausforderungen leisten und insbesondere hinsichtlich der dritten Handlungsoption zu einer effizienten und besseren Verknüpfung von Nachfrage und Angebot beitragen. Der Grundsatz, den Verbrauch an der Erzeugung auszurichten, ist über 80 Jahre alt und wurde bereits in den 20er Jahren des letzten Jahrhundert erstmalig mit Stromheizungen verwirklicht. Auf Basis analoger Steuerungs- und Schalttechniken ist eine funktionierende Netzregelung mit Kleinverbrauchern wie Stromheizungen sowie sehr einfacher Messtechnik jedoch nicht wirklich realisierbar gewesen. Durch die Entwicklung verbesserter Kommunikations- und Messtechniken in den letzten Jahren und Jahrzehnten ist jedoch eine solche Betriebsführung technisch überhaupt erst möglich geworden, so dass neuartige Ansätze mit zusammengefassten Verbrauchern entwickelt werden können. Dies bedeutet, dass Verbraucher zentral sowohl online gemessen als auch geschaltet werden können.

Neu an der hier vorgestellten Betriebsführungsstrategie ist, dass vielfältige das Stromangebot beeinflussende Faktoren wie beispielsweise Stromerzeugung, Börsenpreise oder Fahrplanabweichungen erstmalig in einem Modell berücksichtigt werden und so mit schaltbaren Lasten gekoppelt werden, dass sowohl ein Überangebot als auch ein Unterangebot von Strom über die Verbraucherseite ausgeglichen werden kann. Darüber hinaus werden zusätzliche Anwendungsbereiche, die von einer Optimierung des Kraftwerkseinsatzes bis hin zu der Bereitstellung von Regelenergie reichen, ebenfalls zum ersten Mal gemeinsam in ein Betriebsmodell integriert. Wie dargestellt, gibt es in der Literatur verschiedene Ansätze, die aber abschaltbare Lasten i. d. R. nur zum Einsatz für die positive Minutenreserve[52] und nicht im Sinne einer zeitlichen Verlagerung von Stromverbrauch vorschlagen.

Des weiteren werden mit dem neuen Betriebsmodell marktnahe Lösungen zur Verbesserung der Netzstabilität vorgestellt, die aus den Wettbewerbsbereichen Handel und Vertrieb hervorgehen und nicht dem natürlichen Monopolbereich Netz zuzuordnen sind. Dies ist ein Vorteil, da die Erfahrung zeigt, dass Monopole langfristig selten zu effizienten Strukturen tendieren.

Die in der Herleitung zugrunde gelegten UVE (Stromheizungen) stellen lediglich ein – wenn auch nahezu ideales – Beispiel von möglichen Verbrauchern dar, die sich für den Modellansatz eignen. Inwieweit langfristig die Technologie der klassischen Nachtspeicherheizung in ihrem aktuellen Potential von insgesamt knapp 40.000 MW installierter Leistung zur Verfügung steht, wird hier nicht hinterfragt, da es für das Funktionieren des Modells von nachrangiger Bedeutung ist. Wie dargestellt, gibt es darüber hinaus eine ganze Reihe von weiteren Anwendungen wie beispielsweise Wärmepumpen, Kälteanwendungen oder Elektrofahrzeuge, die sich gleichermaßen für die neue Betriebsführungsstrategie eignen und in Summe das Leistungspotential um einige 10.000 MW erweitern können. Darüber hinaus werden möglicherweise in wenigen Jahren elektrische Heizsysteme z. B. mit Wärmepumpensystemen die ökonomischste, ökologischste und am meisten ressourcenschonende Art zur Beheizung von Niedrigstenergiehäusern darstellen und sich entsprechend am Markt durchsetzen.

---

[52] Für die Bereitstellung von positiver Minutenreserve werden in der Praxis entweder zusätzliche Kraftwerkskapazitäten oder kurzfristig abschaltbare Verbraucher eingesetzt.

Das hier vorgestellte Modell kann unter den getroffenen Annahmen positive Erträge erwirtschaften und die Umsatzrendite deutlich steigern. Zur Umsetzung sind keine weiteren Subventionen vergleichbar dem EEG oder KWKG erforderlich und stellt damit eine zielgerechte Erweiterung der bestehenden elektrischen Infrastruktur dar.

7. Zusammenfassung

1997 hat die europäische Union die Grundlage für die Liberalisierung der Energiemärkte in Europa gelegt. Nach der nationalen Umsetzung der europäischen Vorgaben ist es zu großen Veränderungen auf dem deutschen Strommarkt gekommen. Alle Kunden können seitdem ihren Stromlieferanten frei wählen, und Strom wird – wie beispielsweise Metalle oder Öl – als Börsen- und Terminmarktprodukt gehandelt. Mit der zweiten Stufe der Liberalisierung (2005) wurden die Netze in Deutschland einer staatlichen Regulierung unterworfen und die Regeln zur Unternehmensstruktur haben sich verschärft. Das so genannte Unbundling verlangt von Energieversorgungsunternehmen neben informatorischen sowie organisatorischen Trennungen von Netz- und Wettbewerbsbereichen auch – für die größeren Unternehmen – eine gesellschaftsrechtliche Trennung. Die in der Vergangenheit voll integrierten Energieversorgungsunternehmen positionieren sich entlang ihrer Wertschöpfungskette neu und teilen sich vielfach in die Bereiche Erzeugung, Handel, Vertrieb und den Monopolbereich Netz auf, die jeweils für sich betriebswirtschaftlich eigenständig (und erfolgreich) agieren müssen. Für die Wertschöpfungsstufen Vertrieb bzw. Handel werden hier neuartige Betriebsführungsstrategien für ausgewählte Verbraucher erarbeitet, mit der die Wirtschaftlichkeit dieser Stufen verbessert werden kann.

Parallel zu diesen aus dem gesetzgeberischen Rahmen ableitbaren Veränderungen ergibt sich in den nächsten Jahren ein weiterer nennenswerter Handlungsbedarf aus dem energiewirtschaftlichen Umfeld selbst. Zu dessen Bewältigung können die hier vorgestellten neuartigen Betriebsführungsstrategien für ausgewählte Verbraucher einen Betrag leisten.

Aufgrund vermehrter meist schwankender Einspeisungen von erneuerbaren Energien und der insgesamt zunehmenden Anzahl von Marktteilnehmern steigt der Aufwand für die verantwortlichen Übertragungsnetzbetreiber zum Ausgleich zwischen Strombereitstellung und Stromnachfrage stark an. Weitere Regelenergiekapazitäten (MW) und ansteigende Arbeitsvolumina der tatsächlich abgerufenen Regelenergie (kWh) verteuern die Netzführung und belasten auf diese Weise der Stromabnehmer zusätzlich. Ein Weg zur kosteneffizienten Bereitstellung von Regelenergie können aber auch – wie mit dem vorgestellten Betriebsmodell gezeigt – ausgewählte technisch aufgerüstete geregelte Verbraucher darstellen.

Neben der Netzregelung über Regelenergie stellt die Verlässlichkeit von Ein- und Ausspeisefahrplänen – sozusagen als vorgelagerte Stufe zur Regelenergie – einen weiteren Bereich für mögliche Optimierungen dar. Effizient kann die Qualität der Ein- und Ausspeisefahrpläne verbessert werden, wenn kurzfristige Anpassungen von Fahrplänen stärker genutzt würden und so der ansonsten benötigte teure Bedarf von Regelenergie vermieden bzw. reduziert wird. Das entwickelte Betriebsmodell kann über kurzfristige Anpassungen von Fahrplänen bzw. der Stromnachfrage einen Beitrag zur Fahrplanverbesserung leisten und hilft somit, den Regelenergieeinsatz zu reduzieren.

Über die bereits angesprochene Beeinflussung der Netzstabilität hinaus beeinflussen die zunehmenden Einspeisevolumina von erneuerbaren Energien zunehmend auch den kurzfristigen Börsenpreis bzw. die Einsatzcharakteristik des bestehenden thermischen Kraftwerkparks. So wird die Preisfindung am Spot- und Intradaymarkt durch die vorrangig einzuspeisenden EEG-Strommengen beeinflusst, da diese Energiemengen im Prinzip zu Grenzkosten von Null angeboten werden. An windstarken Tagen führt dies zu einer deutlichen (stundenweisen) Senkung des Spot- und Intraday-Preises auf bis zu 0 €/MWh. Das vorgestellte Betriebsmodell nutzt diese schwankenden Börsenpreise zur Optimierung der eigenen Beschaffung sowie zur Erzielung von Arbitragen. Zudem trägt es mit seinen Lastverschiebungen hin zu Zeiten mit hohem Energieangebot zu einer Verbesserung der Netzstabilität bei.

Somit zeigt sich, dass eine sichere und zuverlässige Versorgung von Kunden mit Strom in den nächsten Jahrzehnten mit größeren Herausforderungen verbunden sein wird, als dies in vorangegangenen Jahrzehnten in Deutschland der Fall gewesen ist. Das bedeutet konkret, dass sich künftig die Verbrauchsseite stärker an vorgegebenen Einspeisungen von erneuerbaren Energien orientieren muss, um die volkswirtschaftlichen Kosten für einen sicheren Netzbetrieb in Grenzen halten zu können. Gelingen kann dies beispielsweise mit den hier vorgestellten neuartigen Betriebsführungsstrategien für unterbrechfähige Stromverbraucher im Allgemeinen bzw. für unterbrechbare Verbrauchseinrichtungen (UVE) als bereits existierende Verbraucher im Speziellen. Über handelsaffine Produkte für UVE können neue Märkte erschlossen werden, auf denen sich durch kurzfristiges Handeln Arbitragen erzielen lassen.

Das hierzu entwickelte Betriebsmodell nutzt als Grundprinzip zeitliche Preisdifferenzierungen von Dienstleistungen (hier Strom), wenn Nachfrage oder Angebot zu verschiedenen Zeitpunkten unterschiedlich hoch sind und dadurch eine Steigerung des Gewinns ermöglicht wird. Es wird dabei erstmalig ein neuartiger Weg beschritten, der, obwohl Elektrizität eigentlich nicht wirklich speicherfähig ist, eine zeitliche Verlagerung der Stromnachfrage nutzt, ohne dass es zu Einschränkungen der eigentlichen Zielanwendung kommt. Die Schwierigkeit in der Elektrizitätswirtschaft liegt nun darin, Stromverbraucher zu identifizieren, bei denen aufgrund besonderer Verbrauchscharakteristiken eine zeitliche Verlagerung der Nachfrage möglich ist und deren Nachfrage gezielt gesteuert werden kann (definierte Erstellung von Lastgängen). Bei einer Reihe von Stromanwendungen, wie beispielsweise der elektrischen Warmwasserbereitung (mit Speicher), der Klimatisierung oder der Stromheizung sind nicht der genaue Zeitpunkt des Betriebs entscheidend, sondern nur, dass die Zielanwendung „Warmwasser", „Kühlung" oder „Heizen" für den Kunden in einer definierten Zeitperiode (z. B. Stunde oder Tag) einschränkungsfrei zur Verfügung gestellt wird. Diese Zielanwendung kann – da speicherbar – vielfach mit einer zeitlich geänderten Betriebsweise gewährleistet werden. D. h. der vom Kunden nachgefragte Stromverbrauch von beispielsweise 100 kWh wird geliefert, aber nicht in einem frei vom Kunden bzw. der elektrischen Verbrauchseinrichtung wählbaren Zeitfenster, sondern über einem zentral erstellten definierten Fahrplan.

Völlig neu an den hier vorgestellten Betriebsführungsstrategien ist, dass vielfältige das Stromangebot beeinflussende Faktoren – wie beispielsweise Stromerzeugung, Börsenpreise oder Fahrplanabweichungen – erstmalig in einem Modell berücksichtigt werden und so mit schaltbaren Lasten gekoppelt werden, dass sowohl ein Überangebot als auch ein Unterangebot an Strom über die Verbraucherseite ausgeglichen werden kann. Es geht dabei nicht nur um ein einfaches Ab- oder Zuschalten von Stromlasten ohne spätere Kompensation der entsprechenden Energiemengen, sondern – und dies ist das Neuartige – um das Erstellen von verlässlichen vorgegebenen Fahrplänen von Verbrauchern in Analogie zum Einsatz von thermischen Kraftwerken.

Grundbedingung für die Umsetzung des Prinzips der Lastverlagerung ist zunächst der Aufbau einer erweiterten technischen Infrastruktur, u. a. mit einer Einzelansteuerbarkeit von Verbrauchsanlagen. Neben einem technisch modernisierten Weiterbetrieb – wie bisher – werden fünf neuartige Betriebsführungsansätze vorgestellt. Ein Ansatz befasst sich dem Regelenergiemarkt, ein weiterer mit kurzfristigen Börsengeschäften. Zusätzlich können Fahrplanabweichungen ausgeglichen oder der Kraftwerkseinsatz optimiert werden. Darüber hinaus nutzt die fünfte Betriebsführungsstrategie das Angebot von erneuerbaren Energien und ermöglicht die zusätzliche Integration in ein Ökostromprodukt. Allen fünf neuartigen Betriebsführungsstrategien ist gemein, dass sie über marktnahe Ansätze die Netzstabilität verbessern können und zum ersten Mal gemeinsam in ein Betriebsmodell integriert werden. Wie dargestellt, gibt es in der Literatur verschiedene Ansätze zur Veränderung des Verbraucherverhaltens, die abschaltbare Lasten i. d. R. jedoch nur zum Einsatz für die positive Minutenreserve und nicht im Sinne einer zeitlichen Verlagerung von Stromverbrauch vorschlagen.

Das auf den Ansätzen der neuartigen Betriebsführungsstrategien aufbauende und entwickelte mathematische Modell ermittelt auf Basis vorgegebener Eingangsparameter wie z. B. Temperatur, Börsenpreise oder Anlagenverfügbarkeit einerseits das technisch verwendbare Potential für einen möglichen Einsatz im Rahmen der neuartigen Betriebsführungsstrategien und andererseits jeweils für die verschiedenen Betriebsführungsansätze die theoretisch erzielbaren Erlöse für einen Entscheidungszeitpunkt t. Aus diesen Zwischenergebnissen lässt sich das Erlösmaximum ableiten und über die entwickelten Algorithmen können die vom Normalbetrieb abweichenden geänderten Einsatzfahrpläne erstellt werden. Es kann dabei eine einzelne oder eine Kombination mehrerer neuartiger Betriebsführungsstrategien das Erlösmaximum darstellen.

Für die Höhe des erzielbaren Erlöses ist darüber hinaus von maßgeblicher Bedeutung, wann die Auswahlentscheidung erfolgt. Da es keinen natürlichen fixen Zeitpunkt t gibt, zu dem mathematisch eindeutig eine Aussage über das Erlösmaximum getroffen werden kann, weil sich beispielsweise Spot- und Intraday-Preise – wie Aktienpreise – über die Zeit verändern oder sich Kraftwerksausfälle nicht im Vornherein „planen" lassen, liegt es letztendlich bei den handelnden Personen, den Entscheidungszeitpunkt festzulegen.

Würde das Modell umgesetzt, so kann bei konservativ gewählten Annahmen (Referenzszenario) die Umsatzrendite um bis zu 1,73 %-Punkte gesteigert werden. Bei üblicherweise erzielbaren Umsatzrenditen aus Vertriebstätigkeiten von 1-2 % stellt dies eine signifikante Ergebnisverbesserung dar und es unterstreicht die Wirtschaftlichkeit des Ansatzes. Bei ambitionierten Annahmen (Sensitivitätsbetrachtungen) wird eine Steigerung der Umsatzrendite um insgesamt 4,26 %-Punkte als realisierbar angesehen.

Betrachtungen zum bundesweiten Potential für den Einsatz im Rahmen der neuartigen Betriebsführungsstrategien zeigen, dass die installierte Leistung der beispielhaft betrachteten UVE (Nachtspeicherheizungen) bei rund 40.000 MW liegt. Hiervon können – konservativ geschätzt – mindestens 20 % technisch ertüchtigt werden, so dass über 8.000 MW für die neuartigen Betriebsführungsstrategien zur Verfügung stehen würden.

Neben den im Rahmen der Modellbeschreibung zugrunde gelegten existierenden UVE zur Warmwasserbereitung und Heizung eignen sich grundsätzlich weitere Stromanwendungen für die neuartigen Betriebsführungsstrategien. Zu diesen potentiellen Anwendungen zählen neben weiteren Warmwasser- und Heizanwendungen (mit Wärmepumpen) Kühl- und Gefrieranwendungen, Klimatisierungen, Druckluftbereitstellungen, am Netz zur Aufladung angeschlossene Elektrofahrzeuge sowie viele elektrisch angetriebene automatisierte Hilfs- und Nebendienstleistungen von Industrieprozessen, die auf Vorrat produzieren können (z. B. Mühlen, Pumpen). Diese weiteren Anwendungen könnten zusätzlich mehrere 10.000 MW an potentiellen Kapazitäten zur Lastverlagerung und damit im Rahmen der vorgestellten neuartigen Betriebsführungsstrategien bereitstellen.

Ein weiterer wesentlicher Vorteil liegt darin, dass das Prinzip der neuartigen Betriebsführungsstrategien, d. h. die „Speicherung" bzw. zeitliche Verlagerung der Energiemengen, ohne Energieverluste verbunden ist. Da im Gegensatz dazu andere übliche Verfahren zur Stromspeicherung, wie beispielsweise Pumpspeicherkraftwerke oder – wie neuerdings vorgeschlagen – Druckluftspeicher, hohe Verluste von bis 40 % aufweisen, trägt das neue Verfahren im Ergebnis zu einer deutlichen Steigerung der Energieeffizienz bei.

Die neuen Betriebsführungsstrategien tragen sich wirtschaftlich, haben ein großes technisches Potential bei weiteren Anwendungen, verbessern die Netzstabilität und führen darüber hinaus zu einer Steigerung der Energieeffizienz. Dieses lässt sich mit den bestehenden unterbrechbaren Verbrauchseinrichtungen mit geringfügigen technischen Ertüchtigungen realisieren und damit in die Energiewirtschaft einführen.

Literaturverzeichnis

[Auer et al. 2005]   Auer H.; Huber, C.; Stadler, M.; Obersteiner, C.; Ragwitz, M.; Klo-
                          basa, M.: Modellierung von Kraftwerksbetrieb und Regelenergie-
                          bedarf bei verstärkter Einspeisung von Windenergie in verschie-
                          dene Energiesysteme unter Berücksichtigung des Lastmanage-
                          ments; TU-Wien, Institut für Elektrische Anlagen und Energiewirt-
                          schaft (EEG); Wien; Juli 2005

[Auer et al. 2006]   Auer H.; Huber, C.; Stadler, M.; Obersteiner, C.; Ragwitz, M.; Klo-
                          basa, M.: Systemmodell zur Optimierung der Integration von
                          Windenergieanlagen in Österreich und Deutschland; TU-Wien, In-
                          stitut für Elektrische Anlagen und Energiewirtschaft (EEG); Wien;
                          Juli 2006

[Boiteux 1949]   Boiteux, M. ; La tarification des demandes en pointe: application
                          de la théorie de la vente au coût marginal, Revue générale de
                          l'électricité, 1949 ; Vol. 58, übersetzt als: Peak-Load Pricing, Jour-
                          nal of Business (1960), Vol. 33, S. 157-179.

[Bundesreg 2007]   Bundesregierung; Eckpunkte für ein integriertes Energie- und
                          Klimaprogramm der Bundesregierung vom 28. August 2007

[Danish Action Plan 2004] Elkraft System a.m.b.a.; Eltra amba; Danish Action Plan for De-
                          mand Respond; Ballerup; Fredericia; 9. November 2004; Doc. No.
                          207728 v3

[digitalSTROM® 2007]   digitalSTROM.org; Hardturmstrasse 161, 8005 Zürich;
                          www.digitalstrom.org

[E-Control]   E-Control: Sonstige Marktregeln Kapitel 6 Zählwerte, Datenforma-
                          te, Standardisierte Lastprofile; S. 11 ff; www.e-control.at

[EEG 2000]   Bundesministerium für Umwelt, Naturschutz und Reaktorsicher-
                          heit; Erneuerbare-Energien-Gesetz vom 29. März 2000, (BGBl I
                          2000, 305)

[EEG 2004]   Bundesministerium für Umwelt, Naturschutz und Reaktorsicher-
                          heit; Gesetz zur Neuregelung des Rechts der Erneuerbaren Ener-
                          gien im Strommarkt vom 21. Juli 2004, (BGBl. I S. 1918 ff.)

[EEG 2006]   Bundesministerium für Umwelt, Naturschutz und Reaktorsicher-
                          heit; Gesetz für den Vorrang Erneuerbarer Energien (Erneuerba-
                          re-Energien-Gesetz - EEG) Neufassung vom 21. Juli 2004 (BGBl. I
                          S. 1918 ff.), zuletzt geändert durch Art. 1 des Ersten Gesetzes zur
                          Änderung des Erneuerbare-Energien-Gesetzes vom 7. November
                          2006 (BGBl. I S. 2550)

[EEX]   European Energy Exchange AG; www.eex.com

[eia]   Energy Information Administration; Official Energy Statistics from
                          the U.S. Government; www.eia.doe.gov

[Eichhammer, Wietschel et al. 2006]
Eichhammer, W; Wietschel, M.; et al; Strombedarf einzelner Industriesektoren in Deutschland, Fraunhofer Institut für System- und Innovationsforschung (ISI), Karlsruhe, unter Mitarbeit des CEBra – Centrum für Energietechnologie Brandenburg e. V. an der BTU Cottbus, Cottbus und BSR Sustainability GmbH, Karlsruhe; Dezember 2006

[EnBW 2007]
EnBW AG; Pioniere erkunden die neue Welt des modernen Energie-Managements; www.enbw.com/content/de/privatkunden/pioniere/index.jsp

[EnBW Netz]
EnBW Transportnetze AG; Kriegsbergstr. 32; 70174 Stuttgart; www.enbw.com/content/de/netznutzer/strom

[energienet.dk]
energienet.dk; Dänischer Eigentümer und Betreiber der Strom- und Gasübertragungsnetze; www.energinet.dk

[EnEV 2007]
Bundesministerium für Umwelt, Naturschutz und Reaktorsicherheit; Verordnung über energiesparenden Wärmeschutz und energiesparende Anlagentechnik bei Gebäuden (Energieeinsparverordnung – EnEV) vom 24. Juli 2007

[Engel 2006]
Engel, Tomi; Vehicle to Grid – Das Elektroauto als Netzpuffer; Deutsche Gesellschaft für Sonnenenergie e.V. (DGS) Fachausschuss für Solare Mobilität; Bad Windsheim; November 2006; www.dgs.de

[EnWG 1998]
Bundesministerium für Wirtschaft; Gesetz über die Elektrizitäts- und Gasversorgung (Energiewirtschaftsgesetz – EnWG) vom 24. April 1008 (BGBl S. 730)1 (BGBl III 752-2)

[EnWG 2003]
Bundesministerium für Wirtschaft und Arbeit; Gesetz über die Elektrizitäts- und Gasversorgung (Energiewirtschaftsgesetz – EnWG) Artikel 1 des Gesetzes vom 24. April 1998, BGBl. I S. 730, zuletzt geändert durch Artikel 1 des Gesetzes vom 20. Mai 2003, BGBl. I S. 686

[EnWG 2005]
Bundesministerium für Wirtschaft und Arbeit; Zweites Gesetz zur Neuregelung des Energiewirtschaftsrechts vom 7. Juli 2005

[E.ON Netz]
E.ON Netz GmbH; Bernecker Straße 70; 95448 Bayreuth; www.eon-netz.com

[EU 1997]
Europäische Kommission; Richtlinie 96/92/EG des Europäischen Parlaments und des Rates vom 19. Dezember 1996 betreffend gemeinsame Vorschriften für den Elektrizitätsbinnenmarkt

[EU 1998]
Europäische Kommission; Richtlinie 98/30/EG des Europäischen Parlaments und des Rates vom 22. Juni 1998 betreffend gemeinsame Vorschriften für den Erdgasbinnenmarkt

[EU 2001]
Europäische Kommission; Richtlinie 2001/77/EG des Europäischen Parlaments und des Rates vom 27. September 2001 zur Förderung der Stromerzeugung aus erneuerbaren Energiequellen im Elektrizitätsbinnenmarkt

[EU 2003a]	Europäische Kommission; Richtlinie 2003/54/EG des Europäischen Parlaments und des Rates vom 26. Juni 2003 über gemeinsame Vorschriften für den Elektrizitätsbinnenmarkt und zur Aufhebung der Richtlinie 96/92/EG
[EU 2003b]	Europäische Kommission; Richtlinie 2003/55/EG des Europäischen Parlaments und des Rates vom 26. Juni 2003 über gemeinsame Vorschriften für den Erdgasbinnenmarkt und zur Aufhebung der Richtlinie 98/30/EG
[EU 2003c]	Europäische Kommission; Verordnung (EG) Nr. 1228/2003 des Europäischen Parlaments und des Rates vom 26. Juni 2003 über die Netzzugangsbedingungen für den grenzüberschreitenden Stromhandel
[EU 2006a]	Europäische Kommission; Richtlinie 2006/32/EG des Europäischen Parlaments und des Rates vom 5. April 2006 über Endenergieeffizienz und Energiedienstleistungen und zur Aufhebung der Richtlinie 93/76/EWG des Rates
[EU 2006b]	Europäische Kommission; Richtlinie 2005/89/EG des Europäischen Parlaments und des Rates vom 18. Januar 2006 über Maßnahmen zur Gewährleistung der Sicherheit der Elektrizitätsversorgung und von Infrastrukturinvestitionen
[ExxonMobil 2004]	ExxonMobil Corporation; Entwicklung der Weltenergieversorgung, Treibhausgasemissionen und alternative Energieträger; 2004; S. 4
[Fünfgeld et al. 2002]	Fünfgeld, C.; Fiebig, C.: „Bestimmung von Lastprofilen für unterbrechbare Verbrauchseinrichtungen", Studie im Auftrag des VDN e. V., Energieressourcen-Institut e. V., Cottbus, August 2002
[Global Insight 2006]	Global Insight; Long Term Fuel Price Forecasts; 2006 Update Report for EnBW AG; 6. Februar 2006; S. 20ff
[GPKE]	Bundesnetzagentur für Elektrizität, Gas, Telekommunikation, Post und Eisenbahnen; Darstellung der Geschäftsprozesse zur Anbahnung und Abwicklung der Netznutzung bei der Belieferung von Kunden mit Elektrizität (Geschäftsprozesse zur Kundenbelieferung mit Elektrizität, GPKG), Anlage zum Beschluss BK6-06-009, Bonn, 17. Juli 2006
[Gruber et al. 2007]	Gruber, E.; Klobasa, M.; Mannsbart, W.; Schlomann, B; Wietschel, M, Idrissova, F.; Köwener, D. Toro, F.-A.; Kunze, R.; Fichtner, W.; Szenarien des Strombedarfs in Deutschland – Energiebedarf im Sektor Gewerbe, Handel, Dienstleistungen, Fraunhofer Institut für System- und Innovationsforschung (ISI), Karlsruhe, unter Mitarbeit des CEBra – Centrum für Energietechnologie Brandenburg e. V. an der BTU Cottbus, Cottbus und BSR Sustainability GmbH, Karlsruhe, Juli 2007
[Grünbuch 2006]	Kommission der Europäischen Gemeinschaften; Grünbuch, Eine europäische Strategie für nachhaltige, wettbewerbsfähige und sichere Energie {SEK(2006) 317}; Brüssel; 8. März 2006
[Handelsblatt 2007]	Stratmann, K.; Strom soll leichter die Grenzen passieren; Handelsblatt; 28. August 2007

[Handelsblatt 2008] Flauger, J.; Spannungen im Stromnetz; Handelsblatt; 10. Januar 2008

[Hartmann et al. 2002] Hartmann, T.; Mühlhaus, T.; Neumann, H.; Reuter, H.; Röschmann, H.: „Praxisleitfaden: Lastprofile für unterbrechbare Verbrauchseinrichtungen", VDN e. V., 19. November 2002

[ifeu 2007] Pehnt M.; Erneuerbare Energien kompakt – Ergebnisse system-analytischer Studien; 2. Auflage; Institut für Energie- und Umweltforschung Heidelberg GmbH (ifeu); Heidelberg, Mai 2007; S. 44ff

[Infrastrukturplanungsbeschleunigungsgesetz]
Bundesministerium für Verkehr, Bau und Stadtentwicklung; Gesetz zur Beschleunigung von Planungsverfahren für Infrastruktur-vorhaben; Bundesgesetzblatt Jahrgang 2006 Teil I Nr. 59; 9. Dezember 2006

[IPCC 2007a] World Meteorological Organization (WMO) und United Nations Environment Programme (UNEP); Climate Change 2007: The Physical Science Basis; Contribution of Working Group I to the Fourth Assessment Report of the Intergovernmental Panel on Climate Change; Intergovernmental Panel On Climate Chance (IPCC); Paris, Februar 2007.

[IPCC 2007b] World Meteorological Organization (WMO) und United Nations Environment Programme (UNEP); Climate Change 2007: Impacts, Adaptation and Vulnerability; Contribution of Working Group II to the Fourth Assessment Report of the Intergovernmental Panel on Climate Change; Intergovernmental Panel On Climate Chance (IPCC); Brüssel, April 2007

[IPCC 2007c] World Meteorological Organization (WMO) und United Nations Environment Programme (UNEP); Climate Change 2007: Mitigation of Climate Change; Working Group III contribution to the Intergovernmental Panel on Climate Change Fourth Assessment Report; Bangkok, Mai 2007

[izes 2007] Frey, G.; Horst, J.; Leprich, U; Schulz, W.: Studie zu den Energieeffizienzpotentialen durch Ersatz von elektrischem Strom im Raumwärmebereich; Institut für ZukunftsEnergieSysteme GmbH (izes); Saarbrücken, 28. Februar 2007

[KBA 2007] Kraftfahrt-Bundesamt; Gesamtübersicht über die Entwicklung des Bestandes an Kraftfahrzeugen und Kraftfahrzeuganhängern 2003 bis 2007; ID: bki1_2007

[Klobasa et al. 2007] Klobasa, M.; Sensfuß, F.; Cremer, C.; Ragwitz, M.: Modelltechnische Untersuchung von Demand Response Potentialen zur verbesserten Integration der Windenergie; Fraunhofer Institut für System- und Innovationsforschung; Karlsruhe 2007

[KraftNAV 2007] Bundesministerium für Wirtschaft und Technologie; Verordnung zur Regelung des Netzanschlusses von Anlagen zur Erzeugung von elektrischer Energie (Kraftwerks-Netzanschlussverordnung – KraftNAV vom 26. Juni 2007 (BGBl. I S. 1187)

[KWKG 2002]   Bundesministerium für Wirtschaft und Arbeit; Gesetz für die Er-
                              haltung, die Modernisierung und den Ausbau der Kraft-Wärme-
                              Kopplung (Kraft-Wärme-Kopplungsgesetz) vom 19. März 2002

[Liberalisierung Messung 2007]
                              Bundesministerium für Wirtschaft und Arbeit; Gesetz zur Öffnung
                              des Messwesens bei Strom und Gas für Wettbewerb oder „Artikel
                              x" eines anderen Gesetzesvorhabens (Entwurf); Stand 24. Oktober
                              2007

[LichtBlick]   LichtBlick - die Zukunft der Energie GmbH & Co. KG;
                              www.lichtblick.de/newsundinfos/news_detail.php?lbid=wxkq9KcE
                              Dxrc&v=1&&anr=80

[Mappus 2007]   Stefan Mappus; CDU-Fraktionschef lehnt neue Kohlekraftwerke
                              ab; Dow Jones; 20. August 2007

[Mess VO 2007]   Bundesministerium für Wirtschaft und Arbeit; Entwurf der Verord-
                              nung zum Erlass von Regelungen über Messeinrichtungen im
                              Strom- und Gasbereich (Stand 19. November 2007); BMWi

[Michel 2007]   Michel, J.-H.; Energiesparen am Stromzähler; Heise Zeitschriften
                              Verlag, Hannover; 2. Oktober 2007;
                              www.heise.de/tp/r4/artikel/26/26171/1.html

[NAP I]   Bundesministerium für Umwelt, Naturschutz und Reaktorsicher-
                              heit; Nationaler Allokationsplan für die Bundesrepublik Deutsch-
                              land 2005-2007; Berlin; 31. März 2004

[NAP II]   Bundesministerium für Umwelt, Naturschutz und Reaktorsicher-
                              heit; Nationaler Allokationsplan 2008-2012 für die Bundesrepublik
                              Deutschland; Berlin, Stand: 13.02.2007

[Quaschning et al.]   Quaschning, V.; Hanitsch, R.; Lastmanagement einer zukünftigen
                              Energieversorgung – Integration regenerativer Energien in die E-
                              lektrizitätsversorgung; BWK – Brennstoff Wärme Kraft 10/1999;
                              S. 64/67; http://www.volker-quaschning.de/downloads/bwk10-
                              99.pdf

[Regelenergie]   Bundesnetzagentur für Elektrizität, Gas, Telekommunikation, Post
                              und Eisenbahnen; Veröffentlichung von Eckpunkten im Festle-
                              gungsverfahren gegen die vier Übertragungsnetzbetreiber nach §
                              27 Abs. 2 StromNZV; Ausschreibung Minutenreserve (BK6-06-012
                              – 1-4) der Bundesnetzagentur für Elektrizität, Gas, Telekommuni-
                              kation, Post und Eisenbahnen vom 7. Juni 2006

[Regelleistung]   Internetplattform zur Ausschreibung von Regelleistung der deut-
                              schen Übertragungsnetzbetreiber, www.regelleistung.net

[RWE 2007]   RWE AG; "Smart Metering" macht Energieverbrauch transparent;
                              www.rwe.com/generator.aspx/konzern/verantwortung/aktuelles/2
                              007/0807/language=de/id=487102/0807.html

[RWE Netz]   RWE Transportnetz Strom GmbH; Von-Werth-Straße 274; 50259
                              Pulheim; www.rwetransportnetzstrom.com

[Sensfuß, Ragwitz 2007]   Sensfuß, F.; Ragwitz, M.; Analyse des Preiseffektes der Stromer-
                           zeugung aus erneuerbaren Energien auf die Börsenpreise im
                           deutschen Stromhandel -Analyse für das Jahr 2006-; Fraunhofer
                           Institut für System- und Innovationsforschung (ISI), Karlsruhe,
                           18. Juni 2007

[Staschus 2007]   Staschus, K.; Wirtschaftlichkeit von Hybridfahrzeugen am Strom-
                           netz; ew energie wirtschaft; VWEV Energieverlag; Frankfurt am
                           Main; 5. November 2007; Jahrgang 106 (2007), Heft 23; S. 22f

[Stat. Bundesamt]   Statistisches Bundesamt; Statistisches Jahrbuch für die Bundes-
                           republik Deutschland. Wiesbaden; verschiedene Jahrgänge;
                           www.statistik-portal.de/Statistik-Portal/home.asp

[Steiner 1957]   Steiner, P.O.; Peak Loads and Efficient Pricing, Quarterly Journal
                           of Economics; 1957; Vol. 71, S. 585-610

[StrEinspG 1990]   Bundesministerium für Umwelt, Naturschutz und Reaktorsicher-
                           heit (BMU); Gesetz über die Einspeisung von Strom aus erneuer-
                           baren Energien in das öffentliche Netz (Stromeinspeisungsgesetz)
                           Vom 7. Dezember 1990 (BGBl I S. 2633)

[StromNEV]   Bundesministerium für Wirtschaft und Arbeit; Verordnung über
                           die Entgelte für den Zugang zu Elektrizitätsversorgungsnetzen
                           (Stromnetzentgeltverordnung – StromNEV); Berlin, 25. Juli 2005

[StromNZV]   Bundesministerium für Wirtschaft und Arbeit; Verordnung über
                           den Zugang zu Elektrizitätsversorgungsnetzen (Stromnetzzu-
                           gangsverordnung); Berlin; 25. Juli 2005

[Tanneberger]   Tanneberger; R.; Leitfaden Energieoptimierung;
                           http://www.tanneberger.de/files/Leitfaden_Broschuere_Stromkos
                           ten_senken____Internetdarstellu..pdf

[UCTE Operation Handbook 2004]
                           Union for the Co-ordination of Transmission of Electricity; UCTE
                           Operation Handbook; umfassende Sammlung der relevanten tech-
                           nischen Standards und Empfehlungen für den Betrieb der Über-
                           tragungsnetze innerhalb der UCTE; finale Version v2.5 E, 24. Juni
                           2004; www.ucte.org/publications/ophandbook/

[Vattenfall]   Vattenfall Europe AG; Lastmanagement – Stromkosten wirksam
                           senken;
                           http://www.vattenfall.de/www/vf/vf_de/218683gesch/218713strom
                           /220873energ/220963lastm/index.jsp

[VDEW]   Verband der Elektrizitätswirtschaft e. V.

[VDN 2003a]   Verband der Netzbetreiber – VDN – e.V.; VDN-Lastprofilverfahren
                           für unterbrechbare Verbrauchseinrichtungen (VDEW M-24/2002
                           und M-25/2002)

[VE Netz]   Vattenfall Europe Transmission GmbH; Chausseestraße 23; 10115
                           Berlin; www.transmission.vattenfall.de

[Vereinb. KE]   Bundesregierung, EnBW AG, RWE AG, Veba AG, VIAG; Vereinba-
                          rung zwischen der Bundesregierung und den Energieversor-
                          gungsunternehmen vom 14. Juni 2000

[VV I]   BDI, VIK, VDEW: Verbändevereinbarung über Kriterien zur Be-
                          stimmung von Durchleitungsentgelten. (VV I), 22. Mai 1998

[VV II]   BDI, VIK, VDEW: Verbändevereinbarung über Kriterien zur Be-
                          stimmung von Netznutzungsentgelten für elektrische Energie. (VV
                          II), 13. Dezember 1999

[VV II+]   BDI, VIK VDEW, VDN, ARE, VKU; Verbändevereinbarung über Krite-
                          rien zur Bestimmung von Netznutzungsentgelten für elektrische
                          Energie und über Prinzipien der Netznutzung. (VV II+), 13. Dezem-
                          ber 2001

[Wärme-EEG 2007]   Bundesministerium für Umwelt, Naturschutz und Reaktorsicher-
                          heit (BMU); Entwurf zum Gesetz zur Förderung Erneuerbarer E-
                          nergien im Wärmebereich (Erneuerbare-Energien-Wärmegesetz –
                          EEWärmeG); Stand: 18. Oktober 2007

[Wetterstation Stuttgart-Echterdingen]
                          Deutscher Wetterdienst;
                          http://www.dwd.de/de/FundE/Klima/KLIS/daten/online/nat/ausga
                          be_tageswerte.htm

[WI 2005]   Wohlauf, G.; Thomas, S.; Irrek, W. Homeyer, O.; Przhevalskaya, N.:
                          Ersatz von Elektro-Speicherheizungen durch effiziente Brennwert-
                          technik; Wuppertal Institut für Klima, Umwelt, Energie GmbH;
                          Wuppertal, 25. Oktober 2005

[wik 2006]   wik-Consult – FhG Verbund Energie; Potenziale der Informations-
                          und Kommunikations-Technologien zur Optimierung der Energie-
                          versorgung und des Energieverbrauchs (eEnergy); Studie für das
                          Bundesministerium für Wirtschaft und Technologie (BMWi); Bad
                          Honnef, 21. Dezember 2006, S. 73ff

[WiMi Ba-Wü]   Wirtschaftsministerium Baden-Württemberg; Lastmanagement;
                          http://www.umweltschutz-bw.de/?lvl=184

[Yello Strom 2007]   Yello Strom GmbH; Der Sparzähler online;
                          www.yellostrom.de/privatkunden/mein-yello/sparzaehler-
                          online/index.html

[York; Kushler 2005]   York, D.; Kushler, M.; "Exploring the Relationship between De-
                          mand Response and Energy Efficiency: A Review of Experience and
                          Discussion of Key Issues."; ACEEE Report Number U 052; Wash-
                          ington D. C., März 2005

[ZVEI 2007]   ZVEI - Zentralverband Elektrotechnik- und Elektronikindustrie
                          e.V.; Entwicklung einer „intelligenten" Infrastruktur zur Stromver-
                          sorgung mit hoher Anpassungsfähigkeit an sich schnell verän-
                          dernde Anforderungen (Smart Grid); Frankfurt am Main;
                          27.03.2007; www.zvei.org